MAURICIO VIRGULINO SILVA

CARTAS
a Teodora

CONFLUÊNCIAS PARA UMA
ARTEDUCOMUNICAÇÃO DECOLONIAL

MAURICIO VIRGULINO SILVA

CARTAS a Teodora

CONFLUÊNCIAS PARA UMA
ARTEDUCOMUNICAÇÃO DECOLONIAL

TEMPORADA

Copyright © 2023 by Editora Letramento
Copyright © 2023 by Mauricio Virgulino Silva

Diretor Editorial Gustavo Abreu
Diretor Administrativo Júnior Gaudereto
Diretor Financeiro Cláudio Macedo
Logística Daniel Abreu e Vinícius Santiago
Comunicação e Marketing Carol Pires
Assistente Editorial Matteos Moreno e Maria Eduarda Paixão
Designer Editorial Gustavo Zeferino e Luís Otávio Ferreira

Capa Inari Jardani Fraton
Diagramação Renata Oliveira
Imagem da capa Ruth Luz
Revisão Camila Araújo

Todos os direitos reservados. Não é permitida a reprodução desta obra sem aprovação do Grupo Editorial Letramento.

Dados Internacionais de Catalogação na Publicação (CIP)
Bibliotecária Juliana da Silva Mauro – CRB6/3684

V817c   Virgulino, Mauricio
        Cartas a Teodora : confluências para uma arteducomunicação decolonial / Mauricio Virgulino. - Belo Horizonte : Letramento, 2023.
        298 p. ; 15,5cm x 22,5cm - (Temporada)

        Inclui Bibliografia.
        ISBN 978-65-5932-214-5

        1. Pensamento decolonial. 2. Educomunicação. 3. Arte educação. 4. Abordagem. I. Título. II. Série.

        CDU: 37.013
        CDD: 370.11

Índices para catálogo sistemático:
1. Teoria da educação e ensino 37.013
2. Teoria e filosofia da educação 370.11

LETRAMENTO EDITORA E LIVRARIA
Caixa Postal 3242 – CEP 30.130-972
r. José Maria Rosemburg, n. 75, b. Ouro Preto
CEP 31.340-080 – Belo Horizonte / MG
Telefone 31 3327-5771

É O SELO DE NOVOS AUTORES
DO GRUPO EDITORIAL LETRAMENTO

À Maria Virgulino de Lima Silva e Manoel da Silva.

À Teodora, a que virá a ser.

Às pessoas que, mesmo se protegendo e cuidando dos outros, não conseguiram vencer a nuvem pandêmica.

O presente trabalho foi realizado com apoio da Coordenação de Aperfeiçoamento de Pessoal de Nível Superior - Brasil (CAPES) - Código de Financiamento 001.

> Sempre haverá pessoas a agradecer.
> Porque fazemos no diálogo.
> E porque tudo que *nóiz tem é nóiz*
>
> A confluência acontece no encontro.

SILENCIARMOVIMENTAR

silenciARmovimentAR _____ 59
silenciARmovimentAR _____ 76
silenciARmovimentAR _____ 77
silenciARmovimentAR _____ 113
silenciARmovimentAR _____ 184
silenciARmovimentAR _____ 185
silenciARmovimentAR _____ 247
silenciARmovimentAR _____ 250

AFLUÊNCIAS POÉTICAS [1]
SENTIPENSARES_CORAZONARES

Fotografia - Mauricio Virgulino Silva - post scriptum 35
Fotografia - Mauricio Virgulino Silva - post scriptum 39
Fotografia - Mauricio Virgulino Silva 40
Fotografia - Mauricio Virgulino Silva - post scriptum 43
Fotografia - Mauricio Virgulino Silva 44
Fotografias - Mauricio Virgulino Silva 48
Trecho da música **Princípia** - AmarElo - Emicida 53
Fotografia - Mauricio Virgulino Silva - post scriptum 58
Fotografia - Mauricio Virgulino Silva 60
Fotografia - Mauricio Virgulino Silva 61
Trecho do conto **O cooper de Cida** - Olhos d'água - Conceição Evaristo 67
Fotografia - Mauricio Virgulino Silva 92
Fotografia - Mauricio Virgulino Silva - post scriptum 112
Fotografia - Mauricio Virgulino Silva 116
Poesia - FALAI POR SI - Emerson Alcalde 131
Música - **Histórias para Ninar Gente Grande** - Deivid Domênico, Tomaz Miranda, Mama, Márcio Bola, Ronie Oliveira, Danilo Firmino, Manu da Cuíca, Luiz Carlos Máximo 131
Trecho de poesia - **Monstro de três cabeças** - Raquel Lima 138
Poesia - **colonizado** - Rupi Kaur 138
Fotografias - Mauricio Virgulino Silva 139
Trecho da Música **Latinoamérica** - Calle13 140
Poesia - **Os ninguéns** - Eduardo Galeao 147
Fotografia - Mauricio Virgulino Silva - post scriptum 151
Poesia - **Desilusão** - Domitila Gonzaga 152
Poesia - **comunidade** - Rupi Kaur 152
Ilustração - Anotação Visual - Mauricio Virgulino Silva 156
Ilustração - Anotação Visual - Mauricio Virgulino Silva 157

---

[1] Pela plataforma Youtube está disponível uma playlist, com a seleção de vídeos e músicas citadas nas afluências poéticas_sentipensares_corazonares, pelo endereço https://www.youtube.com/playlist?list=PL3964gW920KYhhocOuHAwnpEkyDb-9zs3B. Acesso em 12 jun. 2021.

Ilustração – Anotação Visual – Mauricio Virgulino Silva	158
Ilustração – Anotação Visual – Mauricio Virgulino Silva	159
Fotografia – Mauricio Virgulino Silva – post scriptum	162
Ilustração – Anotação Visual – Mauricio Virgulino Silva	163
Ilustração – Anotação Visual – Mauricio Virgulino Silva	164
Ilustração – Anotação Visual – Mauricio Virgulino Silva	166
Música – **Canção da Esperança** – Flávia Wenceslau	167
Ilustração – Anotação Visual – Mauricio Virgulino Silva	177
Trecho de **O paraíso são os outros** – Valter Hugo Mãe	183
Trecho de poesia – **Práticas e instruções antiterroristas para a explosão de uma bomba interior** – raquellima	186
Fotografias – Mauricio Virgulino Silva	191
Fotografia – Mauricio Virgulino Silva – post scriptum	194
Poesia – **O mundo** – Eduardo Galeano	195
Fotografia – Ser Imaginário – Anna Cândida	212
Trecho do conto **Ayoluwa, a alegria de nosso povo** – Olhos d'água – Conceição Evaristo	228
Trecho de **Ideias para Adiar o fim do mundo** – Ailton Krenak	250
Música – **Samba da Utopia** – Jonathan Silva	252
Trecho de conto sobre **Wezu** – Teresa Cunha	261
Fotografia – Mauricio Virgulino Silva	261
Fotografia – Mauricio Virgulino Silva	286

SUMÁRIO

17	**CARTA-CONVITE À LEITURA**
	por Maria Christina de Souza Lima Rizzi
19	**UM CONVITE A NAVEGAR (OU A MERGULHAR)**
24	**CONSIDERAÇÕES INICIAIS**
26	**#00**
	CONFLUÊNCIA
29	**#01.**
	UM ENCONTRO ENTRE RIOS
	UM CONVITE À CONFLUÊNCIA
29	CARTA 001
31	CARTA 002
33	CARTA 003
36	CARTA 004
41	CARTA 005
45	CARTA 006
49	CARTA 007
54	CARTA 008
62	CARTA 009
68	CARTA 010
73	CARTA 011
76	silenciARmovimentAR
78	**#02.**
	OS AFLUENTES E O QUE OS COMPÔEM
	AS MARGENS QUE OS DESENHAM
	O CONTEÚDO
	PARA ONDE CORREM
78	CARTA 012
93	CARTA 013
113	silenciARmovimentAR

114	CARTA 014
118	**#03.** **NOVAS AFLUÊNCIAS À CONFLUÊNCIA**
118	CARTA 015
125	CARTA 016
132	CARTA 017
141	CARTA 018
148	CARTA 019
153	CARTA 020
163	CARTA 021
168	CARTA 022
184	silenciARmovimentAR
187	**#04.** **A CONFLUÊNCIA**
187	CARTA 023
192	CARTA 024
196	CARTA 025
213	CARTA 026
217	CARTA 027
220	CARTA 028
227	CARTA 029
229	CARTA 030
248	CARTA 031
251	CARTA 032
253	**#05.** **O MANIFESTO DA CONFLUÊNCIA**
253	CARTA 033
254	O MANIFESTO DA CONFLUÊNCIA DE UM ARTEDUCOMUNICADOR PARA A CONSTRUÇÃO DE SONHOS POSSÍVEIS
262	**OUTRAS CARTAS A TEODORA**

262	ELIANY SALVATIERRA MACHADO
265	FERNANDO AZEVEDO
268	**REFERÊNCIAS**
269	TERESA CUNHA
279	ISMAR DE OLIVEIRA SOARES
281	ANA MAE BARBOSA
282	DOMITILA GONZAGA
287	**REFERÊNCIAS**

MAURICIO VIRGULINO SILVA

CARTA-CONVITE À LEITURA

O livro "Cartas a Teodora: confluências para uma arteducomunicação decolonial" é o feliz resultado de uma pesquisa de doutorado realizada no Programa de Pós-Graduação em Artes Visuais, da Escola de Comunicações e Artes da USP, defendida em outubro de 2021.

O livro é um grande diálogo que envolve troca de ideias, sensações e sentimentos entre o Mauricio e autores consagrados do âmbito da epistemologia euro-anglo-centrada; autores que respiram outras epistemologias não hegemônicas mas tão significativas quanto. Diálogos com filósofos, sociólogos, historiadores, pedagogos, artistas visuais, poetas, músicos… Com a Teodora, você, eu e "quem mais chegar" (em uma alusão à música de Joyce e Maurício Maestro, "Clara e Ana").

O desafio-mote de todos estes encontros, conversas e criações foi a necessidade de buscar inter-relações entre Arte, Comunicação e Educação. A surpresa do processo foi no lugar de inter-relações chegar às *confluências*. Confluências gerativas que resultaram na criação conceitual "arteducomunicação decolonial "como proposta de ação para construir um novo viver e pensar pós pandemia.

Tive o desafio e a oportunidade de orientar, academicamente e afetivamente este processo tão significativo.

Participaram como examinadores na banca defesa da tese as professoras Eliany Salvatierra Machado, da Universidade Federal Fluminense; Maria Teresa Henriques da Cunha Martins, da Universidade de Coimbra; Silvia Regina Ferreira de Laurentiz da Universidade de São Paulo e o professor Fernando Antonio Gonçalves de Azevedo, da Universidade Federal de Pernambuco.

As cartas foram escritas, em 2020, à beira do Rio Mondego, na cidade de Coimbra, em Portugal. Do rio absorveram o ritmo do seu curso e a fluência imperiosa.

Da situação criada pela pandemia da Covid-19 as cartas trazem a inteligência da escolha pela profundidade do mergulho em si mesmo, em busca de significados, e da luta pela sobrevivência. Superam a impotência propiciada pelos interditos sanitários e o isolamento físico exigido.

Do fluxo do trabalho, das várias conversas com todos os interlocutores, as cartas recebem a coragem de criar, de teorizar e de compartilhar a tese e seus processos.

Posso afirmar que Teodora, a filha ainda não concebida mas já celebrada, é sortuda por receber como legado estas cartas. Posso também afirmar que nós leitores temos também muita sorte. A sorte de poder experienciar este percurso e mergulho tão necessário, tão instigador como propositor. Deixou meu animado convite à leitura e às trocas, entre os vários participantes, que ela suscitará.

Print da tela da reunião on line de orientação da tese, com o Maurício, feito pela orientadora, no dia 21 de maio de 2021.

"No ventre do pai bate um coração", parafraseando a já citada canção "Clara e Ana ".

MARIA CHRISTINA DE SOUZA LIMA RIZZI

São Paulo, maio de 2023, completando o 3º ano da pandemia de Covid-19.

UM CONVITE A NAVEGAR (OU A MERGULHAR)

> A paixão com que conheço e com que falo ou escrevo não diminuem em nada o compromisso com que denuncio ou anuncio. **Eu sou uma inteireza e não uma dicotomia.** Não tenho uma parte de mim esquemática, meticulosa, racionalista, conhecendo os objetos e outra desarticulada, imprecisa, querendo simplesmente bem ao mundo. Conheço o mundo com meu corpo todo, sentimentos, paixão. Razão também.
>
> Paulo Freire
> – À Sombra Desta Mangueira

"Onde está você?"

Esta frase reverbera em mim a cada segundo que penso na minha práxis de arte/educador e educomunicador. Esta questão, colocada pelas Professoras Doutoras Eliany Salvatierra (UFF/Niterói/RJ), Silvia Laurentiz (ECA/USP) e Christina Rizzi (ECA/USP), no meu exame de qualificação do doutorado, me fizeram pensar onde eu me apresentava na minha tese, de que forma me colocava, e se o trabalho que eu estava escrevendo refletia o meu *eu-educador*.

Eu havia feito entrevistas, trabalhado conceitos, refletido sobre as ideias das outras pessoas, mas faltava *eu*. Quem sou eu nisso tudo. O que eu entendo por Educação, e das híbridas áreas Comunicação/Educação e Arte/Educação. Eu tinha sido criativo e perceptivo a ponto de fazer perguntas que ainda não tinham sido feitas ou de buscar outras respostas possíveis para perguntas já feitas, mas faltava a presença deste *eu-pesquisador/doutorando* que faz suas próprias provocações para o mundo a partir de lentes que escolheu e poliu pessoalmente. Eu estava fazendo um trabalho correto, em seu sentido mínimo. Mas era desejável ir além de um trabalho correto.

Foi necessário, após o exame de qualificação, me olhar no espelho e entender o que me motivava a ser este eu que experimenta a confluência entre a Abordagem Triangular do Ensino das Artes e Culturas

Visuais e a Educomunicação. Eu já fazia a confluência, e foi na defesa da dissertação de mestrado, em setembro de 2016, que a professora Maria Heloisa Corrêa de Toledo Ferraz disse isso, e naquele momento eu não digeri o presente que ela havia me dado. Foi apenas há pouco tempo que compreendi isso, ou seja, quase cinco anos depois.

A compreensão das coisas não é linear e não é porque lemos um livro, conversamos com alguém ou ainda fizemos uma aula, como estudante ou professor, que atingimos determinada compreensão. O pêndulo *práxico* me dava a cada nova experiência maior noção do que eu estava realizando até eu entender a mensagem de Maria Heloisa Corrêa de Toledo Ferraz.

E é necessário falar sobre isso.

Confesso que, no início do doutorado, eu não percebia a profundidade da palavra confluência, que, desde o início, esteve no título da pesquisa-livro que estava sendo semeada, e por isso eu a estava buscando onde ela não necessariamente existe.

Era necessário um mergulho.

E mergulhei em mim.

Desenvolvi um caminho meu de relacionar Arte, Comunicação e Educação, por meio da confluência entre Educomunicação e a Abordagem Triangular do Ensino das Artes e Culturas Visuais. Ou seja, a confluência que eu buscava era a minha própria práxis.

Para fazer um mergulho profundo em mim mesmo, no exercício de distanciar para poder observar, as professoras do exame de qualificação me incentivaram a colocar em prática o desejo de ir a Portugal em dois momentos: primeiro na Escola de Verão Epistemologias de Sul, promovida pelo Centro de Estudos Sociais da Universidade de Coimbra (CES/UC) em Portugal, entre o final de junho e o início de julho de 2019; e o outro em um estágio doutoral retornando ao CES/UC em Portugal de dezembro de 2019 a agosto de 2020, supervisionado pela Professora Doutora Maria Manuela Guilherme.

A Escola de Verão Epistemologias de Sul trouxe a experiência imersiva de contato com pessoas de diferentes partes do mundo com visões parecidas com as minhas, considerando as lutas por equidade, a valorização de uma diversidade de narrativas e o respeito às diferentes epistemologias existentes. Meu jeito de ser e fazer a confluência entre Educomunicação e Abordagem Triangular indicava isso. E ver que mais pessoas caminhavam nesta direção, me deu segurança para pisar este terreno. E isso foi essencial nesse olhar para mim mesmo.

Na preparação para o estágio doutoral percebi que o segundo período, no CES/UC, mais longo e menos intenso, permitiria uma investigação mais minuciosa do pensamento Decolonial e das Teorias Feministas.

De volta à Coimbra, na metade de dezembro de 2019, iniciei meu segundo período de contato com o CES/UC, sendo marcado por um fator altamente relevante e que não estava planejado: a necessidade de ficar em isolamento em um quarto da Pensão Flor de Coimbra, provocada pela pandemia do novo Coronavírus (SARS-CoV-2). E assim, a partir de março de 2020 os encontros com o mundo externo foram feitos, com raríssimas exceções, de forma *on-line*. E o mergulho em mim mesmo foi intensificado pela alteração nas relações com o tempo e o espaço.

Onde estaria eu, em um processo de produção de uma tese, em um momento de pandemia do qual ainda não saímos, longe da minha terra natal e distante da minha família e amizades. E como eu poderia escrever uma tese na qual eu me colocasse e apresentasse todo esse contexto?

Desta forma, para apresentar meu eu, que também aparece na confluência entre a Abordagem Triangular e a Educomunicação, busquei alguns conceitos e formas que me ajudassem a investigar, observar, analisar, refletir e apresentar para as pessoas. Eu precisava ser coerente com minhas referências e com as referências dos conceitos que eu estava trabalhando, ou seja, o ser dialógico, comprometido com a construção de uma sociedade mais justa e equânime, por meio de processos educativos colaborativos e contextualizados.

Apostando em refletir sobre a minha experiência, busquei inspiração no conceito de escrevivência, sistematizado por Conceição Evaristo, que por meio desta forma de conceber narrativas, produz contos, poemas e romances, como um modo de escrever a partir da experiência vivida, que não parte apenas de um falar sobre a individualidade, mas de um viver individual que espelha a coletividade (EVARISTO, Conceição, 2017). E quando escrevo que me inspirei, quero dizer que não assumi a escrevivência como processo e método de escrita, mas a entendi como elemento direcionador, me permitindo a observação do meu contexto. Assim compreendi que escrever sobre minhas vivências seria um caminho coerente com o objetivo do texto que estava sendo planejado, ou seja, a busca do meu *eu-educador*, e a reflexão sobre a confluência que eu faço entre a Abordagem Triangular do Ensino das Artes e Culturas Visuais e a Educomunicação.

Assim, inspirado pela escrevivência, em busca do meu *eu-educador, educomunicador e arte/educador*, optei por desenvolver um processo autobiográfico, baseado na sensibilidade e no "não ter medo de errar", guiado pelo amor e luta freirianos (SILVA, Mauricio Virgulino, 2018)..

E isso me levou a aproveitar o contexto de isolamento em um quarto de pensão, para escrever a partir deste espaço e momento, usando, como estrutura estética e comunicativa, o formato de cartas a uma interlocutora o que me incentivou a olhar para mim mesmo, apresentar quem sou vivendo a pandemia de Covid-19, qual é meu *eu-educador* e como penso a confluência entra a Abordagem Triangular do Ensino das Artes e Culturas Visuais e a Educomunicação.

Escrever cartas me permitiu o tom da pessoalidade e da proximidade com a interlocutora, e, também, apresentar as referências teóricas, as experiências práticas, observação de hipóteses, apresentação de questões e reflexões.

Embora as cartas enviadas a uma pessoa possuam caráter de confidencialidade, quando são publicadas intencionalmente podem ganhar a qualidade de cartas pedagógicas, como os tantos exemplos que temos na literatura, como as Cartas de Paulo Freire **a Guiné Bissau**[2]**, a quem ousa ensinar**[3]**, a Cristina**[4], ou mesmo outras cartas filosóficas e epístolas, como as de Sêneca entre muitos outros autores.

As cartas trazem um retrato do convívio com as ideias. E como o isolamento em um quarto de pensão reduzia a possibilidade de encontros com pessoas, imaginei encontros com autoras e autores, como se tivesse a honra de conversar no mesmo espaço/tempo com essas pessoas. Esta opção é uma forma de reverência, e também de materializar o que acontece nas leituras que fazemos. O que é ler um livro senão um encontro com a autora ou autor dele? O estabelecimento de uma comunicação que poderia acontecer em uma mesa de um café após um congresso ou aula? As cartas e os encontros que aparecem nela são formas de partilhar os processos internos.

---

2 FREIRE, Paulo. **Cartas a Guiné Bissau: registros de uma experiência em processo**. Rio de Janeiro: Paz e Terra, 1977.

3 FREIRE, Paulo. **Professora sim, tia não: cartas a quem ousa ensinar**. São Paulo: Olho D´Água, 1993.

4 FREIRE, Paulo. **Carta a Cristina: reflexões sobre a minha vida e minha práxis**. São Paulo: Editora Unesp, 2003.

É uma escolha política e estética. É uma necessidade legítima, formal e consistente, que caminha coerentemente com o método e a experiência vivida. Embora este texto seja assinado individualmente, ele é feito no coletivo. Tantas vozes foram escutadas, tantos textos lidos, tantos encontros, colaborações, orientações, interlocuções. Escutar a Dona Maria José, minha avó que acaba de completar 90 anos, e incluir os saberes dela neste livro, a faz também autora. Pensar ancestralidade, pensar nos que vieram antes, quem somos nós hoje, e nos que virão depois, é pensar em uma co-autoria contínua, incessante e persistente. Eu, e este livro, sou apenas florescência disso tudo. Uma florescência que levará a frutos e a sementes. E talvez essas sementes germinem novas ideias.

Quem sou eu nisso tudo é o que quero apresentar nas páginas que seguem, buscando mostrar a confluência entre a Abordagem Triangular do Ensino das Artes e Culturas Visuais e a Educomunicação, com o sonho de que este seja um caminho que fomente passos de transformações sócio-político-econômicas.

Faço o convite, colorido de desejo, que você navegue, ou mesmo mergulhe, nas páginas deste livro, para que as cartas a Teodora, encontrem suas interlocutoras e seus interlocutores. E que ao final possamos nos encontrar para conversar e construir juntas, juntos e juntes.

CONSIDERAÇÕES INICIAIS

Este texto traz escolhas estéticas e políticas. E algumas delas necessitam ser colocadas inicialmente para que a leitura aconteça de forma fluida.

A primeira delas é que apresento um texto em primeira pessoa, com uma autoidentificação com o gênero masculino.

Há o compromisso de escrever boa parte do texto usando linguagem neutra, ou seja, sem identificar os gêneros masculino e feminino. Mas a estrutura da língua portuguesa dificulta este processo. E por isso, considero que a língua portuguesa em muitas de suas estruturas não tem (ainda) uma boa fluência neste tipo de construção.

Para compreender este livro, peço que o imagine como uma caixa que foi deixada por um suposto pai a uma filha, que ele ainda não tem.

Nesta caixa estão cartas escritas por este pai, algumas fotos produzidas por este pai em Coimbra, Portugal, afluências poéticas como anotações de letras de música, poesias, desenhos, imagens e provocações ao silenciar e ao movimentar.

Estes materiais podem ser experienciados de diversas formas, mas há uma linha de narrativa sequencial que é apresentada neste livro

Caso você sinta a vontade de burlar a sequência, e criar o seu caminhar neste texto, não hesite.

Talvez cheguemos ao mesmo lugar.

Talvez você construa um entendimento ainda maior, ou talvez você perceba que possa colaborar com o texto.

O importante é dialogarmos.

Aguardarei por este diálogo, com a calma de quem aguarda uma festa de aniversário surpresa.

Como quem sempre soube esperar.

Como quem ousa esperançar.

#00
CONFLUÊNCIA

Confluência
COnFluência
Con Fluência
CO n Fluência
Confluen cia
No dicionário[5], confluência é a qualidade do que conflui
É o encontro de águas. Um rio que desemboca no outro
Um rio que encontra o mar
Correntes marítimas que se encontram
Pode ser um afluente,
Um rio perene,
importante caudaloso,
que encontra um ainda maior,
dando–lhe mais força,
mais corpo, mais substância.
Pode ser um encontro entre dois rios,
que juntos, formam outro,
com novo nome
E como é difícil explicar
o que são confluências em um oceano,
se o próprio oceano é uma confluência.
Uma confluência acontece
por todas as suas características
que a levam a confluir.
As margens que desenham o rio,
o conteúdo formado
por água, minerais, seres vivos.

---

5 Significado de Confluência, segundo o dicionário *on-line* Priberam. Disponível em https://dicionario.priberam.org/conflu%C3%AAncia . Acesso em 20 mai. 2021.

MAURICIO VIRGULINO SILVA

O motivo,
que até parece um destino,
uma força que move para um novo encontro.
Uma confluência é formada por todo um sistema,
que alimenta os olhos d´água,
que provoca chuvas,
e que às vezes leva a inundações.
Uma confluência não existe por si só.
Há influências
que dão qualidade à caudalidade
da confluência: a lua, o sol, os ventos;
mas também as barreiras, as interferências, o lixo ou sujeira.
Algumas barreiras
podem ser contornadas, transpostas.
Interferências podem ser vencidas,
ou assumidas como parte da confluência.
Mas a sujeira ou lixo e a contaminação
não são aceitáveis.
Como também não é aceitável
a deturpação do motivo/destino
da confluência existir
Dizem que existem confluências
que são de morte também.
Que apenas destroem
e deixam tudo arrasado.
Estas eu não chamo de confluência
eu chamo de mancomunação ou conluio.
Estes destroem a identidade confluência.
Um rio não é recurso é um organismo vivo.
Uma confluência é um organismo vivo,
que pode ofertar flores e frutos.
Uma confluência é um organismo vivo,
do qual muitas vidas podem se inspirar, crescer.
Somos rio e, também, somos confluência
Somos diversas camadas de confluências.
Confluência é substantivo feminino.
E só é possível no encontro,
no diálogo,

no qual os seres que se encontram
se comunicam e se afetam um ao outro.
Sem deixar seus conteúdos,
seus motivos,
suas características,
mas sendo parte também de um novo todo.

Confluir não é preciso
é necessário
fluir e confluir

A confluência é o que nos faz, nós.

      A confluência acontece no encontro.

#01.
UM ENCONTRO ENTRE RIOS
UM CONVITE À CONFLUÊNCIA

CARTA 001

Olá Teodora, minha filha.

Você não me conhece, ainda.
Não neste mundo-momento presente, no qual eu escrevo.
Nem eu conheço você, ainda.
Mas te imagino.
Eu também imagino em qual mundo eu gostaria que você vivesse. Pois há muitos mundos. E quando você aqui estiver, espero que este seja um muito melhor.

Mas não é simples dizer o que é um mundo melhor, pois, o que é melhor para mim, pode não ser o mesmo para a pessoa que está ali adiante. É fácil juntar pessoas em torno da ideia de um mundo melhor, mas quando você conversa com alguém de forma profunda – não, não se apegue muito às superficialidades quando quiser falar a sério sobre um mundo melhor – você percebe se vocês utilizarão as mesmas estradas, se percorrerão estradas paralelas, se serão caminhos que entrecruzarão de vez em quando, ou se os passos seguirão em fluxos diametralmente opostos. Ou ainda, o que pode ser pior, se o caminho que você vai caminhar sofre ameaças e pode ser atacado por essa pessoa com quem você fala. Sim, por trás da ideia de um mundo melhor, muitas histórias podem ser contadas e muitas escolhas de como agir são feitas.

Desta forma Teodora, vou contar a minha história. O que tem me guiado, o que tenho feito, e qual mundo melhor estou tentando construir. E escolhi neste momento escrever cartas a você, Teodora. Espero que elas sejam úteis nesse mundo que imagino para você. Imaginar é uma forma de criar. E ser criador é ser como uma divindade. Aliás, o que somos senão parte do todo, mas ao mesmo tempo um todo? Talvez essa característica divina de criador do cotidiano nos ajude também a resistir e florescer.

Isso de ser criador é um ponto importante. Ao menos no mundo que imagino para você, minha filha, todas as pessoas poderão ser criadoras. Mas como eu já disse, nem todas as pessoas querem o mesmo mundo que nós e por isso hoje, no mundo em que vivo, existem um grupo que acredita que somente algumas pessoas podem exercer o direito de criar. E quando uma pessoa que está fora desse grupo tenta criar, escrever, expressar, comunicar, desenhar, cantar e brincar, ela é reprimida, porque não é aceito que ela o faça. Sim Teodora, existem essas pessoas que proíbem as outras de criar, ou de sonhar. E digo com muita emoção: O mundo que desejo para você é um mundo no qual todas as pessoas possam sonhar.

Por isso eu escrevo a você, para que saiba o que penso e como penso o mundo em que vivo / sou / sobrevivo. Assim, desejo que estas cartas mostrem um pouco das ideias que confluem em mim, para que eu me apresente a você, sem precisar escrever um manual prescritivo de como você deve fazer/viver.

Você terá suas próprias experiências, suas próprias reflexões, e talvez não concorde comigo em todos os pontos, e isso será ótimo, pois poderemos dialogar, com afeto, amor, cuidado.

E o meu desejo maior é que nos encontremos em algum ponto e possamos, quem sabe, confluir juntos.

Bem, espero que eu não te aborreça com minhas palavras de velho sonhador. Adoraria escutar sua voz cantando numa tarde de outono, pois a luz do outono é a luz que mais gosto. E é outono agora.

Encerro por aqui neste momento, mas aviso que nos próximos dias, cartas e mais cartas chegarão. Nelas vou contar mais sobre mim e sobre o meu-seu mundo possível.

Com afeto,
Mauricio

CARTA 002

Oi Teodora

Fiquei pensando que você ao ler a minha primeira carta ficaria com uma dúvida, a qual entendo ser muito justa: Por que ele escreveu cartas a uma pessoa que ainda não conhecia?

Devo confessar que, quando eu fiquei tencionado a escrever cartas eu não sabia a quem endereçá-las. Primeiro pensei enviar à Maria, não uma Maria só, mas um grupo de Marias que me acompanham: Virgulino, Christina, Fernanda, José, Lourdes, Francisca, etc. Mas também pensei em enviar à Abya Ayala, que na língua Kuna quer dizer Terra Madura e é assumido por muitas pessoas como o nome decolonial da América Latina.

E saíram algumas páginas com esses endereçamentos, mas algo não me fazia conectar com o texto. As Marias que me acompanham e me inspiram no hoje, são elas que constroem meu cotidiano, meus afazeres, me orientam, me ajudam, e são minhas parceiras. Abya Ayala é um todo, que também me inspira, mas eu senti a necessidade de olhar nos olhos de uma pessoa. Uma pessoa que também remete a um todo de pessoas. Uma pessoa que ainda não conheço, mas que me faz olhar para o futuro. O futuro de daqui a alguns anos e o futuro do dia de amanhã. Olhar para você, e enviar cartas a você, para que você possa ler em um futuro possível é o que me ajuda a esperançar.

E minha filha, você pode me questionar o motivo de eu ter escolhido escrever para uma filha, e não para um filho ou filhe. E caso você venha a ser um filho ou filhe, peço que o ciúme não domine você. Foi uma opção, influenciada por histórias que vou contar, e pessoas que encontrei no caminho.

Por exemplo, a escritora Maya Angelou publicou um belíssimo livro no fim de sua vida: **Cartas à minha filha**[6]. E para meu espanto, Maya Angelou nunca teve uma filha, mas sim um filho. Ela escolhe escrever para as tantas mulheres que podem lê-la e se inspirar em suas histórias e legado. Qual nosso maior legado, senão nossas histórias? Pois

---

[6] ANGELOU, Maya. **Carta a minha filha**. 2. ed. Tradução: Celina Portocarrero. Rio de Janeiro: Agir, 2019.

bem, Maya me inspirou a escrever para você, Teodora, uma filha que ainda posso ter:

Querida filha

Esta carta levou um tempo enorme para se formar. Durante todo esse tempo eu soube que queria lhe contar algumas lições que aprendi em que condições as aprendi.
Minha vida está sendo longa, e, acreditando que a vida ama quem vive, ousei tentar algumas coisas – às vezes tremendo, mas ainda assim ousando. Só incluí aqui fatos e lições que considerei úteis. Não contei de que modo usei as soluções, pois sei que você é inteligente, criativa e cheia de recursos, e que as usará como lhe convier.
Você encontrará neste livro relatos sobre amadurecimento, emergências, uns poucos poemas, algumas histórias leves para fazê-la rir e algumas para fazê-la meditar.
[...]
Tenha certeza de que não vai morrer sem ter feito algo maravilhoso pela humanidade.
Eu dei à luz uma criança, um filho, mas tenho milhares de filhas. Vocês são negras e brancas, judias e mulçumanas, asiáticas, falantes de espanhol, nativas da América e das ilhas Aleutas. Vocês são gordas e magras, lindas e feias, gays e héteros, cultas e iletradas, e estou falando com todas vocês. Eis aqui minha oferenda.[7]

Bem Teodora, Maya Angelou escreveu de um ponto de vista do qual eu não posso falar. Não sou mulher e não sou mãe. Mas querendo ser pai também busco refletir sobre qual – *tipo, modelo* – paternidade exercerei. Assim quero escrever a você vivendo uma paternidade da qual sinto ser coerente com as histórias que vou lhe contar. E nisto algumas teorias feministas me ajudaram a questionar inclusive os meus modelos e práticas de masculinidade. Mas isso contarei em cartas que virão a seguir.

Estas cartas são para você Teodora, a filha que eu imagino, e fique à vontade caso sinta que as frases que escrevi devem ser compartilhadas com outras pessoas. Não sentirei isso como uma quebra de um pacto. Compartilhar saberes e dialogar faz parte também deste mundo que eu quero que você viva. E fazer isso é uma escolha.

Precisamos fazer escolhas para fazer um mundo.

Com afeto,
Mauricio

---

[7] ANGELOU, Maya, 2019, p.15-16.

CARTA 003

Querida Teodora

Você vai perceber que eu inicio um pensamento e puxo uma linha que vai se desenrolando. Provavelmente alguns assuntos se repetirão nas cartas, outros serão abordados de forma superficial para em outras serem aprofundados. Talvez um melhor modo de apresentar as minhas ideias seja um mapa, um esquema rizomático, com raízes comunicantes. Ou talvez haja ainda outra forma. Mas neste modelo de cartas, há um caminho linear, das palavras que formam frases, e por isso a opção de cartas e não apenas uma longa carta. Pois serão muitos os dias que você me fará companhia e os meus pensamentos também poderão, pouco a pouco, serem complementados..

Escolher escrever cartas é um processo de interlocução, pois buscamos estabelecer a comunicação com outra pessoa. Sei que não vou receber cartas suas em respostas às minhas, ao menos não em um modelo de tempo/espaço linear, pois você é a que virá a ser. Mas ter você como interlocutora me permite direcionar as minhas falas. Imagino também que você seja uma pessoa interessada no que eu tenha a dizer, assim busco de alguma forma apresentar minhas ideias de modo compreensível.

Obviamente eu imagino você. Imagino você uma jovem que depois de anos olhando para um baú velho, sabendo que ali havia cartas de seu pai, mesmo depois de ter folheado tantas vezes, nunca se interessou verdadeiramente por lê-las. Mas pode ser que você, numa tarde de inverno, resolva pegar um café, um chá ou outra bebida que te aqueça o peito e finalmente queira abrir o baú com estas cartas para dedicar atenção.

Bem, isso pode acontecer daqui a alguns anos, mas não ouso saber quando. Então só saberemos quando nossa comunicação for plenamente estabelecida, ou seja, quando você ouvir a minha voz na sua mente.

Eu me questiono se estas palavras que direi farão sentido. Minhas ideias, conceitos, experiências serão novidade para você, ou as práticas já estarão mais desenvolvidas? Soarei como algo pré-histórico, no sentido de tão velho que nem se consegue imaginar como as pessoas pensavam assim antes? Sinceramente Teodora, eu espero que, quando você mergulhar nestas cartas, todas essas ideias sejam obsoletas e você pense em mim como um velho de ideias velhas. Que os movimentos sociais, escolas, artistas, ativistas, comunicadores, professores tenham conseguido transformar o que restou deste mundo em que vivo em algo melhor. No sentido de melhor que eu coaduno. Que as relações políticas e econômicas sejam mais justas. Espero que estas linhas sirvam apenas para você saber que seu velho pai pensava coisas boas. Mas, se as coisas não estiverem melhores, talvez as palavras que aqui escrevo sirvam como ponto de apoio, para te ajudar a dar o salto.

Eu também imagino você como uma pessoa que terá os mesmos direcionamentos político-econômico-sociais que eu. Se você não tiver, talvez se desinteresse logo no começo. Ou resolva ler mesmo assim. Talvez você não seja nem de perto a minha interlocutora que imaginei. Mas como neste momento tenho a oportunidade de te imaginar, só me resta seguir com as cartas.

Mas o que cabe em uma carta? Pensando bem, como tenho o objetivo de escrever uma tese, que se tornará um livro, imagino o texto como uma carta, direcionada a uma pessoa, ou a um grupo de pessoas, que apresenta nossos objetivos, questionamentos, hipóteses, e mostramos os caminhos para tentar responder às perguntas colocadas e fazemos a leitura dos resultados e ensaiamos conclusões. Com sorte podemos estabelecer uma teoria, apresentar um método e fazer uma pequena contribuição ao conhecimento humano, e, de alguma forma, você vai encontrar esses elementos nas minhas cartas. A minha ideia é que você leia e utilize o que as cartas trazem como sugestão de possíveis caminhos para esse novo mundo que deve surgir.

Espere também receber junto aos textos algumas fotos, ou ilustrações. Ou quem sabe algum trecho de música. Bem, o envelope é um continente, ou seja, cabe o que quisermos, dentro de um limite. Há envelopes maiores e mais reforçados, e os menores e mais delicados. É bem provável que eu use diferentes envelopes.

E adorei essa imagem de envelope continente. Continente também é o nome de uma extensão de terra. Na prática, estou em outro continente, o europeu. Vou falar mais sobre isso.

Com afeto,
Mauricio

P.S.: Teodora, me encantei com essas luminárias de Coimbra, andando pelas ruas vazias e becos sem movimento.. Essas luminárias parecem seres estáticos admirando o tempo lento.

CARTAS a Teodora

CARTA 004

Querida Teodora

Vale dizer que eu morava no Brasil. Um Brasil que já chamou Pindorama antes da colonização europeia. E eu vim a Portugal, fazendo o caminho inverso da colonização, para entender mais sobre os meus passos e buscando ter contato com pessoas que me ajudassem nisso.

Ao dizer adeus, quando passei para a área de embarque do aeroporto parecia que eu estava entrando pelo portal de Alice, de **Alice no país das maravilhas**[8], de Lewis Carroll, ou **Coraline**[9], de Neil Gaiman. A propósito, estes são livros que ganharam versões em filmes no cinema, e que apresentam passagens pelas quais suas protagonistas adentram e conhecem um outro universo.

Interessante como existem diversas versões de portais que separam o antes e o depois. *O nós de nós mesmos*. As camadas de consciência. Parece que ao atravessar esses portais um novo mundo se abre. E esse mundo muitas vezes não o conhecemos, ou pensamos que nada sabemos sobre ele. É difícil realizar a entrada em um espaço do qual talvez nada saibamos, pois sempre temos a dúvida de quais riscos nos aguardam, ou quais culturas existem nele, ou mesmo se vamos sobreviver do outro lado. Eu penso um milhão de vezes antes de fazer algo. Não sou do tipo impulsivo, eu sou do tipo que observa, aguarda, mapeia, que tenta ter o máximo de informações possível para poder chegar a um lugar.

Isso me fez lembrar uma história que vou contar a você. Uma vez, na época da primeira faculdade, combinei com amigos de ir a São Tomé das Letras, no estado de Minas Gerais. Era ano 2000, e embora a *internet* e os telefones celulares já fossem uma realidade, estes não tinham aplicativos de *global positioning system* (GPS). Estudei *sites* com dicas para chegar a São Tomé, imprimi a rota, em papel, e seguimos. Passando pela cidade de nome Três Corações pegamos a estrada LMG-862. Após rodados vinte e dois quilômetros, o ponto de referência era uma

---

[8] CARROLL, Lewis. **Alice no país das maravilhas / Alice através do espelho**. Tradução: Marcia Feriotti Meire e Pepita de Leão. Ilustração: Sérgio Magno. São Paulo: Martin Claret, 2015.

[9] GAIMAN. Neil. **Coraline**. Tradução: Regina de Barros Carvalho. Ilustrações: Dave Mckean. Rio de Janeiro: Rocco, 2003.

árvore e uma parada de ônibus que ficavam à beira da estrada. Logo depois deveríamos pegar o caminho de terra à direita.

Calor de novembro no hemisfério sul, carros levantando nuvem-poeira na estrada de terra seca. Vidros fechados. À frente avistávamos a montanha e algumas casas de pedra, características de São Tomé das Letras. Mesmo depois de passarem dez, quinze, trinta minutos, a estrada ainda serpenteava até o topo. Não lembro quanto tempo demoramos, mas atravessar a faixa limítrofe da terra e calçamento indicava que nossa jornada entre a selva de pedra e a cidade das pedras, ambas batizadas de santos católicos, havia terminado. Assim, uma parada para respirar, bem como ter um almoço antes de nos instalarmos na pousada, se fez necessária.

O dono do pequeno restaurante, que também era o garçom, nos perguntou sobre a viagem e dissemos que fora tranquila, mas enfrentar a terra nevoenta no trecho final foi um esforço adicional para já cansados. E ele questionou com certa falsa dúvida: Não vieram pela estrada asfaltada? Sim, mas pegamos a de terra para logo depois dessa. Entendo, mas inaugurou há pouco a nova estrada asfaltada que sobe a montanha, é só passar a de terra, depois de quatrocentos ou quinhentos metros há o acesso para a estrada de asfalto e nela em quinze minutos vocês estão aqui. Nós, os viajantes, conversamos pelo olhar. Não havia acusação. Mas apenas um lamento, embora a aventura tenha sido válida: o carro coberto de terra fina em suas engrenagens até hoje; e um alento de que nossa viagem recém começara e já havia uma história para contar.

Esta digressão no texto, e na viagem, me levam a pensar que mesmo que eu tente mapear, planejar ou planilhar tudo, não consigo ter controle do todo. Somos muito pretensiosos ao imaginar que é possível controlar tudo. Algumas vezes nem em testes laboratoriais temos o controle de todas as situações. Então, como podemos achar que é possível ter o controle da vida, da nossa, dos outros, do coletivo? É um jogo, não é? Eu jogo a peteca para você e você a devolve.

Uma vez quando eu estava jogando peteca com minha irmã Maria Fernanda, sua tia, Teodora, reparei que havia uma fresta de luz que fazia o olho dela brilhar e nesse mesmo momento a peteca começou o movimento na minha direção saindo da sua mão, e a posição do meu pé direito estava um pouco descoordenada com o ombro esquerdo e isso faz com que os músculos e do braço direito não estivessem flexionados corretamente e a palma da mão direita imprimiu uma direção angulada a 10º a mais do que eu gostaria para o lado esquerdo e uma força a alguns Newton menos do que eu gostaria.

A sensação física de maravilhamento de ver o brilho do dela olho passou para um susto e um retorno da atenção para a peteca e um sentimento de frustração e vergonha por ter dificultado a jogada, mas a Nê, como chamo sua tia, deu um pulo digno de uma felina interceptando a rota errante, e com um giro de pulso jogou a peteca para o alto, diminuindo a velocidade da jogada, permitindo que eu chegasse a tempo para manter a peteca no ar, e ela se levantasse. Rimos e continuamos jogando. Um alívio e uma sensação de parceria e coletividade, e de uma pequena conquista. Aliás, cada toque que mantemos a peteca no ar é uma pequena conquista. Assim, a teoria da peteca foi dominada, mas não dá para controlar tudo.

Antes de viajar para Portugal, demorei para decidir. Iria conseguir aprovação da Universidade? A liberação da verba de apoio para a viagem não foi aprovada, e agora? Vai fazer frio, tenho roupa? Onde vou ficar, quem são as pessoas que vou encontrar? Mas, e se eu perder a oportunidade? É uma boa oportunidade? O vórtex de ter controle de tudo me consumiu e eu fiquei com medo. Optei por escolher alguns pontos que seriam os decisivos, condicionantes. E cada condição foi sendo atendida, pouco a pouco. Até o visto, para entrar e permanecer no país de destino, que deixei para obter na última hora, no tempo limite para a viagem, talvez uma tentativa de autossabotagem, foi adesivado e assinado no passaporte. E quase não faço uma despedida de pessoas amigas e familiares. Eu estava à beira do portão. E ainda tinha medo. O que me esperava do outro lado? Qual mundo que esperava do outro lado? Qual Mauricio me esperava do outro lado?

Aliás, devo dizer que o livro **Coraline** me dá mais medo que o filme. A animação digo. Pois o livro tem aquelas lacunas que a gente preenche com nossas ideias. A animação, por ter sequência temporal que nos prende, nos instiga e dá a resposta, mesmo que não seja a resposta de tudo, as lacunas, o tempo que escutamos a nós mesmos, é menor. A cada espaço entre uma ilustração e outra do livro, ou mesmo aquele espaço entre os parágrafos, eu mergulho me colocando na cena: Eu sou Coraline? Eu sou o Wybie, o amigo dela? Eu entraria pela porta? Como seria este outro universo?

E como você sabe, eu coloquei um pé na frente do outro, os carimbadores disseram que eu poderia ir a um lugar algum e então passei pelo portal.

Com afeto,
Mauricio

P.S.: Teodora, esta é uma fotografia que fiz do corredor da Pensão Flor de Coimbra, logo depois que escrevi esta carta. Fiquei inspirado pela ideia do portal.

CARTAS a Teodora

CARTA 005

Querida Teodora

Atravessei o portal, e quando cheguei do outro lado vi que não era tão assustador quanto imaginava. Embora não fosse o mesmo cotidiano, eu fui bem recebido, tive estranhamentos, tive saudades, e foi preciso me preparar para o que poderia vir a acontecer. E aconteceu.

Teodora, a ideia de escrever cartas sobre um mundo e as ideias para este mundo que desejo para você, são inspiradas em um fato: o mundo que eu vivo ruiu. Ainda não sei dizer, ao certo, o que ocorreu. Como em uma foto que colei em uma carta anterior, a cidade lá fora está silenciosamente estranha. Por enquanto, o que posso dizer é que acordei com um pensamento que quero registrar nesta carta, ainda em relação a ideia do portal.

Eu lembrei do dia que conheci Herbert Read em uma aula de Christina Rizzi. Christina Rizzi é uma grande amiga minha e minha interlocutora-orientadora no doutorado. Ele usava uma gravata borboleta.

Herbert Read é um educador que estudou relações da Educação com a Arte, e escreveu o livro **A Educação por meio da Arte**[10], no qual ele apresenta uma proposta de um sistema de educação que tem a Arte como eixo transversal.

Mas por que me lembrei dele? Isto é um desabafo, com medo, mas ao mesmo tempo esperançoso, e que traz uma vontade de lutar. O último capítulo, do livro que citei, tem o nome **Uma Revolução Necessária**. Herbert Read abre esse capítulo contextualizando que é dia 1º de junho de 1942 e ele acabara de escutar uma notícia sobre um ataque em Colônia, cidade alemã, e outra sobre exércitos que lutaram até o limite e que contam os mortos e feridos nas planícies de Ucrânia. E sobre veículos blindados, "um triunfo da tecnologia humana, comandados por técnicos cuidadosamente educados para o trabalho construtivo"[11] que enfrentam a poeira na fúria da destruição mútua. Tudo isso olhando para sua janela, em *Seer Green*, região próxima de Londres, na Inglaterra. Ele pode sentir os cheiros das batalhas e destruição durante a Primeira Grande

---

10 READ, Herbert. **A Educação pela Arte**. Tradução: Valter Lellis Siqueira. São Paulo: Martins Fontes, 2001.

11 READ, Herbert, 2001, p. 337.

Guerra de 1915 a 1918, pois esteve presente como soldado. E na sua sala em *Seer Green* pensava em possibilidades de reagir contra o ódio.

> Foi contra esse fundo tão vacilante que escrevi este livro, e agora devo encerrá-lo. Lembrei o leitor, mais uma vez, da "importância da sensação em uma época que pratica brutalidade e recomenda ideais", e elaborei uma teoria que tenta mostrar que, se na educação de nossas crianças preservarmos, por meio de métodos que indiquei, a vivacidade de suas sensações, poderemos ter sucesso em relacionar a ação com o sentimento, e até mesmo a realidade com nossos ideais. Assim, o idealismo não seria mais uma fuga da realidade: seria uma simples resposta humana à realidade[12].

Herbert Read acreditava que um sistema democrático de Educação, que também apontasse para a necessidade da sensibilidade, era a única revolução necessária, pois os demais processos seriam desenvolvidos a partir desta formação.

Ele datilografou o seu livro convivendo com um sentimento de insegurança; com a ideia de que o mundo estaria caminhando para um novo normal, sem saber exatamente o que seria isso; com formas libertadoras de pensar o mundo sendo combatidas pelo crescente ódio; e com a visão de bombas que faziam sombra nas folhas que ele usava para escrever o livro.

Mesmo assim ele resolveu propor um caminho, um que ele acreditava, colocando o *eu-educador* dele naquelas páginas. E ele nos mostra esse contexto apenas no final do livro. Talvez fosse o desabafo dele e também um manifesto.

Teodora, ao chegar a Coimbra, passei dois meses tentando me entender e tentando entender esse Eu que tinha atravessado o portal. E uma notícia longínqua vinha chegando com os ventos invernais, de uma nuvem maléfica estava cobrindo os países. Eu, em um quarto de pensão com uma pequena janela e um computador. Uma tese. Uma leitura e uma proposta de mundo. E lembrei daquele amigo de gravata borboleta de Christina. Resolvi fazer como ele, assumir que, neste tempo de insegurança, o mundo precisa de pessoas e textos que recomendam ideias.

Minhas ideias, dentro do meu campo de estudos estão entre a Arte – Comunicação – Educação. Então, o que posso criar? Sabendo que bombas caem lá fora, e que não é possível desconsiderar a brutalidade humana.

Lá fora está silencioso. Os corredores da pensão, embora eu não esteja sozinho aqui, já estão bastante silenciados também. A maioria das pessoas se foram, com o último avião transatlântico. Faz frio e chove. Não sei se

---

[12] READ, Herbert, 2001, p. 337-338.

sairemos, e se sairmos, como seremos depois que isso tudo passar. Mas como disse Saramago[13], "sempre chegamos ao sítio aonde nos esperam".

Com afeto,
Mauricio

---
[13] SARAMAGO, José, 2014, p. 9.

CARTA 006

Querida Teodora

Terminei a carta anterior dizendo que as pessoas foram embora, e comentei por alto sobre a nuvem maléfica e como Herbert Read me inspirou a escrever.

Bem, faz alguns dias que tudo acabou. E um mundo novo começou. E o que sinto é que será necessário se adaptar, cuidar e repensar.

As notícias de dias atrás afirmam que a nuvem maléfica selou portas e janelas. Alguns disseram que era temporário e que logo a nuvem se dissiparia. Mas a nuvem não se dissipou, pelo contrário, se espalhou e chegou aqui em Coimbra.

Coimbra é uma cidade que se nasceu de duas outras. Na verdade, não sei bem se cidades, aldeias, povoamentos. Isso porque a forma de organização entre bairros e cidades aqui é um pouco diferente. Nem toda cidade é uma cidade, no sentido político, pois nem todas têm uma câmara municipal. Assim povoamentos que são aldeias, mas que não são cidades. Ainda não tive tempo de compreender perfeitamente essa organização. Em todo caso, Coimbra é uma cidade que descende de Conimbriga, mas que por conta de invasões e guerras a população, que residia nessa localidade, migrou para outro local chamado *Aeminium*, de origem romana e que estava no meio da estrada entre Olisipo, atual Lisboa, e *Braccara* Augusta, atual Braga. *Aeminium* era localizada onde fica a cidade de Coimbra hoje, mas como muitas pessoas de Conimbriga foram para *Aeminium*, os nomes se misturaram e a cidade acabou se chamando Coimbra. As ruínas de Conimbriga estão a pouco mais de dezoito quilômetros daqui da Pensão Flor de Coimbra, que fica bem perto da Estação de Comboio Coimbra.

Teodora, você teria a mesma curiosidade que a minha, em saber o que significa a palavra Coimbra? Como eu não sabia, empreendi uma busca uma busca pelo significado, e vi que Coimbra aparenta ser uma palavra que mistura origem latina e celta, e que pode significar cidade dos cônios. Conimbriga/Coimbra pode também significar cidade localizada em um alto pedregoso, e ainda castelo. Interessante que a palavra latina *Aeminium*, significa elevação, o que condiz com a origem celta.

Diz-se que os cônios foram um povo de origem celta, que fez parte dos povos originários da península Ibérica, como os bascos. E que lutaram contra os lusitanos para se manterem vivos. É curioso saber que a cidade central para a construção do que é Portugal hoje, tanto na perspectiva da política, quanto da educação e religião, possa ter como significado o nome de um povo originário celta.

Eu pretendia visitar as ruínas de Conimbriga e ir até o Museu Machado de Castro, onde está um criptopórtico do fórum de *Aeminium*. Mas não deu tempo. O mundo acabou antes disso.

Eu estava no cinema quando a notícia oficial foi divulgada. Às segundas-feiras o Teatro Universitário Gil Vicente, o TAGV, tinha como programação a exibição de filmes. Não era uma sala de cinema e sim o teatro universitário, com diversas programações, que transformava o palco em tela, em três sessões: a primeira no meio da tarde, às 15h; a segunda no final da tarde ou início da noite – *como você prefere Teodora, chamar de tarde ou noite?* – por volta das 18h; e a última sessão às 21h. Neste dia a equipe da programação escolheu três filmes em uma curadoria interessante se os pensarmos juntos: **Aquarius**, de 2016, dirigido por Kleber Mendonça Filho, com Sonia Braga interpretando a personagem principal; **A vida invisível**, de 2019, dirigido por Karim Aïnouz, uma adaptação do livro **A vida invisível de Eurídice Gusmão**, de Martha Batalha, com Carol Duarte e Julia Stocker interpretando as personagens principais, Eurídice e Guida; e **Bacurau**, de 2019, dirigido por Kleber Mendonça Filho e Juliano Dornelles, com Sonia Braga, Udo Kier, Silvero Pereira, Barbara Colen e Karine Teles, nos papeis principais. Os três filmes com identidade brasileira, embora **Aquarius** e **Bacurau** sejam considerados produções franco-brasileiras e **A vida invisível** uma produção teuto-brasileira. Teodora, tive que buscar no dicionário: teuto se refere à cultura alemã.

Cada um destes filmes com uma temática específica, mas que de alguma forma trazem mazelas, como por exemplo, o colonialismo de **Bacurau**, o capitalismo em **Aquarius** e a sociedade patriarcal, machista e misógina de **A vida invisível**. Obviamente as histórias trazem mais camadas, mas esses três temas me saltaram aos olhos, pois eu estava sensibilizado pelas epistemologias do sul, pensamento decolonial e pelas experiências vividas há pouco mais de um mês na Escola de Inverno Ecologias Feministas de Saberes.

Ao estudar sobre os conceitos que citei acima, li bastante sobre a tríade colonialismo – patriarcado – capitalismo, como algo que não se separa e se retroalimenta Esses três filmes traziam essas relações, e impressionantemente cada um apresentava um dos elementos da tríade como o principal, costurando tamb[emos outros dois elementos.

Pouco antes de começar **Bacurau**, recebi o *e-mail* oficial da Universidade de Coimbra dizendo que as atividades seriam paralisadas por conta do perigo do novo Coronavírus. As orientações oficiais do governo português foram divulgadas poucas horas depois e precisávamos evitar de sair à rua. Ainda assisti Bacurau, mas logo após o caminho era do cinema à pensão. O perigo estava rondando do lado de fora.

Aprendi em Portugal que castelos de contos de fadas pouco têm a ver com os castelos deste país, pois, pelo menos os que pude conhecer, são fortificações muradas com torres e pequenas janelas, para proteção contra os inimigos e estoque de insumos bélicos e alimentícios. E se Coimbra é uma cidade encastelada, o quarto 117 se tornou meu aposento, e a Pensão Flor de Coimbra, o meu castelo.

A nuvem está lá fora. Sobre o céu de Coimbra, e do mundo que resta após o fim do mundo. Não sabemos quanto durará, e pouco podemos sair.

Aguardemos.

Com afeto,
Mauricio

MAURICIO VIRGULINO SILVA

CARTA 007

Querida Teodora

O dia está bastante nublado hoje. A temperatura caiu. E há uma garoa que cai hora sim, hora não.

Não sei se percebeu, mas nas cartas anteriores eu comentei que ia escrever sobre o mundo que eu sobre/vivo, um mundo que eu gostaria que você vivesse, e um caminho que penso para chegar até este mundo. Sinto ter que talvez desapontar, mas eu não tenho a fórmula mágica que dê conta do todo.

Eu trabalho e estudo relacionando práticas e atividades das áreas de conhecimento da Arte, da Comunicação e da Educação. Assim o caminho que tenho como experiência para chegar a esse mundo melhor é marcado por essas relações entre áreas. E eu sinto que vão além de relações: é uma confluência.

Alguns outros conceitos vão girar ao redor deste tema central, e talvez eu já tenha escrito nas cartas alguns deles: diálogo, afeto, decolonial, esperançar, futuro possível, sonho. Mas outras expressões ainda vão aparecer. E todas elas estão interligadas.

Mas uma que quero deixar destacada inicialmente é a palavra amor. Sim Teodora, amor! Faz algum tempo que aprendi com Paulo Freire e com bell hooks, dois dos mais importantes educadores do meu mundo, que o amor é algo muito maior que o sentimento do amor romântico entre pessoas, no sentido de uma relação como casal, ou amor entre mãe e filho, pai e filha. O amor é um compromisso. O amor não satisfaz nosso ego, no sentido de posse. O amor é luta, e luta é amor, pois a luta, neste sentido, é a busca por viver um mundo mais justo, mais solidário. Onde todas as pessoas tenham a garantia e o acesso a seus direitos. O amor, dito por Paulo é compromisso social.

E amor, também é luta[14] pois [...] é

---

[14] A importância dos termos amor e luta para a Educomunicalção foi tema de reflexão apresentada no artigo: SILVA, Mauricio Virgulino da. Educom é amor e luta, mas que amor e que luta? **Revista Unifreire**, v.6, n. 6, dez, 2018, p.105-117. Disponível em: https://www.paulofreire.org/download/pdf/Revista_Unifreire_28_12_2018.pdf. Acesso em 02 mai. 2023

um ato de coragem, nunca de medo, o amor é compromisso com os homens. Onde quer que estejam estes, oprimidos, o ato de amor está em comprometer-se com sua causa. A causa de sua libertação. Mas, este compromisso, porque é amoroso, é dialógico. Como ato de valentia, não pode ser piegas; como ato de liberdade, não pode ser pretexto para a manipulação, senão gerador de outros atos de liberdade. A não ser assim, não é amor. Somente com a supressão da situação opressora é possível restaurar o amor que nela estava proibido. Se não amo o mundo, se não amo a vida, se não amo os homens, não me é possível o diálogo.[15]

Leonardo Boff, também escreveu sobre o amor no livro **Saber Cuidar: Ética do humano - compaixão pela terra**[16] – *Teodora, provavelmente eu devo comentar um pouco mais sobre o cuidado em uma carta que pensei em escrever daqui a alguns dias.* Leonardo comenta que ao conversar com o biólogo chileno chamado Humberto Maturana, chegaram à conclusão de que existem duas formas de seres vivos interagirem com o seu meio, uma necessária e outra espontânea. A necessária fala sobre interconexão com o ecossistema para se manter vivo. A espontânea é a interconexão pelo prazer de viver. Assim nessa relação espontânea, quando um ser acolhe o outro ser, criando uma coexistência, surge o amor.

Leonardo Boff, então, diz que Humberto Maturana defende o amor como fenômeno biológico. E essa coexistência ganha diversas formas, e uma delas é a forma humana do amor. Teodora, é interessante pensar aqui que, escutando esta conversa, parece até que existe o amor não humano. Já pensou nisso? E na forma humana do amor, o acolhimento do outro ser, ou outros seres, é feito de forma também consciente, como uma liberdade de escolha, desenvolvendo assim processos de socialização. Para Leonardo Boff, o amor é o que dá origem à sociedade, pois além de apenas uma necessidade de sobrevivência dentro do ecossistema, é fundamento para a coexistência social. Assim "se falta o amor (o fundamento) destrói-se o social"[17], então o amor é estar aberto a conviver e compartilhar com os outros seres. Leonardo usa também o termo comunhão, e comungar também é uma das raízes da palavra comunicação. Ou seja, se colocar em relação com os outros seres.

---

[15] FREIRE, Paulo, 1983, p. 94.

[16] BOFF, Leonardo. **Saber Cuidar: Ética do humano - compaixão pela terra**. Rio de Janeiro: Editora Vozes, 2012.

[17] BOFF, Leonardo. 2012, p.126.

Teodora, contribuindo para esta reflexão, Leandro Roque de Oliveira, produziu uma tese chamada **AmarElo**. Essa tese é composta de um álbum de músicas, **AmarElo**, um *podcast/videocast* **AmarElo Prisma**[18], que apresenta os movimentos 1: Paz/Corpo, 2: Clareza/Mente, 3: Compaixão/Alma e 4: Coragem/Coração, o podcast **AmarElo: O filme invisível**[19], com três episódios. Alguns videoclipes e o videodocumentário **AmarElo: É tudo pra ontem**[20]. Considero como uma tese porque ao ler, ouvir e assistir aos produtos, entendo **AmarElo** como uma pesquisa que busca compreender algo, tem referências, método, posicionamentos, reflexões e conclusões. Se ele publicasse apenas o álbum de músicas teríamos acesso a parte da sua riqueza, mas o videodocumentário e os *podcasts* apresentam também o seu processo, as escolhas, as parcerias, coerentes com as referências e reflexões. Leandro Roque de Oliveira é mais conhecido como Emicida, rapper brasileiro, e apresenta nesta tese seu modo de viver, experienciar e pensar o mundo. O título AmarElo, é inspirado no seguinte poema de Paulo Leminski[21]:

> amar é o elo
> entre o azul
> e o amarelo

O álbum de músicas que compõe a tese **AmarElo**, inicia com **Princípia**, e a letra desta música apresenta uma conexão de visão de mundo, relacionando a necessidade do viver comunitário, do cuidado, do compromisso pela libertação, de si mesmo e das outras pessoas, em um processo, no qual a única coisa que faz a vida ter sentido, é o amor.

---

[18] AmarElo Prisma, publicado por Emicida no ano de 2020, está disponível no canal oficial do artista na plataforma Youtube, em formato de *playlist*, com a sequência dos episódios, pelo endereço https://www.youtube.com/playlist?list=PL_N6VL1gm0aJ3z35IScHEkjLLh_24xk3A. Acesso em 10 jun. 2021.

[19] Amarelo: o filme invisível, publicado por Emicida no ano de 2020, está disponível no canal oficial do artista na plataforma Youtube, pelos endereços episódio 1 https://youtu.be/MYNZsYr4dkM; episódio 2 https://youtu.be/DsvO14sNSWw e episódio 3 https://youtu.be/VArUDtnQ1m0. Acesso em 10 jun. 2021.

[20] O videodocumentário **AmarElo: É tudo pra ontem**, publicado por Emicida em 2020, está disponível na plataforma Netflix, pelo endereço https://www.netflix.com/title/81306298 . Acesso em 10 jun. 2021.

[21] LEMINSKI, Paulo, 2013, p.312.

O amor pelo ato de construir um mundo juntos e perceber que todos os seres vivos têm direito de fazer sentido por si, desde que cuidando um dos outros, respeitando e colaborando. E como isso dialoga com o Paulo Freire, bell hoks, Leonardo Boff e o Humberto Maturana!

Perceba que não é uma disputa por ser melhor que a outra pessoa, uma forma de competitividade, e sim ser melhor pela outra pessoa, com ela. É um desenvolvimento individual que reflete no coletivo e um desenvolvimento coletivo que reflete no individual, e nesta interdependência, se somos parte de um corpo, por que maltratamos esse corpo? Se parte deste corpo não é livre, ou sofre, por que continuamos fazê-lo sofrer? Por que não cuidamos juntos deste corpo?

Dormir bem, alongar, respirar, e fazer com que as pessoas também durmam bem, se alonguem, respirem e vivam, é cuidar do corpo individual e coletivo. Se uma pessoa está doente, todos estamos, pois é nosso corpo coletivo que tem algo doente. E é falsa a ideia de que há separação individual-comunidade. Tudo faz parte de um sistema que está enredado.

Por isso, o cuidado, o afeto e o amor são tão importantes. Estas palavras vão continuar aparecendo nestas cartas. Estas palavras vão confluir. Você verá. Pois, "tudo que nóiz tem é nóiz"[22].

Bem, a garoa segue no cai-não-cai, e o frio está mais castigante. Acho que vou buscar me aquecer por aqui.

Teodora, assim como o Emicida, "escrevo como quem manda cartas de amor"[23].

E sim, estas cartas a você são de amor.

Com afeto,
Mauricio

---

[22] EMICIDA, trecho da música **Princípia**, 2019.

[23] EMICIDA, trecho da música **Cananéia, Iguape e Ilha Comprida**, 2019. Do álbum **AmarElo**, do Emicida (2019), está disponível no canal oficial do artista na plataforma *Youtube*, pelo endereço https://youtu.be/etRL3kv5jho. Acesso em 02 mai. 2023

[…]

Quem segura o dia de amanhã na mão?
Não há quem possa acrescentar um milímetro a cada estação.
Então, será tudo em vão?
Banal? Sem razão?
Seria, sim seria, se não fosse o amor

[…]

Trecho de **Princípia**[24] - **AmarElo**
Emicida

---

24 A música **Princípia**, do álbum **AmarElo** de Emicida, está disponível no canal oficial do Emicida na plataforma Youtube, pelo endereço: https://youtu.be/kjgg-vv0xM8Q. Acesso em 02 mai. 2023 O trecho destacado aqui é interpretado pelo Pastor Henrique Vieira e inicia a partir de 03' 48" e vai até 05'55".

CARTA 008

Querida Teodora

Não tenho novidades: tudo acabou mesmo.

Nem mesmo o tempo, a temperatura digo, está mais convidativo.

Um frio que sobe pelos pés, mas que não alcança o peito, porque eu tento me manter confiante.

O curioso é que muitas pessoas já tinham alertado para essa possibilidade do mundo acabar. Uma delas eu já apresentei a você. Leonardo Boff comenta que o descuido consigo mesmo, com as outras pessoas, com os outros seres e com a Mãe-Terra pode nos levar à uma crise sem retorno. Ele diz:

> Por toda parte apontam sintomas que sinalizam grandes devastações no planeta terra e na humanidade. O projeto de crescimento material ilimitado, mundialmente integrado, sacrifica 2/3 da humanidade, extenua recursos da terra e compromete o futuro das gerações vindouras. Encontramo-nos no limiar de bifurcações fenomenais. Qual é o limite de suportabilidade do super-organismo-Terra? Estamos rumando na direção de uma civilização do caos?
> A Terra em sua biografia conheceu cataclismos inimagináveis, mas sempre sobreviveu. Sempre salvaguardando o princípio da vida e de sua diversidade.
> Estimamos que agora não será diferente. Há chance de salvamento. Mas para isso devemos percorrer um longo caminho de conversão de nossos hábitos cotidianos e políticos, privados e públicos, culturais e espirituais[25].

Rolf Behncke, que escreve o prefácio do livro **A Árvore do Conhecimento**[26], de Humberto Maturana e de Francisco Varela, também avisa:

> Será possível que a humanidade, tendo conquistado todos os ambientes da Terra (inclusive o espaço extraterrestre), possa estar chegando ao fim, enquanto nossa civilização se vê diante do risco real de extinção, só porque o ser humano ainda não conseguiu conquistar a si mesmo, compreender sua natureza e agir a partir desse entendimento?[27]

---

[25] BOFF, Leonardo, 2012.

[26] MATURANA, Humberto; Varela, Francisco. **A árvore do conhecimento: as bases biológicas do entendimento humano**. Campinas-SP: Editorial Psy, 1995.

[27] BEHNCKE, Rolf. Prefácio, In. MATURANA, Humberto; Varela, Francisco, 1995, p. 14.

Mas não posso terminar essa sequência de reflexões sobre esses avisos sobre como o mundo estava caminhando para esse ponto sem comentar sobre Ailton Krenak.

Ailton Krenak lançou em 2019 um livro chamado **Ideias para adiar o fim do mundo**[28]. Teodora não é curioso? Estávamos à beira do fim do mundo e um livro trazia ideias para adiar o fim do mundo. Será que já era tarde demais Teodora para se lançar um livro deste? Com certeza não. Nunca é tarde para refletir sobre os passos que damos no mundo que vivemos.

Ailton, que tem como sobrenome sua etnia, nasceu na região do Rio Doce, onde famílias Krenak vivem, e que sofreu consequências do rompimento da barragem da Samarco, no município de Mariana, Minas Gerais, em 05 de novembro de 2015. O Rio Doce, que os Krenak chamam de "Watu, nosso avô, é uma pessoa, e não um recurso como dizem os economistas"[29] foi atingido recebendo rejeitos da mineração da Samarco, destruindo diversas espécies animais e vegetais, e prejudicando também a sobrevivência das famílias que ali moram, além da contaminação do ecossistema do Vale do Rio Doce.

E bem antes deste desastre, Ailton Krenak iniciou uma reflexão sobre as questões ambientais e os direitos dos povos indígenas brasileiros, participando, por exemplo Assembleia Nacional Constituinte, que elaborou a Constituição Brasileira de 1988, e durante a constituinte protestou contra retrocessos na luta pelos direitos dos povos indígenas[30].

Teodora, eu quis apenas trazer um pouco do contexto para afirmar que não é recente que pessoas vêm denunciando que o movimento que a humanidade tem tomado, de desconexão com a natureza, e de desconexão com os outros seres humanos, é um fator que aceleraria o fim do mundo.

Ailton Krenak diz que o nome do livro que comentei nasce do título de uma palestra que ele foi convidado a proferir na Universidade de Brasília (UnB). O nome da palestra foi escolhido à esmo, pois ele mesmo diz no livro "eu estava tão envolvido com as minhas atividades no

---

[28] KRENAK, Ailton. **Ideias para adiar o fim do mundo**. São Paulo: Companhia das Letras, 2019.

[29] KRENAK, Ailton, 2019, p.40.

[30] O discurso/protesto de Ailton Krenak durante a Assembleia Constituinte está disponível em diversos canais, mas não em um canal oficial das câmaras legislativas federais brasileiras. Pode ser visto por meio deste endereço https://youtu.be/kWMHiwdbM_Q . Acesso em 02 mai. 2023

quintal que respondi: ideias para adiar o fim do mundo"[31]. Interessante essa conexão com o quintal, com o plantar, compreender o tempo da horta. Emicida, falando sobre o **AmarElo**, também afirma que cuidar do quintal, da horta, são essenciais para nossa conexão com a vida.

Chegando à UnB, o auditório estava lotado. A palestra seria para os estudantes do mestrado do centro de desenvolvimento sustentável, mas quando correu a notícia que Ailton apresentaria ideias para adiar o fim do mundo, alunos do *campus* todo da UnB compareceram. Surpreso pela grande audiência, Ailton Krenak recebe a informação de que todo mundo queria saber como adiar o fim do mundo, e ele responde "Eu também"[32].

Bem, no livro, o autor faz uma reflexão sobre o ponto que estamos, como chegamos até aqui e o que pode acontecer. Não temos soluções mágicas para adiar o fim do mundo, ou para construir um novo mundo. Não é uma pessoa sozinha, que fará isso Teodora.

Mais uma vez, tudo está conectado, e nós, seres humanos estamos conectados a tudo. As falas de Humberto Maturana, Leonardo Boff, Rolf Behncke, Paulo Freire e Emicida soam próximas às de Ailton Krenak. Desculpe Teodora, posso estar sendo repetitivo em alguns momentos. Mas a repetição, às vezes também é um recurso para que compreendamos alguns assuntos que estão à nossa frente, mas não fazemos nada. Como podemos acordar para transformar o que nos leva ao fim do mundo em algo que adie o fim do mundo?

> A ideia de nós, os humanos, nos descolarmos da terra, vivendo numa abstração civilizatória, é absurda. Ela suprime a diversidade, nega a pluralidade das formas de vida, de existência e de hábitos. Oferece o mesmo cardápio, o mesmo figurino e, se possível, a mesma língua para todo mundo[33].

A experiência do viver sendo padronizada, facilita a sua transformação em produtos vendáveis, além disso, hierarquiza os modos de viver, colocando como não aceitáveis modos que não estão no padrão esperado. "Como disse o pajé yanomami Davi Kopenawa, o mundo acredita que tudo é mercadoria, a ponto de projetar nela tudo que somos capazes de experimentar"[34], assim tudo que é impossível de ser transformado em produto, é desvalorizado. E porque não podem ser padronizados e produzidos em larga escala, os conhecimentos da floresta, os saberes das

---

[31] KRENAK, Ailton, 2019, p.15.
[32] KRENAK, Ailton, 2019, p.16.
[33] KRENAK,,Ailton, 2019, p.23.
[34] KRENAK, Ailton, 2019, p. 45.

avós e dos avôs, o artesanato, os costumes comunitários, são desvalorizados. Apenas quando são *gourmetizados* é que o mercado valoriza.

Ailton Krenak lançou dois livros logo após o **Ideias para adiar o fim do mundo**, Teodora. São **O amanhã não está à venda**[35] (2020) e **A vida não é útil** (2021)[36], que reforçam e aprofundam questões ditas no **Ideias para adiar o fim do mundo**, mas já com o contexto deste pós-fim do mundo. O mundo que podemos criar, e que quero ajudar para criar para você não está à venda em uma loja, ou em qualquer comércio. O amanhã é feito pelo *nós* e a vida não é feita nos processos utilitários. Para que servimos? Para ser uma força de trabalho? Ou para viver e conviver como seres e filhos desta Mãe-Terra?

E um dos trechos que mais gosto neste livro do Ailton Krenak, que tanto comentei, é este:

> Então, pregam o fim do mundo como uma possibilidade de fazer a gente desistir dos nossos próprios sonhos. E a minha provocação sobre adiar o fim do mundo é exatamente sempre poder contar mais uma história. Se pudermos fazer isso, estaremos adiando o fim do mundo[37].

Teodora, se pudermos contar mais uma história, e se cada pessoa puder contar sua própria, e vivermos e aprendermos com as histórias das outras pessoas, e se essas construírem pessoas que dialogam com as outras e com o mundo a que elas estão inseridas, talvez possamos não adiar o fim do mundo, pois ele já aconteceu, mas sim construir um novo. E é por isso que escrevo a você, para contar mais uma história.

Vou preparar um chá, para domar meu peito em fogo. E no meu rádio começou a tocar Agridoce:

> O mundo acaba hoje e eu estarei dançando. O mundo acaba hoje e eu estarei dançando, com você[38].

Com afeto,
Mauricio

---

[35] KRENAK, Ailton. **O amanhã não está à venda**. São Paulo: Companhia das Letras, 2020.

[36] KRENAK, Ailton. **A vida não é útil**. São Paulo: Companhia das Letras, 2020.

[37] KRENAK, Ailton, 2019, p. 27.

[38] AGRIDOCE. Trecho da música **Dançando**, do álbum Agridoce, de 2011. Disponível em https://youtu.be/vOL-AvxD9w4. Acesso em 20 mai. 2021.

P.S.: Uma gárgula desfigurada, como nosso mundo.
Encontrada na pensão hoje pela manhã.

MAURICIO VIRGULINO SILVA

O chão que eu piso me prega peças.
Quando penso pisar
sobre a mais firme terra.
Quando começo a correr segura,
a pular e a rolar de rir.
Me vejo de repente sobre
mais fina crosta.
Como aquelas
que cobrem rios e lagos em invernos.
Então, eu escorrego, rodopio e caio
Fico sem chão.
Eu choro um pouco.
Me sinto insegura.
Mas me levanto.
Porque, apesar de tudo,
sinto um desejo inexplicável
de explorar
esse terreno incerto chamado "vida".
Você tem escutado a tua alma?[39]

Eu piso na terra vermelha do Paraná.
Entre as casas de madeira e alvenaria.
Escuto variáveis e translinguismos
do português, espanhol e guarani.
Vejo um céu laranja e roxo entre
os galhos das mangueiras
e horizonte de milharal.
Adentro um espaço sagrado
quando a lua nasce.
Eu piso descalça
na terra vermelha do Paraná.
Com o ritmo do takuapu a tocar.[40]

---

[39] Publicação da instalação coletiva **silenciARmovimentAR**: fotografia de Bruna Mondeck e texto de Maria Izabel Ferreira Cruvinel. Acesso para a obra pelo endereço https://www.instagram.com/p/COBx7UvHezn/ . Acesso em 02 mai. 2023.

[40] Publicação da instalação coletiva **silenciARmovimentAR**: fotografia de Bruna Mondeck e texto de Camila Lazzarini. Acesso para a obra pelo endereço https://www.instagram.com/p/CN52ZGrBsH2/ . Acesso em 02 mai. 2023.

Querida Teodora, percebi que eu não tinha me mostrado, em imagem, para você. Este sou eu, encapotado, mascarado, e espelhado em uma ruela da baixa de Coimbra.

MAURICIO VIRGULINO SILVA

CARTA 009

Querida Teodora

Lá fora tudo está parado
As pessoas não estão na rua, a rua segue sem movimento.
Portas fechadas.
Apenas temos a permissão de sair para ir ao mercadinho mais próximo para adquirir alimentos e alguns itens de limpeza.
E agora?
Eu acabei de ler o livro que ganhei de Byung-Chul Han no aeroporto, ao chegar na cidade do Porto. Bem, eu ainda não contei a você essa história, Byung-Chul Han é um filósofo sul-coreano, professor em Berlim, Alemanha, e eu já havia escutado sobre suas produções. Quando desembarquei em Portugal, parei para tomar um café, e na sequência tomar o Metro até a estação Campanhã, onde eu pegaria o Comboio Intercidades para Coimbra-B, e então o Comboio Regional para Coimbra, meu ponto final. Confesso que gosto de viajar de trem, ou comboio como dizem aqui. As estações são sempre encontros e despedidas, como a música de Milton Nascimento e Fernando Brant[41], e também interpretada por Maria Rita. E o aeroporto, também é uma estação.

> Mande notícias
> Do mundo de lá
> Diz quem fica
> Me dê um abraço
> Venha me apertar
> Tô chegando
> [...]
> A hora do encontro
> É também, despedida
> A plataforma dessa estação
> É a vida desse meu lugar
> É a vida desse meu lugar
> É a vida

---

[41] NASCIMENTO, Milton; BRANT, Fernando Brant. Trecho da música **Encontros e Despedidas.** Intérprete: Maria Rita. Maria Rita. Rio de Janeiro: Warner Music Brasil, 2003. Disponível em: https://youtu.be/xOQgUM_Vyqw Acesso em: 20 mai. 2021.

MAURICIO VIRGULINO SILVA

Pedi um café espresso e percebo que o Byung-Chul Han estava ao meu lado, apressado e um pouco absurdado. Não sabemos bem o motivo, mas seu cartão de crédito não foi aceito pela máquina. A atendente dizia que a empresa do cartão, a bandeira, estava com dificuldade de conexão naquele dia, diz-se que por conta de um congestionamento na rede pelo excesso de informação.

Era só um café. Em euros, mas era só um café, e então me ofereci para pagar.

Agradecido, me convidou para conversar, e Byung-Chul Han ofertou **Sociedade do Cansaço**[42]. Achei oportuno, pelo excesso de tarefas a que eu havia me submetido para a viagem a Portugal, e que mesmo assim sabia que ainda teria muito pela frente. Obviamente o livro não fala de um cansaço da viagem e sim de uma sociedade pautada no individualismo, na performance, na concorrência, na autoexploração.

Falamos sobre a correria da vida, e como somos apenas produtos. E isso me fez lembrar outra conversa, com Vilém Flusser, filósofo checo-brasileiro e que também foi por conta de um aeroporto. Mas acho que vou contar essa história em outra carta.

Às vezes é assim não é? Conversamos com pessoas de diversos lugares, lemos e escutamos coisas diferentes, temos sensações que não estávamos acostumados e de repente num estalo, a conexão entre fatos e ideias parecem se fazer. John Dewey, outro filósofo, mas este estadunidense e educador, referência para Christina Rizzi e Ana Mae Barbosa – *um dia comentarei sobre ela também* – diria que vivemos experiências cotidianas e que se estivermos atentos em nossas percepções, existirão momentos que viveremos experiências transformadoras e realmente significativas, e a Arte, para John Dewey[43] é catalisadora desse processo. Mas para isso, precisamos viver experiências com qualidade.

Teodora, eu também aprendi um pouco sobre a importância da experiência com Eliany Salvatierra, que, assim como eu, estuda as inter-relações entre Arte – Comunicação – Educação. Inclusive, lembra que eu falei de estar atravessando o portal de Alice, quando saí do Brasil rumo a Portugal? Confesso que esse sentimento veio incitado pela Eliany, porque ela também chamou a personagem do livro de Lewis Carroll, para participar de sua tese de doutorado, nomeada **Pelos**

---

[42] HAN, Byung-Chul. **Sociedade do Cansaço**. 2. ed. Tradução: Enio Paulo Giachini. Petrópolis, RJ: Vozes, 2017.

[43] DEWEY, John, 2010.

Caminhos de Alice: vivências na Educomunicação e a dialogicidade no projeto Educom.TV[44]. Para Eliany Salvatierra, Alice é a menina das perguntas, e por isso inspiradora, porque fazemos perguntas "não para obter verdades absolutas, mas contar com algumas respostas provisórias. Segundo a filosofia de Carroll, a grande aventura está em se permitir perguntar e, daí, em aprender, em conhecer o diferente, o novo"[45]. E nesses portais que adentramos ao perguntar, não há saída, não há regresso, pois nos tornamos grandes demais para voltar pela mesma porta. Mas há o *outro-eu* e o *outro-pessoa* que encontramos se estivermos abertos ao diálogo, em um portal ou túnel que é infinito, e "que me acolhe e, assim, continuamos a caminhar"[46].

Teodora, isso tem muito a ver com o meu processo pois fui provocado a passar pela porta e dialogar com o *meu eu*. E, isso justamente tem relação com John Dewey, pois ao passarmos por portais e estamos sensíveis, com a estesia ativa, vivenciamos experiências que nos tornam maiores.

Eliany Salvatierra também me explicou que em processos educativos, arte/educativos e educomunicativos, John Dewey nos ajuda a entender a importância das vivências conscientes e qualificadas, baseadas em processos complexos de reflexão, porque a experiência é análise e apreciação racional e sensorial, pois "o ser que pensa é o mesmo ser que sente, que percebe (ouve, vê, toca, degusta, saboreia)"[47].

E ainda sobre o que penso sobre experiência, lembrei também do professor Jorge Larrosa que diz que a Experiência é:

> [...] a possibilidade de que algo nos passe ou nos aconteça ou nos toque, requer um gesto que é quase impossível nos tempos que correm: requer parar para pensar, para olhar, parar para escutar, pensar mais devagar, olhar mais devagar, sentir mais devagar, demorar-se nos detalhes, suspender a opinião, suspender o juízo, suspender a vontade, suspender o automatismo da ação, cultivar a atenção e a delicadeza abrir os olhos e os ouvidos, falar sobre o que nos acontece, aprender a lentidão, escutar os outros, cultivar a arte do encontro, calar muito, ter paciência e dar-se tempo e espaço[48].

---

[44] MACHADO, Eliany Salvatierra. **Pelos Caminhos de Alice: vivências na Educomunicação e a dialogicidade no projeto Educom.TV**. 2008. Tese (Doutorado em Ciências da Comunicação) – Escola de Comunicações e Artes, Universidade de São Paulo, São Paulo, 2008.

[45] MACHADO, Eliany Salvatierra, 2008, p. 1.

[46] MACHADO, Eliany Salvatierra, 2008, p. 17.

[47] SALVATIERRA, Eliany, 2006, p.49.

[48] LARROSA, Jorge, 2004, p. 160.

Não que seja a mesma coisa, mas existe algum diálogo entre essas coisas. Vivemos para as tarefas, para o desempenho, para dar conta de, para cumprir prazos. E os prazos programados nem sempre são os prazos da vida. Quando comemos uma refeição mais pesada, precisamos de tempo para digerir, quando assistimos um filme mais complexo, precisamos de tempo para... digerir, mas os prazos continuam a correr. Óbvio que prazos, ou melhor, um planejamento nos ajuda a caminhar, a saber o que queremos e como obter. Eu mesmo tenho que entregar uma tese-livro, não é? E tenho um prazo. E sei que muita coisa vai ficar de fora, mas é isso. Um prazo termina outro começa. Se a gente sofre com as tarefas, prazos, ou mesmo se a gente se sobrecarrega, não tem tempo para perceber. Percebe?

Foi algo assim que falei em uma conversa com o pessoal do Caleidos Cia de Dança[49], ou seja, Isabel Marques, Fábio Brazil, Bruna Mondeck, Nicolli Tortorelli e Ricardo Mesquita. Eu nunca tinha pensado em me aproximar da dança, no sentido de estudar, brincar. Eu gosto de dançar, tenho vergonha, danço um pouco tantinho de forró, mal, mas gosto de brincar. Mas pesquisar dança? Ou alguma relação com a dança? E me responderam que, em um ensaio, comentaram entre si como foi importante para a Anna, filha da Isabel e do Fábio, ter participado do Ateliê de Artes para Crianças – Nosso Ateliê Animado que fui educador no ano de 2015 – *ainda vou escrever para você sobre o Caleidos Cia e também sobre o Ateliê*.

Nunca sabemos sobre como nossa experiência vai reverberar em nós mesmos e nas outras pessoas. Por isso, precisamos estar sensíveis. Isso tem relação com a conversa com o Byung-Chul Han, com Ana Mae Barbosa, Christina Rizzi, Eliany Salvatierra, John Dewey e Jorge Larrosa. Estarmos abertos e abertas a caminhos não planejados é quebrar o fluxo impensado do fazer tarefeiro, e se permitir a estesia. E daí fluir nesses caminhos possíveis e não imaginados. Mas que nos tornam maiores do que ousaríamos pensar ser.

Sentir, saborear, ouvir, cheirar, não se deixar anestesiar. Quando estamos anestesiados, estamos não-estesiados. Isso é bom no dentista, em um procedimento cirúrgico, mas na vida, o tempo todo?

---

[49] Este texto trará uma experiência realizada em um projeto do Caleidos Cia, será feita uma breve apresentação. De todo forma, mais informações sobre o Caleidos Cia estão disponíveis em https://www.formacaocaleidos.com.br/ . Acesso em 10 jun. 2021.

CARTAS a Teodora

Em uma sociedade em que tomamos remédios para ficar acordados e atentos para entregar o trabalho, tomamos remédio para dormir, tomamos remédio para tanta coisa! Não, não escrevo aqui sobre as pessoas que precisam tomar os remédios e que estão em tratamento, estou falando da medicalização como muleta social. Esse fluxo de recompensa, estímulo, relaxamento químicos, que tornam palatável a vida impossível da sociedade do cansaço. Vivemos e não reclamamos, por quê? Porque aceitamos que não somos os programadores da sociedade, e a vida segue, então por que lutar? De nada vale.

Interessante pensar em tudo isso. Temos que seguir agendas, tarefas, *deadlines*, e que uma pandemia, a nuvem maléfica, fez boa parte das pessoas, empresas, sociedade simplesmente pararem. É possível outro jeito de ser? É possível outra economia? É possível outra forma de se relacionar com as pessoas?

Aqui, pouco depois que o mundo acabou – *Teodora, considero que a chegada da nuvem pandêmica, com suas incertezas, mortes e medos como o fim do mundo* – começaram a falar em um novo normal. Mas não estou acreditando nessa ideia. Porque a força da máquina programada do sistema capitalista – patriarcal – colonialista está só sendo acumulada para girar seu rolo compressor depois que tudo passar. Por enquanto temos tempo para respirar e olhar para nós mesmos, sentir os cheiros e sabores como há tempos não fazíamos, pois tínhamos que engolir a comida na hora de almoço apertada para dar tempo de fazer o trabalho da faculdade antes de ter que bater o cartão, sem vírgulas.

"Temos tempo", é para quem pode realmente parar e se proteger, Teodora. Pois muitas pessoas (muitas mesmo!) enfrentam a nuvem pandêmica sem escudos, pela sobrevivência, pelo alimento do dia seguinte. O tempo que escorre.

Vamos nos dar tempo? Vamos nos permitir a estesia? Vamos olhar as outras pessoas como pessoas e não como concorrentes? Seremos eu e você e não eu e Você/SA? Essa já seria uma pequena revolução.

Teodora, olhe para as árvores que estão ao largo da estrada e não apenas para a estrada, em linha reta. Olhar apenas para frente só nos faz chegar mais rápido.

Com afeto,
Mauricio

MAURICIO VIRGULINO SILVA

Assustou-se. Percebeu que não estava correndo. Estava andando em câmera lenta, quase. Sentiu a planta dos pés, mesmo guardadas nos tênis, tocando o solo. Ela estava andando, parando, andando, parando, parando. Todos os seus membros estavam lassos, só o coração batia estouteado. Cida levo a mão ao peito. Sentiu o coração e os seios. Lembrou-se então de que era uma mulher e não uma máquina desenfreada, louca, programada para corrercorrer.
[...]
E só então falou significativamente uma expressão que tantas vezes usara e escutara. Mas falou baixinho, como se fosse um momento único de uma misteriosa e profunda prece. Ela ia dar um tempo para ela.

Trecho do conto O *cooper* de Cida – Olhos d´água[50]
Conceição Evaristo

---

[50] EVARISTO, Conceição, 2016, p. 65-70.

CARTA 010

Querida Teodora

O poeta Antonio Machado diz que o caminho se faz ao caminhar.

Como eu disse ao contar a história sobre São Tomé das Letras, a gente se programa, planeja, estrutura. Mas as coisas vão acontecendo a despeito do controle que imaginávamos ter.

Eu vim para Coimbra com planos. Mas aprendi que os planos são intenções.

Estou aberto ao processo. E por isso que o caminho se faz ao caminhar. O produto é importante, mas o processo deve ser coerente, pois expressa vida e como a vivemos.

Até por isso que nessa ideia de apresentar minhas ideias neste tempo de brutalidade, vou conseguir fazê-lo apenas ao final, pois o caminho que estou propondo é justamente essa autorreflexão do *quem sou eu*. E do *quem somos eu* ou *dos quantos eus sou*. Ou ainda *do quanto sou outras pessoas*. Não. Não é só um jogo de palavras. É uma mostra do múltiplo que sou, e ao mesmo tempo, *sou comunidade e coletivo*, e para ser comunidade e coletivo, preciso dialogar.

Escutar as pessoas demora mais. Estabelecer um processo coletivo, colaborativo e dialógico deixa os tempos das coisas mais lentos. Decidir coletivamente demora. Mas porque vivemos o tempo todo correndo contra o tempo? O coelho que segura o relógio. Eu mesmo era esse coelho. E quando Saturno retornou, eu decidi começar a viver. E segurei os ponteiros de Chronos. Fiz eles ficarem mais lentos. E comecei a aproveitar mais, sentir mais.

Entendi a estesia. E que nesse mundo a boniteza é essencial. E como é bonito perceber o mundo. É como no filme **Meu nome não é Johnny**, quando João Estrella, o protagonista, após anos de internação, segue como carona em um carro que sai do túnel ao som de do verso "*Look*

MAURICIO VIRGULINO SILVA

up this morning, it´s a long way"[51] da música de Caetano Veloso, na versão com a voz da cantora Olivia Broadfield[52].

A luz se abre. A gente percebe que não percebia. A gente entende que não sentia os sabores, apenas engolia a comida. É preciso tempo para perceber. Se não percebemos o tempo passar.

Inclusive a noção de tempo é um conceito criado. Cultural.

É interessante pensar que há culturas que não tem o tempo do relógio, ou do calendário que nós temos. Estamos no ano 2020, mas esse 2020 não é para todo mundo. Foi definido que a maior parte do Brasil – *se um dia você conhecer o Brasil* – tem inverno em julho e verão em dezembro. Mas no Nordeste, do que escuto da minha avó Maria José, de Aquidabã, cidade do estado do Sergipe, e da minha mãe Maria Virgulino, de Potengi, do estado do Ceará, que inverno é em janeiro e fevereiro, pois é a época de chuvas e verão é no meio do ano, que é a época seca?

Elas também dizem que não tem primavera ou outono por lá. Bem, tem, na nossa noção vivaldiana, mas a forma de dividir o ano pelas estações climáticas que minha mãe e minha avó trazem está conectada com os saberes do cotidiano. Se chover muito na região da Serra do Cariri no inverno, sabe-se que vai ter água no açude no verão próximo. Então, é época de semear milho, e terá feijão para estocar nas centenas de garrafa *pet*, empilhadas sobre a viga da meia parede, chegando até o telhado.

O bom de guardar o grão seco na garrafa *pet* é que reutiliza a garrafa de plástico e também, se bem fechada, com o grão seco, nem carunchos nem fungos chegam aos grãos. E a tia Expedita que preparava deliciosos fióis sabia bem disso. Aliás, foi no quintal da tia Expedita, de nome que homenageia o santo, que eu vi urucum pela primeira vez. Uma casquinha seca e peludinha, que parece espinhosa. Abre e as sementes vermelhinhas a gente risca no braço para testar se tingem mesmo. E tingem. Vi com a Isabela, minha afilhada. E ela ficou tão maravilhada quanto eu. E se faz pó de urucum, chama colorau. E para

---

51 VELOSO, Caetano. **It´s a long way**. Transa. Londres, Inglaterra: Phillips. 1972. Disponível, pelo canal oficial do cantor na plataforma Youtube, em: https://youtu.be/FGrkfY5voxg. Acesso em 10 jun. 2021.

52 A cantora Olivia Broadfield gravou no ano de 2007, uma versão da música **It´s a Long Way**, de Caetano Veloso, para a trilha sonora do filme **Meu nome não é Johnny**, dirigido por Mauro Lima, em uma adaptação do livro **Meu nome não é Johnny** de Guilherme Fiuza Mais informações sobre o filme estão disponíveis pelo endereço https://www.imdb.com/title/tt1092016/. Acesso em 10 jun. 2021.

que serve colorau? Para deixar a comida avermelhada. Dá sabor? Dá não. Dá mas quase nada. Mas vó é bom pra quê? A comida fica bonita.

O que nos motiva a dividir o tempo? Quando é inverno e quando é primavera? Dia bonito é quando faz sol ou quando está nublado? O que nos motiva deixar a comida mais bonita? O que é comida bonita para você?

Não quero cair na conversa do tudo é relativo. Mas muitas vezes os conceitos são esvaziados, pois são usados sem o devido respeito e profundidade. Podemos fazer uma lista disso, que tal? Dos termos que nasceram bons, questionadores, críticos e foram sendo esvaziados. E tudo bem, porque a língua e o conhecimento são vivos, mas lembro do Vilém Flusser, o filósofo checo-brasileiro que citei rapidamente na carta anterior. Um dia fomos, Ricardo Mendes, Guilherme Maranhão e Bruna Queiroga, pessoas amigas e que fazem um grupo de estudos de fotografia comigo, buscá-lo no aeroporto em uma das suas longas viagens no trânsito pré-história / história / pós-história[53] das avenidas congestionadas de São Paulo, ele disse que o sistema é programado por programadores. E ele indagou: vocês são programadores? Ou usuários comuns do sistema? Quem programa tem o poder. E ele não falava necessariamente de programação de computador, sabemos disso. E ele continuou dizendo que o sistema está programado para trabalhar no modo melhor possível, na maior relação de eficiência possível, mas que é desestabilizada quando alguém insere uma ideia nova, que não estava prevista nos algoritmos da programação. Há um alerta. O sistema corre risco de ruir, pois uma ideia nova é perigosa se não processada a tempo. O sistema se protege, e processa essa ideia nova, transformadora, vai usando seus recursos, suas iscas, tudo que pode ofertar para digerir essa ideia nova. Aos poucos a ideia se torna mais palatável, a digestão é feita, e essa ideia nova vira um produto novo, que alimentará o sistema. Assim o sistema trabalha prevendo que em alguns momentos será desestabilizado, então já está preparado para assimilar a instabilidade e a fagocitar usando sua energia transformadora para manter o sistema funcionando.

Como disse Vilém, é uma relação de amor e ódio, pois o sistema odeia a instabilidade, mas necessita dela, caso contrário, entra em estado entrópico. E daí morre por implosão. A instabilidade quer explodir o sistema, é um jogo de forças de dentro para fora e de fora para dentro. E as únicas

---

[53] FLUSSER, Vilém, 2011.

instâncias que têm força suficiente para provocar uma instabilidade no sistema são a Arte e a Educação, de perspectiva crítica e transformadora.

Quando um movimento vem da Arte e da Educação crítica e transformadora, o sistema entra em estado de reação, para abafar esse movimento. E se consegue abafar, e o sistema tem muitos recursos para fazê-lo, aos poucos digere e usa essa energia de transformação em suas práticas. Já viu roupa de punk *do it yourself* sendo vendida em loja de departamentos, sendo feita aos milhares e cobrada às centenas de dinheiros? Ou um movimento por direitos estudantis ser tomado de assalto por grupos que mudaram o mote para uma luta contra a corrupção, e que defendia justamente os que estavam acabando com direitos estudantis?

Bem, Teodora, isso seria uma desesperança do Vilém Flusser, não é? Mas não me pareceu. Ele sabe que essa instabilidade provocada pela Arte e a Educação crítica e transformadora é frequentemente moldada em produto de realimentação do sistema, mas ele entende que se esses fluxos de instabilidades se tornarem tão frequentes e com força crescente, o sistema não terá tempo de assimilar, pois o sistema carrega o peso de tradição colonizadora. Sim, ele se atualiza e é esperto, mas não consegue dar conta da complexidade, embora tente com todo o seu poder político e econômico colocar os algoritmos e os computadores quânticos a seu serviço, elegendo presidentes, derrubando outros. O esvaziamento dos conceitos é uma estratégia desse sistema.

Mais uma vez não falo de que tudo é relativo. Mas sim de que o conhecimento, os saberes, são contextualizados. E pode ser errado dizer que determinada forma de saber, ou agir é A correta, ou seja, a única possível. Por que a determinação de que em Aquidabã, Sergipe, é verão em fevereiro dada pela geografia, é mais importante que a de dizer que fevereiro é inverno porque chove?

Assim, as duas formas estão corretas: o definido pela Ciência e o definido pelo o saber tradicional. Ah e aí temos mais uma reflexão, quando usamos tradicional, especial, ou sinônimos, como elemento classificatório para estabelecer uma relação hierarquizada. Quando eu falo saber tradicional, é o saber que não foi produzido na universidade, mas que é um saber com o mesmo peso do saber da universidade. Pois, o saber da universidade é produzido a partir de interesses. E nem sempre um encontra o outro. Mas às vezes sim. E é o que estamos tentando não? E para isso é preciso contexto. Ou contextos.

CARTAS a Teodora

Acho que, se for para ser coerente, e querer propor uma ideia nesses tempos de brutalidade, nestas cartas que te escrevo, vou, então, precisar falar também de contexto.

Com afeto,
Mauricio

CARTA 011

Querida Teodora

Ontem eu tive permissão para sair para comprar alimentos e eu fui ao Mercado Municipal de Coimbra. Outros comércios estavam de portas fechadas, pois as pessoas não tinham mais motivos para sair, abrir, vender.

Muitas das lojas fechadas vendiam produtos que antes do fim do mundo atendiam a falsas necessidades. Penduricalhos que não dizem sobre nós, ou melhor, refletem sim uma parte do que somos, mas em uma superficialidade de uma página de catálogo de produtos para casa que padroniza o nosso estilo de vida.

No Mercado Municipal há espaços para camponesas, em geral senhoras, e suas famílias, que vendem o que produzem em suas chácaras, e em redes de colaboração de pequenos produtores da região. São mulheres que lutam pela terra viva, aquela que é rica em diversidade de produções, e contra os grandes produtores de alimentos. Estes alimentos que provêm, em geral de monoculturas, são geneticamente modificados e cheios de pesticidas ou agrotóxicos, venenos que matam bichos, e as pessoas consomem. Na história, é dito que o filósofo grego Sócrates bebeu veneno como ato político. Mas nós comemos e bebemos venenos sem saber, ou sabendo, mas não como uma forma de posicionamento contra a opressão.

Em uma das bancas comprei meio quilo de cogumelos lindos, que algumas pessoas chamam de champignon, mas outras chamam de paris. E me surpreendi, pois não imaginava que os cogumelos eram tão leves. Pouco antes do fim do mundo optei por deixar de comer carne vermelhas e brancas, e essa experiência de mudar a alimentação tem me feito descobrir coisas novas.

De volta à cozinha da pensão, pensei na conversa que tive com Maria Paula Meneses, durante a Escola de Verão Epistemologias do Sul, promovida pelo CES/UC, em junho de 2019. Na conversa, ela falou que cozinhar é um ato cultural e nos perguntou quais são as receitas que aprendemos por nossas famílias, e quais são as receitas que aprendemos na vida.

Teodora, acho que escrever uma tese é como cozinhar, temos ingredientes, temos uma receita, ou criamos uma receita. A tese ganha qualidade quanto mais conhecemos os ingredientes, e quanto mais sabemos e conseguimos trabalhar com eles para criar um prato gostoso.

Não é apenas técnica, como cortar a cebola fininha de forma ágil ou saber flambar. Há de ter um conhecimento que vai além da técnica, o conhecimento da ponta do dedo que sabe dosar a pitada de sal, do nariz que sente que a comida começou a pegar no fundo da panela, do ouvido que, quando os olhos estão focados na tábua de corte, esta com batatas roxas colhidas por mãos cansadas, percebe que a água que estava na caneca de aço fez um som de borbulhar diferente, e que logo começará a ferver.

Assim, não é porque conhecemos bem os ingredientes ou porque temos toda a técnica que um livro será bom. No máximo com isso você terá uma bom livro, um bom prato, correto. Mas o que faz o prato ser algo a mais? Além do correto? Algo que faz a pessoa que está comendo com você ficar com o brilho no olho, de sentir tremer o corpo, de sentir uma memória, de ter vontade de sorrir e chorar, ou ainda de levantar e caminhar para dizer a todos: Isso existe!

Esse algo mais talvez seja o comprometimento com a verdade do que se faz, cozinha, escreve. E óbvio, por mais que você esteja comprometida e colocando sua verdade, algumas pessoas não vão gostar do prato que cozinhou, porque não digerem bem pimentão, ou tem preconceito com o quiabo, ou ainda simplesmente porque acham errado servir feijão por baixo do arroz. E digo, há coisas que são preferências, há coisas que são erros. Há receitas que são ousadias, há receitas que são tradicionais. Você pode não gostar do preparo, da mistura, dos gostos. Mas será que são os seus sentidos (olfato, paladar, etc) que não produzem a experiência esperada ou será que o preparo foi mal-feito, com desrespeito aos ingredientes e com os alimentos? Será que sua cultura conflita com a cultura que está imbricada nesse prato? Será que cozinhei sendo pretensioso, fingindo que sei o que não sei. Bem, são tantos *serás*.

Talvez uma ecologia de sabores[54], numa busca de um diálogo aberto à experiência do outro, desde que verdadeira e que entregue de braços abertos algo que não fira sua cultura, seja o melhor a fazer. Não vamos gostar de todas as teses, mas algumas vamos. E espero que você goste das receitas que eu prepararei para você, se um dia pudermos nos encontrar.

---

[54] Em Portugal presenciei o uso da palavra "sabe" para se referir a sabor, como na pergunta "a que sabe esse bolo?".

MAURICIO VIRGULINO SILVA

Uma tese, ou um livro, é comida para compartilhar. E se as pessoas estiverem com seu paladar apurado, vão sentir seus sabores, e talvez colocar um pouquinho mais de sal, uma pitada a menos de pimenta, sugerir um vinho que harmoniza, ou indicar onde achar tremoços melhores, mas será uma refeição compartilhada.

Com afeto,
Mauricio

silenciARmovimentAR

MAURICIO VIRGULINO SILVA

Que ventos te movem?
Ele está passando por aí?
Está sutil ou intenso?
Já pensou em dançar como o vento?
Bora?[55]

---

55 Publicação da instalação coletiva **silenciARmovimentAR:** fotografia de Nicolli Tortorelli e produção coletiva de Vivian Alves, Roberto Freitas, Maria Izabel Muniz, Julimari Pamplona, Shaiane Beatriz dos Santos, Daniela Ricarte. Acesso para a obra completa com áudio pelo endereço https://www.instagram.com/p/CN5AQXlBwAo/. Acesso em 02 mai. 2023.

#02.
OS AFLUENTES E O QUE OS COMPÕEM
AS MARGENS QUE OS DESENHAM
O CONTEÚDO
PARA ONDE CORREM

CARTA 012

Querida Teodora
Que sonhaste?

Eu sonhei que estava em um encontro grandioso, onde algumas pessoas convidadas falavam de suas experiências inspiradoras. Alguns amigos falavam da Educomunicação, outros de propostas relacionadas à Abordagem Triangular do Ensino das Artes e Culturas Visuais. Era em um espaço que tinha dois auditórios enormes, com telas imensas. O evento, planejado por mim, e por Paola Prandini, e era para ser pequeno, mas quando percebemos o evento tinha se agigantado. E como as pessoas estavam acostumadas a assistir aulas, palestras e *lives* pelas telas não se importaram com a ausência física da maioria dos palestrantes. Ailton Krenak, Conceição Evaristo, Ismar de Oliveira Soares, Ana Mae Barbosa, bell hooks, Paulo Freire e Mariazinha Fusari eram algumas das pessoas convidadas a falar. Não é maravilhoso poder juntar em um evento tantas pessoas admiráveis? Hoje ao pensar, se eu pudesse controlar esse sonho ainda convidaria mais algumas pessoas que me inspiram.

E no sonho, além de coordenar a ordem dos palestrantes e verificar se a transmissão estava acontecendo de maneira eficiente, também me peguei preocupado com as pessoas com mobilidade reduzida acessariam o auditório. Algumas chegavam de cadeiras de rodas e macas para assistir às palestras, e eu pedia colaboração de quem estava nos auditórios para conseguirmos receber e garantir conforto a todas as pessoas. No final do sonho, tudo ocorreu bem.

Aqui na pensão fez uma noite fria. A temperatura mínima foi de cinco graus. Meus pés estavam gelados, mas usei meias de lã feitas pela avó da Luisa Winter, uma amiga que me recebeu em Coimbra logo que cheguei. Ela faz doutorado aqui na Universidade de Coimbra.

Aliás, Teodora, ser bem recebido e perceber que as pessoas estão tentando garantir o seu conforto e seu bem-estar é algo transformador de uma experiência. Eu tive muito receio de sair do Brasil, como eu já falei, e não imaginava algo como essa densa nuvem pandêmica. Por fim tantas pessoas me receberam bem aqui em Coimbra, desde a Dona Maria João Costa e Seu Jorge Costa, anfitriões da Pensão Flor de Coimbra e o Zen, o lindo cachorro que os acompanha, e que são como mãe e pai protetores, a pessoas amigas que fui encontrando e reencontrando. Recebi mensagens de muitas pessoas que moram em Coimbra há algum tempo, e sabendo que eu era recém-chegado, se ofereceram para ajudar em quaisquer coisas que eu precisasse. As redes de cuidado e afeto são importantes em todos os momentos da vida, mas sinto que ainda mais quando estamos vulneráveis. E nunca sabemos exatamente quando estaremos ou quando a outra pessoa estará vulnerável, por isso o cuidado cotidiano nos faz uma sociedade melhor.

Pouco antes do sol começar a tentar vencer as nuvens frias, me levantei da cama, fiz um mingau de aveia e coloquei um pouco das uvas passas que podem ser encontradas aqui, e que gosto muito. Coei um café. Enquanto tomava café, pensei que precisava falar um pouco sobre o que me motivou estar aqui.

Sei que já comentei, mas é necessário darmos um passo para aprofundar a nossa conversa. Não vim a passeio: eu queria entender se era possível uma confluência entre a Abordagem Triangular do Ensino das Artes e Culturas Visuais e a Educomunicação. Isso me movia estar aqui e também me moviam os encontros que eu teria e que sabia que transformariam minha vida.

Mas para reconhecer esses encontros precisamos estar motivados e antes de tudo, saber o que estamos procurando. No documentário **Professor Polvo**[56], que apresenta a amizade de um cineasta com uma polvo, e se passa em uma floresta de algas na África do Sul, é dito que rastrear algo que não se sabe o que é, sem nem mesmo saber se as marcas encontradas pelo caminho são rastros, é uma coisa difícil. Mas quando temos ideia do que estamos procurando, temos uma direção. No documentário o cineasta teve que pensar como um polvo para poder encontrar a polvo.

E isso foi o que me aconteceu quando eu fiz meu mestrado. Eu observava que as áreas Arte/Educação e a Comunicação/Educação poderiam ter inter-relações e contribuir uma com a outra, mas eu ainda não pensava como uma polvo. Ou como um arte/educador e educomunicador de forma amalgamada, confluente.

Eu decidi fazer mestrado durante o meu curso de licenciatura em Educomunicação, minha segunda graduação, pois eu tinha um sentimento de urgência em observar essas inter-relações da Arte – Comunicação - Educação.

Cheguei na Educomunicação já graduado em Comunicação Social, com habilitação em Rádio e TV, e trabalhado como produtor na TV Cultura. Fiquei instigado por saber mais da relação entre Comunicação e Educação. Busquei cursos que me ajudassem nisso, e me inscrevi para uma formação de agentes comunitários promovida pela Viração Educomunicação[57], uma organização da sociedade civil, que tem a Educomunicação como conceito / processo / paradigma direcionador das reflexões e práticas. Esta formação atendia a uma parceria com a UNICEF (*United Nations International Children's Emergency Fund*), no projeto Plataforma dos Centros Urbanos[58]. Eu participei de encontros que tinham como objetivo ajudar líderes comunitários de bairros periféricos da cidade de São Paulo a desenvolver práticas de comunicação para melhorar o ecossistema comunicativo local.

---

[56] Documentário **My Octopus Teacher**, 2020, dirigido por Pippa Ehrlich e James Reed. Disponível na plataforma Netflix pelo endereço https://www.netflix.com/title/81045007. Acesso em 13 jun. 2021.

[57] Mais informações sobre projetos da Viração Educomunicação disponíveis em http://viracao.org/. Acesso em 02 mai. 2023

[58] A Plataforma dos Centros Urbanos é uma iniciativa da UNICEF para promover os direitos das crianças e dos adolescentes afetados pelas desigualdades existentes nas cidades. Mais informações em: https://www.unicef.org/brazil/plataforma-dos-centros-urbanos. Acesso em 02 mai. 2023

Embora fosse um curso com apoio de uma organização universitária, o Núcleo de Comunicação e Educação da Universidade de São Paulo (NCE/USP), não era um curso academicista, e quando uso o termo academicista, me refiro a uma visão onde a academia comunica de forma hermética, criando muros que a separam das pessoas que não têm formação universitária.

Com isso Teodora, e mesmo distante dos exames vestibulares há algum tempo, me inscrevi no processo seletivo promovido pela Fuvest e entrei na primeira turma da licenciatura em Educomunicação. Muitas foram as novidades, desde experienciar um pouco do clima de uma vida em universidade pública a acessar pessoas que eram autoras de livros que eu tinha lido na primeira graduação. Um outro mundo. E o mesmo mundo.

De toda forma, como eu já trabalhava com fotografia, e pensava como a imagem, como Comunicação e Arte, poderia se conectar à Educação. Vislumbrei em duas disciplinas chamadas História do Ensino da Arte no Brasil I e II, que cursei com professora Christina Rizzi, minha interlocutora-orientadora, uma possível conversa entre a Educomunicação e a Abordagem Triangular do Ensino das Artes e Culturas Visuais. Isso aconteceu entre os anos de 2012 e 2013. E em 2014 iniciei o Mestrado em Artes concomitante à Licenciatura em Educomunicação.

Em 2015, realizei a matrícula para ter a experiência como aluno de graduação no Ateliê de Artes para Crianças[59], um curso de extensão, ministrado por alunos de graduação que se inscrevem na disciplina Metodologias do Ensino das Artes Visuais com Estágios Supervisionados III e IV, do Departamento de Artes Plásticas da ECA/USP.

A ideia de conectar uma disciplina de graduação a um projeto de extensão, como uma oferta semestral, é de, concomitantemente, oferecer atividades para as pessoas da comunidade, filhos e filhas de professores, funcionários e estudantes da Universidade de São Paulo, como também pessoas não vinculadas diretamente à Universidade, interessadas em participar de um curso de extensão de Artes Visuais. Além de preparar os licenciandos para exercer o papel de educador-pesquisador, com olhar reflexivo sobre o seu contexto e ação. Embora já estudante-pesquisador de mestrado em Artes, minha função ali era a de estudante de graduação em Educomunicação e essa duplicidade de

---

[59] Mais informações sobre o Ateliê de Artes para Crianças podem ser obtidas no blog Nosso Ateliê Animado, alimentado com as atividades, processo e produções das crianças no endereço eletrônico http://nossoatelieanimado.blogspot.com.br/p/sobre-o-atelie.html . Acesso em 12 jun. 2021.

identidades me fez vivenciar o Ateliê como educomunicador e arte/educador, sem conseguir separar uma coisa da outra.

A dissertação do meu mestrado começa falando do Ateliê para ir desenhando as inter-relações entre a Abordagem Triangular e a Educomunicação. Teodora, eu prometo que comentarei mais sobre o Ateliê de Artes para Crianças – Nosso Ateliê Animado, em outra carta que estou já planejando escrever sobre as minhas experiências, mas acho que vale ter começado falando um pouco do que me motivou pensar as coisas que eu penso, e também comentar sobre o Ateliê, justamente porque foi nele que vi possibilidades práticas.

De toda forma, meu caminho foi entender sobre a definição de áreas de conhecimento, paradigmas e teorias. E retornar meus olhos para a Educomunicação e a Abordagem Triangular e as entender como paradigmas de áreas híbridas de conhecimento formadas pelas áreas de Comunicação e Educação e pela Arte e Educação.

Isso porque eu precisava comparar coisas. E para comparar precisamos que as coisas sejam comparáveis.

Relembrando esse meu processo do mestrado, fiquei com muita vontade de te contar um pouco mais sobre o que aprendi a respeito de áreas de conhecimento, paradigma, epistemologia. Talvez essa carta seja um pouco diferente das demais, mas pensei que talvez você pudesse me ajudar a lembrar aqui de uns termos importantes pra continuarmos nossa conversa. Você topa?

Pois bem, começar com a conversa sobre áreas do conhecimento, me faz lembrar de novo do sociólogo e filósofo Edgar Morin que completou 100 anos em julho de 2021. E fiquei pensando, o que deve ser viver cem anos, Teodora? Seu bisavô Joaquim Ciço, pai da sua avó Maria Virgulino, morreu com cento e dois anos em Potengi, Ceará. Ele nasceu em 1908 e morreu em 2010. E olha, ele tinha muitas histórias para contar. Ele foi agricultor, dono de posto de gasolina, delegado da cidade. Jogava dominó e todo dia tomava uma dose de vinho. Mas com certeza não viajou tanto quanto o francês Edgar Morin.

Edgar Morin escreveu em um livro: "Afinal, de que serviriam todos os saberes parciais senão para formar uma configuração que responda a nossas expectativas, nossos desejos, nossas interrogações cognitivas?[60].

---

[60] MORIN, Edgar, 2012, p. 116.

Teodora, separamos as áreas de conhecimento, definimos conceitos, estabelecemos parâmetros e metodologias para conseguir explicar o mundo e as coisas que acontecem no mundo, nos perguntando o porquê que as coisas são assim e tentando imaginar melhorias para o que vivemos.

Quando penso em uma confluência entre a Abordagem Triangular e a Educomunicação, entendo que ela não acontece apenas inserida nas áreas de conhecimento da Arte, Comunicação e Educação. Por exemplo, ao trabalhar com Ana Mae Barbosa e as outras pessoas que também estudam a Abordagem Triangular, Christina Rizzi refletiu sobre os estudos que fez sobre as ideias de Edgar Morin e atenta pensou que a Abordagem Triangular também se movimentava pela complexidade, ou seja, um paradigma da Arte/Educação recebe a influência de um paradigma da Filosofia / Sociologia, e neste jogo de influências e complementaridades ganha novos contornos.

Pois não é possível explicar o mundo com uma perspectiva única e totalizadora. E também os jeitos de nós conhecermos o mundo são formados por muitas visões, técnicas e métodos. E cada pessoa ou grupo de pessoas faz essa mescla de saberes, visões e métodos de um jeito específico.

Para continuar o fluxo das minhas ideias, levando em conta que estamos pensando em conhecimentos que são complementares, eu senti a necessidade estudar sobre a definição de áreas de conhecimento e as inter-relações entre elas. E encontrei no livro **Introdução ao pensamento complexo**[61] de Edgar Morin o termo macroconceito que foi criado a partir do paradigma da complexidade. Edgar Morin assume que algumas concepções conceituais se tornam tão ricas que para ser estudadas precisam ser consideradas uma "constelação e solidariedade de outros conceitos"[62], e estas concepções conceituais complexas devem ser nomeadas macroconceitos. E ele indica que macroconceitos não podem ser olhados "por suas fronteiras, mas a partir de seus núcleos", pois "[...] as fronteiras são sempre fluídas, são sempre interferentes"[63]

A definição de um macroconceito se dá pela observação do seu núcleo de ideias e das redes de relações conceituais que ajudam a estruturá-lo. Os componentes de uma rede de relações não colaboram

---

[61] MORIN, Edgar. **Introdução ao pensamento complexo**. Tradução: Eliane Lisboa. Porto Alegre: Ed. Sulina, 2005.

[62] MORIN, Edgar, 2005, p. 72.

[63] MORIN, Edgar, 2005, p. 72.

para definir apenas um macroconceito/área de conhecimento, mas sim vários. Edgar Morin[64] ainda diz que macroconceito é formado por três componentes que são "indissolúveis": O sistema [unidade complexa], a interação [conjunto de relações, ações e retroações] e a organização [caráter constitutivo das interações, a forma].

Assim penso que a Arte, a Educação e a Comunicação são macroconceitos, porque todas carregam as características apresentadas por Morin. Por serem polissêmicos não possuem um entendimento único, mas enquanto áreas do conhecimento podem ser associados diferentes elementos [sistema], fazendo relações internas e externas [interação], tecendo diferentes olhares e possibilidades, e que mesmo assim não perdem a forma do que são, pois há o elemento que garante sua unidade [organização]. Quantos termos para explicar os nossos fluxos de sentipensares, não é Teodora? Eu estou curioso em saber quais você mais gostou. De todo modo, ainda vou trazer mais alguns.

Olhar para a inter-relação Arte/Educação e Comunicação/Educação pela concepção de macroconceito é compreender que as fronteiras epistemológicas, teóricas e paradigmáticas, também são fluidas. E desta forma, Teodora, considero como macroconceito, uma área de conhecimento, e suas relações complexas como transáreas, pois trago o entendimento de que são relações transdisciplinares, e aqui a reflexão segue também a de Edgar Morin que pensa sobre relações interdisciplinares e transdisciplinares.

Assim, entendo que a Arte/Educação sendo ao mesmo tempo Arte e Educação ultrapassa o sentido de simples junção de áreas, ou de disciplinas, para se tornar algo inseparável, que tem mais características do que é transdisciplinar, por isso considero a Arte/Educação como uma transárea, da mesma forma que penso a Comunicação/Educação.

Teodora, às vezes as palavras não dão conta de explicar e estudar o que queremos, por isso fiz uma representação visual do que é transárea ou uma relação transdisciplinar:

---

[64] MORIN, Edgar, 2008, p. 265.

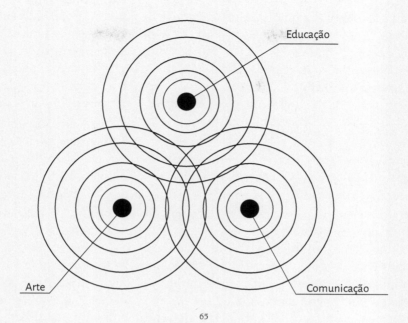

65

Esta representação em órbitas, se pensada de maneira tridimensional, indica que os macroconceitos/áreas são permeáveis e influenciam umas às outras, chegando ao ponto de termos transáreas. Assim são, pontos de relação entre áreas que não permitem ter seus componentes identificados, pois não se percebe claramente o que é Educação, o que é Arte e o que é Comunicação, e sim uma composição amalgamada.

Em uma conversa com Michele Marques Pereira – *uma amiga que também atua e pesquisa sobre Educomunicação* – me fez pensar além deste modelo das órbitas, pois as órbitas pensadas trimensionalmente poderiam ser ainda melhor visualizadas se cada macroconceito tivesse a característica de emanar uma cor, imaginando um ambiente líquido, como em uma aquarela. Assim a Arte teria uma cor, a Comunicação outra e a Educação ainda outra. E cada vez ponto de encontro teríamos uma cor diferente, que é composta pela junção de três cores. É algo novo e único. E em alguns pontos a mistura de cores dificultaria muito perceber qual é o macroconceito dominante, ou seja, o que tem mais influência. O que acha? Pessoalmente eu adorei essa contribuição da Michele.

---

65 Diagrama - Educação, Arte, Comunicação – Órbitas. O modelo de órbitas (ou gotas) é uma representação criada pelo autor deste trabalho

Quando desenhamos estes esquemas Christina Rizzi[66] me lembrou que Edgar Morin afirma que "não há corte epistemológico radical, que não há ciência pura, não há pensamento puro, não há lógica pura e que a vida se alimenta das impurezas", assim tão logo se consiga definir a organização que dá forma ao macroconceito, ele já se mistura com a reverberação de outros macroconceitos, sendo que o seu próprio núcleo não é maciço, por ser formado por um conjunto de ideias que se interligam.

Analisando a representação visual que fiz, são indicadas três macroconceitos/áreas do conhecimento: Arte, Comunicação e Educação; e quatro transáreas possíveis: Arte/Educação, Comunicação/Educação, Arte/Comunicação e Arte/Educação/Comunicação.

Talvez, Teodora, o caminho de pensamento que eu estou descrevendo seja bem mais tranquilo para você do que foi para mim, mas estou trazendo aqui este meu processo de conectar as ideias para chegar à confluência, que é o grande foco destas cartas. Muitas vezes, quando pesquisadores querem falar do seu caminho de pensamento sentem que precisam dar o contexto. Confesso que sinto às vezes que, em alguns trabalhos isso é desnecessário, pois não precisamos falar do nascimento da humanidade para descrever a descoberta da fotografia, embora este evento obviamente tenha relação com o primeiro. Mas em outros momentos, acompanhar o caminho de pensamento de uma pessoa nos faz entender quais necessidades de reflexão foram sentidas por essa pessoa para chegar a um determinado ponto, ou seja, é o processo de aprendizado desta pessoa sendo exposto, com caminhos às vezes redundantes, com passos e degraus subidos, com barreiras sendo transpostas. Às vezes é a estrada de terra que pegamos sem saber que tinha uma paralela asfaltada. São as condições, os percalços que cada pessoa tem que enfrentar. De toda forma, este é o meu embate com a matéria[67].

Retomando o meu fluxo de enfrentamento/pensamento as transáreas Arte/Educação e Comunicação/Educação possuem paradigmas e teorias que fornecem as perguntas a serem feitas, o que deve ser pesquisado, que metodologias podem ser utilizadas, quais caminhos devem ser seguidos.

---

[66] RIZZI, Maria Christina de Souza Lima, 1999, p. 56.

[67] É uma referência à reflexão de Suellen Barbosa sobre o processo de uma criança do Ateliê de Artes para Crianças - Nosso Ateliê Animado que passou por um aprendizado de trabalho com madeira, e depois teve um processo de criação que foi um embate com ela, experiência descrita em: BARBOSA, Suellen de Souza, 2015.

Nesse ponto, Teodora, me deparei com essa palavra que tive dificuldade de definir: epistemologia. E isso, minha filha, se tornou uma questão ainda mais importante quando comecei a estudar as epistemologias do sul e o pensamento decolonial. De qualquer maneira vou trazer aqui o que refleti na dissertação do mestrado para depois dizer o que faltava compreender.

Busquei alguns livros, conversei com professoras e professores. O significado de epistemologia era algo nebuloso. E, um dia, após visitar uma amiga em Niterói, no Rio de Janeiro, atravessei a ponte até a cidade do Rio, e fui à Universidade Federal do Rio de Janeiro, local onde Hilton Japiassu, pesquisador de Filosofia e História das Ciências daria a aula magna do Departamento de Filosofia. Nesta palestra ele falou que um intelectual deve pensar mirando o contexto, sem usar o conhecimento em situações de abuso de poder, e ser um questionador que considera a complexidade da vida e sabe dialogar com outras formas de saber[68].

E um dos trechos que mais gostei de sua palestra, foi esse:

> O indignado não reivindica privilégio. Não se opõe apenas à injustiça, mas ao irracional, ao incoerente, às ilusões e à imbecilidade. Situa-se sempre no nível do interesse coletivo. Refere-se sempre ao "viver junto". Não apreende o homem como individualidade, mas como coletividade[69].

Após a aula me esgueirei pelos corredores atrás do professor. Ele estava em uma sala conversando com outras pessoas. E percebeu meu olhar, pediu licença e caminhou até mim e se apresentou. Apertei a mão dele, me apresentei, achando uma delicadeza ele ter se apresentado, pois sabíamos que era desnecessário. Aproveitei a ocasião e perguntei se ele poderia me ajudar a entender o que é epistemologia.

Descobri que além de professor e pesquisador, Hilton é um frade maranhense. Ele respondeu pacientemente a minha questão, dizendo que epistemologia é estudo das estruturas de produção de conhecimento, de âmbito geral ou particular e que "[...] no sentido bem amplo do termo, podemos considerar o estudo metódico e reflexivo do saber, de sua organização, de sua formação, de seu desenvolvimento, de seu funcionamento e de seus produtos intelectuais"[70].

---

[68] JAPIASSU, Hilton, 2010.
[69] JAPIASSU, Hilton, 2010, p. 14.
[70] JAPIASSU, Hilton, 1992, p. 16.

Por que âmbito geral ou particular? Porque ele, Hilton Japiassu enxerga que existem ao menos cinco tipos de epistemologia: A global ou geral, a particular, a específica, a interna e a derivada. Imagine Teodora a minha reação quando eu percebi minha dificuldade. Se temos cinco tipos de epistemologias, tentar definir o que é epistemologia, de uma maneira total seria excludente.

Bem, a epistemologia global é se refere a todo conhecimento humano. A particular tem um campo delimitado, podendo ser especulativo ou científico. A específica

> [...] trata de levar em conta uma disciplina intelectualmente constituída em unidade bem definida do saber, e de estudá-la de modo próximo, detalhado e técnico, mostrando sua organização, seu funcionamento e as possíveis relações que ela mantém com as demais disciplinas[71].

A epistemologia interna se refere à "análise crítica que se faz dos procedimentos de conhecimento, tendo em vista estabelecer os fundamentos desta disciplina"[72], buscando integrar as reflexões feitas pela análise destes procedimentos. Já a derivada faz análise parecida, mas sem o objetivo de encontrar fundamentos ou produzir intervenções no desenvolvimento da área analisada. A epistemologia derivada busca "saber como esta forma de conhecimento é possível, bem como para determinar a parte que cabe ao sujeito e a que cabe ao objeto no modo particular de conhecimento que caracteriza uma ciência"[73].

Assim, quando busco observar para as transáreas Arte/Educação e Comunicação/Educação transito pelas epistemologias particular, específica e interna, porque estudo uma transárea - ou transdisciplina - e as possíveis relações com outras áreas/disciplinas, e neste estudo observo processos no modo de produzir conhecimento dessas transáreas que são acadêmicos e não acadêmicos, ambos válidos e necessários para fundamentar e dar forma, materialidade, e cientificidade a elas.

Cada área do conhecimento tem em si uma epistemologia própria e, a partir desta, diversos modos de pensar e fazer. Ou seja, a partir de uma forma de produzir conhecimento de uma área, diversos paradigmas e teorias podem ser criados, levando ao estabelecimento de epistemologias específicas internas à uma área. E aqui vemos uma dinâmica de interdependência porque uma área de conhecimento fornece os eixos

---

[71] JAPIASSU, Hilton, 1992, p. 17.

[72] JAPIASSU, Hilton, 1992, p. 17.

[73] JAPIASSU, Hilton, 1992, p. 17.

para os paradigmas, teorias e práticas, internos a ela, e estes, a partir da sua característica, alimentam e transformam a área de conhecimento.

Aqui chegamos a um assunto que vou trabalhar mais em outras cartas. As transáreas Arte/Educação e Comunicação/Educação muitas vezes são questionadas como áreas legítimas. E o que define a legitimidade de uma área de conhecimento ou transárea? Um pacote de referenciais que muitas vezes são rígidos e respondem a um determinado pensamento ou modelo científico; mas também por leituras e interesses políticos.

Neste sentido, quando já estava no doutorado, eu tive uma conversa[74] com Ana Mae Barbosa, uma das principais arte/educadoras do mundo, a primeira doutora em Arte/Educação do Brasil, e responsável por sistematizar a Abordagem Triangular do Ensino das Artes e Culturas Visuais. Nesta conversa ela me falou sobre a dificuldade de obter bolsa de pesquisa na área de interesse dela, pois as principais instituições financiadoras disseram que Arte/Educação não era uma área de pesquisa, mas que ela se sentia orgulhosa que após trinta anos de ter se tornado doutora, título obtido em 1978, ela recebeu um prêmio de mérito científico, dado pelo Ministério da Ciência e Tecnologia do Brasil, e ela me disse "[...] se o ministério deu este título a uma pessoa que só pesquisa Arte/Educação, é porque hoje Arte/Educação é área de pesquisa"[75].

Teodora, o que torna um modo de produzir conhecimento no mundo, seja investigar, escrever, experienciar, etc, ser mais respeitado que o outro? Hoje eu sinto que parte disso tem relação com a coerência com o contexto, processos e valores locais, comunitários. Mas também parte tem relação com uma colonização do saber, ou seja, uma relação baseada em interesses de poder.

Essas reflexões vieram pouco antes de eu terminar o meu mestrado, ainda quando eu estava procurando entender sobre epistemologia, e já havia aprendido um pouco mais sobre o conceito com Hilton Japiassu. Em uma Festa do Livro da USP, uma feira anual aglomeradora de muitas editoras, que vendem livros com altos descontos, encontrei, em uma das bancas, um livro chamado **Epistemologias do Sul**[76], com uma capa cinza e uma foto de um busto que estava com a cabeça ao lado, separada do corpo.

---

[74] Entrevista realizada em 11 de janeiro de 2019.

[75] BARBOSA, Ana Mae, 2019.

[76] SANTOS, Boaventura de Sousa; Meneses, Maria Paula (Orgs). **Epistemologias do Sul**. São Paulo: Cortez, 2010.

Eu precisava saber se este poderia ser incluído na curtíssima lista dos livros que eu poderia comprar. Ao folhear o livro, encontro a afirmação:

> TODA EXPERIÊNCIA SOCIAL PRODUZ e reproduz conhecimento e, ao fazê-lo, pressupõe uma ou várias epistemologias. Epistemologia é toda a noção ou ideia, refletida ou não, sobre as condições do que conta como conhecimento válido. É por via do conhecimento válido que uma dada experiência social se torna intencional e inteligível. Não há, pois, um conhecimento sem práticas e atores sociais. E como umas e outros não existem senão no interior de relações sociais, diferentes tipos de relações sociais podem dar origem a diferentes epistemologias [...] qualquer conhecimento válido é sempre contextual, tanto em termos de diferença cultural como em termos de diferença política. Para além de certos patamares de diferença cultural e política, as experiências sociais são constituídas por vários conhecimentos, cada um com seus critérios de validade, ou seja, são constituídas por conhecimentos rivais[77].

Se toda experiência social produz e reproduz conhecimento, quais os parâmetros que estamos seguindo? Estes parâmetros têm ou não relação com o nosso contexto, nosso modo de viver, e nossos valores? Nos permitimos viver uma diversidade de saberes ou dizemos que o modo deste grupo é correto e daquele outro grupo é errado, dado que são contextos diferentes? Produzimos encontros ou separações? Colaboramos entre saberes ou produzimos violências? Impomos situações pelo poder do conhecimento que temos ou aceitamos diferentes cenários, e nuances do conhecimento?

Teodora, sei que são muitas questões, mas elas nos ajudam a pensar se nós estamos sendo colonizadores do saber, calando visões, deslegitimando experiências sociais e a diversidade epistemológica, cultural e política do mundo. Ou seja, se estamos atuando em prol de um epistemicídio, ou seja, Teodora, se estamos sustentando uma matança em massa de saberes e construções de saberes.

Assim, sei que o fato de considerar as transáreas Arte/Educação e Comunicação/Educação, como áreas de pesquisa já é objeto de um posicionamento político, como fez Ana Mae Barbosa. Sei também sei que são diversas as visões que coexistem as transáreas Arte/Educação e Comunicação/Educação, e que algumas delas são mais valorizadas e influenciam um maior número de práticas nesses campos. Pensando nisso, não será necessariamente a visão dominante destas transáreas

---

[77] SANTOS, Boaventura de Sousa Santos; MENESES, Maria Paula, 2010, p.15-16, maiúsculas dos autores.

que mais se relaciona com o contexto brasileiro e latino-americano, mas importante aqui é propor a coexistência das visões e das epistemologias, evitando assim os epistemicídios, sabendo que optar por um paradigma ou teoria, é fazer uma escolha de referências, visões e práticas.

Sabe o que é mais importante nesse debate todo sobre epistemologias e construção de saberes, Teodora? O fato é que somos feitos dos conhecimentos que criamos. Somos nossas histórias e nossas histórias são nossos conhecimentos. Assim, quando deixamos de considerar saberes de grupos de pessoas, deixamos de considerar a própria vida dessas pessoas. Para mim, e todas essas pessoas que citei aqui que me ajudam a pensar e amadurecer esse pensamento, essa luta epistemológica é sobre isso: sobre viver a pluralidade dos saberes e seres. Espero que no mundo que você vive esse já não seja um debate tão custoso e quase original.

Teodora, hoje vamos fazer um chá da tarde especial aqui na pensão, para nos aquecer emocionalmente, pois estamos em poucas pessoas. Dona Maria e Seu Jorge trarão um pão folar, e disseram que é bem tradicional. Ruth Luz e Maria Isabel Cruvinel, a Bebel, minhas companheiras de isolamento, vão fazer algo, e estou começando a sentir um cheiro de algo salgado, e que tem alecrim como ingrediente. Eu fiquei de preparar um bolo de fubá com erva doce, uma receita da minha avó Maria José. Você gosta?

Nesta carta fico por aqui, mas pensando em uma sequência, creio que na próxima vou escrever sobre os paradigmas que estudo, a Abordagem Triangular e a Educomunicação.

Vou fazer o bolo.

Com afeto,
Mauricio

CARTA 013

Querida Teodora

Na longa carta anterior, eu escrevi sobre o que eu estava pensando sobre a relação entre as áreas da Arte – Comunicação – Educação. Aquelas reflexões foram importantes para chegar até o que vou colocar nesta carta, e que também são assuntos que tratei durante o meu mestrado.

Então, para adiantar, o que quero falar com você nessa carta é sobre alguns pontos que julgo importantes sobre a história do ensino das artes e das práticas pedagógicas, chegando na Abordagem Triangular e na Educomunicação. O que eu quero com isso? Dizer a você sobre a área de intersecção dessa história começa muito antes do meu interesse de estudar e atuar com as práticas que acredito que tanto podem contribuir para um mundo melhor. Esse seu velho pai aqui quer que o mundo seja melhor para que você possa viver uma vida plena nele, minha filha.

A propósito, o chá da tarde esteve muito bom. O folar tem uma massa adocicada, como um pão suave, e é decorado com um ovo cozido. A Dona Maria disse que folar representa amizade e é tradicional na Páscoa. O Seu Jorge adorou o bolo de fubá e a Ruth e a Bebel fizeram uma focaccia com o alecrim. O aroma de alecrim tomou conta da pensão. Comentamos sobre doces de Portugal, como os pastéis de nata, de nozes, de Belém, Tentúgal, Santa Clara, ovos moles de Aveiro, bola de Berlim, salame de chocolate, pudim de claras, travesseiro de Sintra e diversas queijadas. Muitos dos doces são receitas locais tradicionais e que, embora tenham ingredientes e recheios parecidos, como nozes e doces de ovos, cada qual traz uma característica que o diferencia do outro, e que tem significado para a sua região.

Falamos também como alguns doces brasileiros são inspirados nos doces portugueses. Mas a conversa não foi apenas sobre doces. Falamos sobre o folar e sobre os pães portugueses. Aqui ao lado da pensão há uma padaria chamada Arco-íris, que além dos doces tem me permitido degustar diferentes pães, como o pão Padeira, pão d'água, pão da Mealhada, este típico da região da Bairrada.. Há também o pão Alentejano, mas comprei este quando fui à Montemor-o-novo.

A conversa adentrou a noite, quebrando um pouco do frio, da saudade, e dos medos que a nuvem pandêmica trouxe aos planos de estar em Coimbra. Com isso só consegui retornar a escrita da carta hoje.

Bem, como adiantei, eu prometi falar sobre a Abordagem Triangular do Ensino das Artes e Culturas Visuais, e também sobre a Educomunicação. E aqui eu preciso combinar algo com você, sobre paradigma. Embora existam muitas formas de entender paradigma, como algo que orienta uma visão de mundo ampliada, ou também como uma visão particular, as possibilidades de compreensões e reflexões possíveis indicam quais determinados problemas que devem ser investigados, e quais técnicas e caminhos podem ser utilizados[78]. Assim podemos falar tanto do paradigma da complexidade, ou o paradigma do pensamento moderno, que são amplos, como também da Educomunicação como um paradigma particular da transárea Comunicação/Educação.

Eu entendo se isso ficar confuso, ou se você não concordar comigo. Mas da mesma maneira que epistemologia se apresenta de diferentes formas, como eu aprendi no encontro com Hilton Japiassu, também a definição de paradigma pode ser pensada de diferentes formas. Assim considero que as transáreas Arte/Educação e Comunicação/Educação, internamente possuem e seguem paradigmas, que indicam formas de pensar e produzir.

Para começar escolhi escrever sobre a transárea Arte/Educação, que relaciona as áreas da Arte e da Educação. E faço isso para que você acompanhe o meu pensamento até refletir sobre a Abordagem Triangular do Ensino das Artes e Culturas Visuais, bem como logo depois vou falar sobre a transárea Comunicação/Educação, para poder falar da Educomunicação.

Para pensarmos a inter-relação Educação e Arte, e refletirmos sobre perguntas como "quem ensina?", "o que ensina?", e "para quem ensina?" devemos considerar que essas questões são diretamente "influenciadas pela classe, gênero e o status social geral que as Artes tinham como objeto a ser estudado."[79] Assim, conforme o conceito de Educação é desenvolvido, como também quem tem acesso e o que é ensinado, e também conforme o entendimento do que é Arte e quem

---

[78] LOPES. Maria Immacolata Vassalo de, 2010.

[79] EFLAND, Arthur, 1990, p. 2. Tradução nossa, do original: "*Thus all through the history of art education, access to instruction was affected by class, gender, and general social status of the visual arts as a subject for study*"

tem direito em acessar e produzir, a relação da Arte com a Educação também se desenvolve.

Até chegar ao entendimento da Arte/Educação como experiência estética, conteúdo cultural, contextualizado, sem a separação do que são Belas Artes, Arte Popular, Artesanato e Cultura Visual, a história do ensino de Artes passou por diferentes entendimentos. Teodora, não significa que rompemos ou que superamos os entendimentos mais tradicionais sobre o assunto, mas sim que hoje podemos trazer mais que um entendimento sobre o assunto. Ou seja, o ensino das Artes já foi de responsabilidade da Igreja Católica. Depois já fez parte da burguesia, que usava as Artes como um ofício, pelas mãos dos artesãos. Vale dizer, Teodora, esta visão não é uma linha evolutiva, pois podemos encontrar até agora diversas visões das inter-relações de Arte e Educação coexistindo.

Especificamente no Brasil podemos indicar que a relação da Arte com a Educação passa pela colonização portuguesa, com os jesuítas que tinham como missão catequizar as populações indígenas e criar uma base cultural para alinhar a comunidade brasileira colonizada aos padrões da metrópole portuguesa.

Teodora, isso não significa que antes do início da colonização europeia em Abya Ayala, os povos originários já não tivessem estabelecido relações entre, o que os europeus chamavam, Arte e Educação. Mas a história foi contada a partir de um olhar. E o olhar que temos registros, é o do colonizador.

Dos jesuítas que focavam no ensino da leitura e escrita de língua portuguesa e de doutrina religiosa, trazendo como elementos didáticos "a música, o canto coral, o teatro e mesmo um grande aparato cerimonial"[80], à reforma na Educação brasileira, promovida por Marquês de Pombal em 1759. e a transferência da Corte Portuguesa ao Brasil em 1808, que fez D. João VI convidar artistas franceses a formar a Missão Artística Francesa, instalada no Brasil em 1816, ensinando e produzindo Arte a partir dos movimentos artísticos contemporâneos à época, criação de Liceus ensinado Artes funcionais e a Escola de Belas Artes as Artes para a apreciação[81]. E os processos históricos de ensino de Arte vem acompanhando tanto o desenvolvimento do que é Arte e do que é Educação, em suas diferentes visões e compreensões.

---

80 FERRAZ; Maria Heloisa C. de T; FUSARI, Maria F. de Resende e, 2009, p. 41.
81 FERRAZ; Maria Heloisa C. de T; FUSARI, Maria F. de Resende e, 2009.

Assim, na história temos diversos modelos educacionais, desde os mais tradicionais, que consideram o professor no centro do processo, detentor do saber e que exige estudantes calados a modelos dialógicos, críticos e participativos.

Sabe, Teodora, você já deve ter visto aquelas salas de aulas em que o professor fala e todos os estudantes apenas escutam e mal são chamados para compartilhar o que pensam ou sabem sobre o assunto. Parece coisa de muito tempo atrás, né? Mas ainda temos, pelo menos nesse mundo em que vivo, exemplos de modelos assim.

Existem modelos de Educação mais focados na técnica, na preparação de estudantes apenas para se tornarem mão de obra, mas há outras que buscam uma formação ampla de reflexão sobre o mundo, com um professor que promove relações hierárquicas horizontalizadas. Alguns modelos buscam o domínio da natureza, enquanto outros entendem o ser humano como parte conectada ao meio ambiente, sendo ele próprio um ser da natureza.

Teodora, os modelos pedagógicos são também complexos e hoje podemos encontrar ideias de escolas criadas no século XIX convivendo com ideias do século XXI, hibridizadas ou não. Mas talvez fazer um percurso histórico sobre os modelos educacionais criados e a comparação entre os mesmos não seja o motivo das minhas cartas. Mas sim, acho que pensar o modelo educacional, e a relação entre Arte e Educação não se faz desconectado de um modelo de sociedade que acreditamos e queremos promover.

Tanto a Abordagem Triangular do Ensino das Artes e Culturas Visuais quanto a Educomunicação se alinham mais estreitamente às pedagogias críticas, que são as pedagogias que entendem o processo educacional diretamente relacionado à sociedade, refletindo sobre o contexto. E veja que interessante: na Abordagem Triangular e na Educomunicação temos um ponto fundamental em comum: a pedagogia libertadora proposta por Paulo Freire. O principal objetivo é a transformação da prática social das classes populares, valorizando o diálogo, de caráter horizontal entre alunos e professores que buscam a solução de situações-problema[82].

Bom, Teodora, acho que você já me leu falando tanto sobre Abordagem Triangular nessas cartas, e deve estar se perguntando no que efetivamente implica essa abordagem. Explico que o mais importante que

---

[82] FERRAZ; Maria Heloisa C. de T; FUSARI, Maria F. de Resende e, 2009, p. 44.

você pode saber sobre ela é que foi sistematizada por Ana Mae Barbosa. Já comentei dela outras vezes aqui, espero que se recorde. Ana Mae estava interessada em refutar ideias reducionistas sobre o ensino da Arte.

Você pode acreditar que algumas pessoas entendem que a Arte deve ser ensinada sem considerar as referências da cultura visual, e o contexto que as crianças estão inseridas? Digo crianças, porque, em geral, quando ficamos mais velhos, muitas pessoas deixam de lado seus processos de fazer artístico, pois precisam fazer coisas de gente adulta. Como se a Arte não fosse conhecimento sério! Crescemos e não lembramos mais quando foi última vez que desenhamos, pintamos ou experienciamos fazeres artísticos. Existem também pessoas que acham que ensinar Arte é dizer o que a obra de arte significa, como se a leitura da obra fosse única e inseparável da intenção do artista.

Eu tive esse tipo de ensino de Arte nos meus tempos de escola, Teodora, instrumental, acho. Colei bolinhas de papel crepom respeitando o espaço delimitado por um desenho previamente impresso. E eu não podia usar outra cor senão verde para fazer as folhas de árvores. Mas não é porque sou velho. Na mesma época algumas pessoas já tinham outras propostas e defendiam o ensino de Arte

Ana Mae Barbosa, com sua veia arte/educadora-ativista, sistematizou que as propostas de Arte/Educação poderiam ser embasadas nas ações Ler – Fazer – Contextualizar, a Abordagem Triangular do Ensino das Artes e Culturas Visuais. Já falei bastante aqui sobre contexto, não é? Esse é um tema importante para nossa conversa aqui.

A Abordagem Triangular começou a ser delineada na década de 1980. Um dos marcos são ações realizadas por Ana Mae Barbosa e arte/educadores que atuavam com ela, entre 1987 a 1993 no Museu de Arte Contemporânea da USP (MAC-USP), e desde então essas reflexões vêm sendo revistas[83] conforme as experiências e análises são feitas em torno do tema. A própria Ana Mae Barbosa entende que suas pesquisas e a de colegas acadêmicos provocaram nesse percurso mudanças teórico-práticas da Abordagem Triangular, como, por exemplo, a entender como metodologia triangular, e depois proposta ou abordagem.

---

[83] Ana Mae Barbosa (2010), no prólogo do livro **A Imagem no Ensino da Arte: anos 1980 e novos tempos,** apresenta um breve histórico e reflexão sobre a Abordagem Triangular, no qual assume o equívoco da utilização da expressão "Metodologia Triangular" e entende que, por conta das colaborações de diversos pesquisadores, seu próprio pensamento sobre a Abordagem Triangular foi reorganizado.

Essa diferença é importante, Teodora, porque quando pensamos algo como metodologia, a entendemos como um *como fazer*, o passo a passo. Quando compreendemos que determinada sistematização teórica como uma abordagem, temos a indicação que ela direciona ações, mas não dá o passo a passo, pois quem cria o método é o educador, como a própria Ana Mae Barbosa[84] diz.

Ao estudar sobre a Abordagem Triangular vemos que Paulo Freire e Noemia Varela[85], esta uma importante arte/educadora brasileira, são essenciais para a compreensão de Ana Mae Barbosa sobre a Educação e a Arte/Educação. E além de Paulo Freire e Noemia Varela, os estudos de John Dewey, Herbert Read, Viktor Lowenfeld, entre tantos outros pensadores também a influenciaram.

A formação feminista de Ana Mae Barbosa e a perspectiva crítica latinoamericana são a base da Abordagem Triangular do Ensino das Artes e Culturas Visuais, que tevem também três outras importantes referências: os *Critical Studies* ingleses; o D.B.A.E. estadunidense; e as *Escuelas al Aire Libre* mexicanas.

Teodora, em cartas que ainda vou escrever para você, falarei da importância do pensamento decolonial, e das epistemologias do sul. E você até poderá me questionar sobre a influência de pesquisas inglesas e estadunidenses para a sistematização da Abordagem Triangular; da mesma forma que a Educomunicação também tem influência de Estudos Culturais ingleses, estes relacionados aos *Critical Studies*. Bem, quanto a isso nós precisamos refletir que somos influenciados o tempo todo por teorias que surgem em diversos pontos do mundo, mas algumas são mais respeitadas, e isso também se refere a questões da colonialidade, ou seja, por relações de poder econômico, político, social, ou mesmo epistêmico.

Neste sentido nosso olhar crítico deve estar constantemente aguçado, pois, para teorizar na América Latina – *e falo da America Latina pois sou latino, mas percebo que em África e outras regiões e populações do mundo que também sofrem com processos opressivos a situação é semelhante* – fazemos um trabalho duplo de selecionar o que nos serve do que recebemos destes centros privilegiados, e ressignificar em nosso contexto, como também criar coisas novas. É cansativo, mas é também um ativismo que temos.

---

[84] BARBOSA, Ana Mae, 2010.

[85] AZEVEDO, Fernando, 2016.

E neste sentido, pesquisadores, arte/educadores e educomunicadores, que ajudam a desenvolver a Abordagem Triangular e a Educomunicação, fazem exatamente isso, um ativismo epistêmico.

Mas retornando, quero falar rapidamente sobre esses três conceitos / práticas que influenciaram a Abordagem Triangular.

As *Escuelas al Aire Libre* propunham o ensino de Arte como expressão e cultura, procurando valorizar a cultura mexicana após a Revolução de 1910. Ana Mae Barbosa descreve que a proposta da *Escuelas al Aire Libre* era "levar a uma leitura dos padrões estéticos da arte mexicana que aliada à história destes padrões e ao fazer artístico recuperariam a consciência cultural e política do povo"[86].

Já os *Critical Studies* foram sistematizados nos anos 1970 na Inglaterra para que leitura crítica da Arte fosse feita como forma de construção de conhecimento. Essa perspectiva substituía a ideia que considerava que a Arte na escola deveria ser apenas para deleite. Os *Critical Studies* indicam que a produção Arte de forma isolada, sem estudos teóricos e apreciação, leva a preparação estudantes sem conhecimento aprofundado em Arte[87].

A outra referência, o D.B.A.E., que é a sigla para *Disciplined Based Art Education* e que pode ser traduzido como "Arte/Educação entendida como disciplina"[88] foi sistematizado no início dos anos 1980 por uma equipe de pesquisadores da *Getty Foundation,* dos Estados Unidos da América, da qual participavam Elliot Eisner, Brent Wilson, Ralph Smith e Marjorie Wilson. O D.B.A.E. é influenciado tanto pelos *Critical Studies* ingleses, quanto por John Dewey e Viktor Lowenfeld.

Estes são apenas algumas pessoas que ajudaram a sistematizar o D.B.A.E., mas quero destacar aqui, Teodora, o trabalho de Edmund Burke Feldman, e que Ana Mae Barbosa classifica como "método comparativo"[89] por não analisar uma imagem de forma isolada. O ensino de Arte, para Edmund Burke Feldman, deveria ocorrer através da crítica, da técnica e da criação, com ações dispostas em quatro categorias[90] de sua teoria humanista de Arte/Educação[91]:

---

[86] BARBOSA, Ana Mae, 2010, p. 37.

[87] MASON, Rachel, 1992.

[88] RIZZI, Maria Christina de Souza Lima, 1999, p. 40.

[89] BARBOSA, Ana Mae, 2010, p. 46.

[90] FELDMAN, Edmund Burke, 1970.

[91] SILVA, Mauricio da, 2016, p. 64.

Estudo Cognitivo: onde é trabalhado o entendimento das culturas, dos costumes, dos sentimentos e ideias que se fazem necessários serem expressos, das relações sociais e dos usos da Arte no mundo;
Estudo Linguístico: aprendizado da linguagem da Arte, como veiculação de mensagens e de atribuição de significados;
Estudo da Mídia: a análise e reflexão sobre as diversas linguagens, a interação entre os meios e os significados (além de como o homem é afetado e moldado pelas diversas formas de comunicação e expressão)
Estudos Críticos: com a proposta de aprofundar o domínio de técnicas de análise crítica de Arte passando pelos estágios de descrição/identificação, análise, interpretação e julgamento.

Teodora, eu gosto de falar da proposta de Edmund Burke Feldman, pois ele traz a perspectiva da Comunicação na reflexão sobre o ensino de Arte. De alguma forma se relaciona com a minha confluência, ao pensar a relação Arte – Comunicação – Educação. Embora neste caso ele não trabalhe com a Comunicação como área de conhecimento.

E há um outro pesquisador, chamado Robert Saunders, que acredita que percebemos e lemos as obras de arte em repetidos encontros e que "à medida que a pessoa amadurece, é capaz de observá-la de diferentes pontos de vista"[92]. Assim Robert Saunders apresenta um método dividido por idades indicando objetivos de aprendizagem e passos para os professores. O método compreende atividades com exercícios de ver, para descrição e identificação; de aprendizagem, para compreensão das obras de arte; exercícios de habilidades criativas e desenvolvimento de conceitos; extensões da aula, relacionando a arte com o meio ambiente, símbolos, comparações históricas; e produção artística, com experimentações de técnicas e elementos artísticos. Essa proposta de Robert Saunders é entendida por Ana Mae Barbosa como Abordagem do Multipropósito.

Teodora, estamos seguindo o caminho de pensamento para refletir sobre o desenvolvimento da Arte/Educação que levou à Abordagem Triangular do Ensino das Artes e Culturas Visuais. Do mesmo modo que temos diferentes perspectivas de Educação que influenciam o Ensino da Arte. Esses conceitos trazem a valorização da cultura, ou seja, o contexto, uma leitura crítica da Arte e uma busca por compreender as diferentes dimensões da Arte para serem trabalhadas em processos educativo.

---

[92] BARBOSA, Ana Mae, 2010, p. 55.

Ana Mae Barbosa entende que as propostas de Edmund Burke Feldmann e Robert Saunders "mostram uma nítida preocupação com a interdisciplinaridade"[93] no processo de ensino de Arte, mesmo que o D.B.A.E. busque o status de disciplina ou área do conhecimento nos processos de educação formal. Teodora, parece contraditório, mas isso quer dizer que o D.B.A.E. busca colocar o ensino de Arte em um patamar como as outras áreas de conhecimento, e não apenas como saber transversal às outras áreas.

A proposta do D.B.A.E. para o ensino de Artes é baseada em disciplinas que compõem quatro áreas: a produção; a crítica; a história e cultura; e a estética. A partir destas áreas o D.B.A.E. valoriza "[...] a construção e a elaboração como procedimento artístico, enfatiza a cognição em relação à emoção e procura acrescentar a dimensão do fazer artístico a possibilidade de acesso e compreensão do patrimônio cultural da humanidade"[94], contribuindo com o entendimento da Arte como forma de conhecer, interpretar e transformar o mundo, valorizando a relação "processo-produto"[95].

Influenciada por essas perspectivas, do D.B.A.E., *Critical Studies, Escuelas al aire libre*, e pensamento crítico, Ana Mae Barbosa sistematiza uma abordagem que foge às ideias da livre expressão no ensino de Arte, e da perspectiva tecnicista. E que dá um passo além do D.B.A.E., não criando disciplinas, mas ações transdisciplinares, que, em uma mesma proposta, trabalham a estética, a produção, a leitura e a crítica, e reflexão, com referência direta às ideias de Paulo Freire.

As ações da Abordagem Triangular são: o Fazer Arte, que se refere ao domínio da prática artística; o Ler Arte, ação que inclui a crítica e estética, o questionamento, promovendo a busca e a descoberta sem operacionalizar o processo, como também evitando os processos adivinhatórios da intenção do artista[96]; e o Contextualizar, ação que permite fazer relações com a História da Arte e com outras áreas de conhecimento, atuando no campo da interdisciplinaridade[97].

Como uma perspectiva complexa, a Abordagem Triangular do Ensino das Artes e Culturas Visuais

---

[93] BARBOSA, Ana Mae, 2010, p. 67.
[94] RIZZI, Maria Christina de Souza Lima, 1999, p. 41.
[95] BARBOSA, Ana Mae, 2010, p. 89.
[96] RIZZI, Maria Christina de Souza Lima, 1999, p. 48.
[97] SILVA, Mauricio da, 2016, p. 66.

permite uma interação dinâmica e multidimensional entre as partes e o todo e vice-versa, do contexto do ensino da arte, ou seja, entre as disciplinas, no inter-relacionamento das três ações básicas: ler, fazer e contextualizar e no inter-relacionamento das quatro ações decorrentes: decodificar, experimentar, refletir e informar[98]

Teodora, eu comentei que é importante a ter em mente a diferença entre abordagem e metodologia, não foi? Então, na Abordagem Triangular não há uma indicação metodológica sobre as articulações das ações de Ler – Fazer – Contextualizar, assim, estas se alternam e se articulam de diferentes maneiras, o que "transforma o processo arte/educativo em transdisciplinar"[99], trabalhando em profundidade a potencialidade da transárea Arte/Educação.

E digo para você Teodora, a Abordagem Triangular é uma epistemologia do sul, de caráter decolonial e também feminista. Espero que as cartas que virão a seguir, e as cartas na quais falarei sobre minha confluência deixem isso explícito. Em todo caso você vai achar na minha, ou melhor nossa biblioteca, o livro **Mulheres não devem ficar em silêncio: arte, design, educação**[100], organizado por Ana Mae Barbosa e Vitória Amaral. Nele a perspectiva feminista está declarada. E aproveitando que comentei com você sobre este livro, quero registrar aqui o nome de uma pessoa que me inspira, e que foi homenageada por Ana Mae Barbosa no capítulo **O século XXI sem Mariazinha**, no qual é feita uma homenagem a Mariazinha Fusari, uma educadora, arte/educadora e educomunicadora que infelizmente faleceu em 21 de abril de 1999.

Ana Mae Barbosa descreve que a capacidade de transformadora de Mariazinha era "sutil, pervasiva e extremamente eficiente, por se basear na ação de tornar alunos e colegas de trabalho conscientes e alertas para valores, estereótipos e preconceitos"[101]. E a própria Ana Mae Barbosa narra que Mariazinha Fusari foi uma força de transformação da Faculdade de Educação da USP, dominada por homens "conservadores, sisudos e sérios"[102], para uma Faculdade de Educação que hoje considera a riqueza das diferenças contextuais e culturais. Mariazinha

---

[98] RIZZI, Maria Christina de Souza Lima, 2008, p. 345.

[99] RIZZI, Maria Christina de Souza Lima; SILVA, Mauricio da, 2017, p. 229.

[100] BARBOSA, Ana Mae; AMARAL, Vitória (Orgs.) **Mulheres não devem ficar em silêncio: arte, design, educação.** São Paulo: Cortez, 2019.

[101] BARBOSA, Ana Mae, 2019, p. 172.

[102] BARBOSA, Ana Mae, 2019, p. 172.

Fusari pesquisou e escreveu livros sobre a transárea Arte/Educação, alguns destes com sua amiga Maria Heloisa Corrêa de Toledo Ferraz, como o **Arte na educação escolar**, publicado em 1992, e **Metodologia do ensino da arte: fundamentos e proposições**[103], publicado em 1993.

E veja, Teodora, Mariazinha Fusari também caminhou pela transárea Comunicação/Educação! A dissertação de mestrado dela tem o título **Pica-pau - programação televisiva infantil - telespectador paulistano da pré-escola : práticas sociais de desinformação e deseducação em reciprocidade de efeitos**[104] de 1982, e foi a base da edição do livro **Educador e o desenho animado que a criança vê na televisão**[105], publicado em 1985.

No livro, Mariazinha Fusari aponta para a necessidade dos educadores "desempenharem seu papel diante do aprender a 'ensinar a aprender' a ser um telespectador – adulto e criança – verdadeiramente 'comunicador' diante de um processo-projeto-vida, significativa para todas as crianças da realidade brasileira"[106].

E sua tese de doutorado, com o título **Meios de comunicação na formação de professores: televisão e video em questão**[107], de 1990, faz um estudo sobre a necessidade de formação de professores para aspectos da comunicação e conteúdos audiovisuais[108].

Em outra homenagem, em 2001, Heloisa Dupas Penteado, professora da Faculdade de Educação da USP, afirma que Mariazinha gostava de usar o termo fronteirar, para buscar as fronteiras entre campos e criava em suas práticas cotidianas, com colegas de trabalho e alunos,

---

[103] FERRAZ, Maria Heloísa C. de T.; FUSARI, Maria F. de Resende e. **Metodologia do ensino de arte: fundamentos e proposições.** São Paulo: Cortez, 2009

[104] FUSARI, Maria Felisminda de Rezende e. **Pica-pau - programação televisiva infantil - telespectador paulistano da pré-escola : praticas sociais de desinformação e deseducação em reciprocidade de efeitos.** 1982. Dissertação (Mestrado) – Instituto de Psicologia, Universidade de São Paulo, São Paulo, 1982.

[105] FUSARI, Maria Felisminda de Rezende e. **Educador e o desenho animado que a criança vê na televisão.** São Paulo: Edições Loyola, 1985.

[106] FUSARI, Maria Felisminda de Rezende e, 1985, p.154.

[107] FUSARI, Maria Felisminda de Rezende e. **Meios de comunicação na formação de professores : televisão e video em questão.** 1990. Tese (Doutorado) – Instituto de Psicologia, Universidade de São Paulo, São Paulo, 1990.

[108] FUSARI, Maria Felisminda de Rezende e, 1998,p.XXV.

"cadeias comunicacionais entre sujeitos"[109]. Bem, Teodora, entendo que essas cadeias comunicacionais de Mariazinha Fusari eram, outros termos, ecossistemas educomunicativos, princípio básico da Educomunicação – *que ainda vou apresentar a você*. De todo modo, eu creio que aos poucos você irá se acostumar com estes conceitos.

Heloisa Dupas Penteado diz que as ações de Mariazinha eram "um misto de comunicação e arte, de ética e de estética"[110], que trabalhavam a inteireza das pessoas, "não só subjetividade, não só objetividade, não só afeto, não só razão" e que nestas ações Mariazinha tinha sempre como objetivo "a construção de uma sociedade democrática, mais justa e humana"[111].

Ainda, Heloisa Dupas Penteado afirma nesse texto que Mariazinha Fusari tinha sua vida marcada por uma frase de Leonardo Boff, do livro **A águia e a galinha**[112]. Este era "o seu princípio orientador, que para muitos é extremamente 'desorientador': '*Todo ponto de vista é a vista de um ponto*[113]'. Sempre teve muito claro 'o seu ponto'. E teve sempre a lucidez de saber 'ser um ponto'"[114].

Bem, Teodora, eu não pude encontrar Mariazinha Fusari. Quando ela faleceu eu estava chegando à minha primeira graduação e vivia em um mundo distante da realidade da USP. De toda forma, eu pude ter contato com sua obra, fui pesquisar o memorial de Mariazinha Fusari. Um memorial é um documento no qual a professora ou professor de uma universidade apresenta suas motivações e trajetória, para, em geral, um concurso ou progressão de carreira. E encontrei um texto feito por ela em 1998.

Mariazinha Fusari abre o memorial falando sobre os "Primeiros contatos com a arte, comunicação e educação escolar: raízes tecendo rumos e opções"[115]. Ela diz que desde criança se interessou por poesia, escrever histórias, e que alguns de seus textos eram publicados no jornalzinho da escola. Mariazinha Fusari descreve que tinha contato com

---

109 PENTEADO, Heloisa Dupas, 2001, p.15.

110 PENTEADO, Heloisa Dupas, 2001, p. 17.

111 PENTEADO, Heloisa Dupas, 2001, p. 17.

112 BOFF, Leonardo. **A águia e a galinha**. Petrópolis: Vozes, 1998.

113 BOFF, Leonardo citado por PENTEADO, Heloisa Dupas, 2001, p.19, itálicos da autora.

114 PENTEADO, Heloisa Dupas, 2001, p. 19.

115 FUSARI, Maria Felisminda de Rezende e, 1998, p. V.

Arte no contexto familiar, como também com meios de comunicação, publicidade, rádio e a TV. E neste contexto escolheu ser professora e, também, se formou em Conservatório Musical. "Sobre suas práticas e estudos de ser educadora de arte e meios de comunicação em escola"[116] ela conta que já nos anos 1960, estudando Pedagogia, frequentava aulas de Técnicas Audiovisuais na Educação, e formada em Pedagogia, começou a cursar, a partir de 1967 o curso de Especialista em Recursos Audiovisuais, oferecido na USP, no qual eram pensados os modelos de comunicação e tecnologias, como Rádio e TV e o ensino à distância. E hoje, mais de 50 anos depois de Mariazinha Fusari estudar esses pontos, nos vemos em uma pandemia que nos obriga a estudar à distância, com boa parte das escolas fechadas para ações presenciais.

Mariazinha Fusari estudou na França, durante os anos 1970, técnicas contemporâneas de Educação, tendo como conteúdo também a relação da Educação com os meios de comunicação. Voltando ao Brasil buscou aplicar propostas inovadoras na formação de professores, inter-relacionando Comunicação e Arte, com um consolidado trabalho de "trajetória intelectual, sensível, profissional nessa área e conseguindo redescoberta contínuas"[117].

Mariazinha foi cofundadora do Núcleo de Comunicação e Educação (NCE/USP). Este, para homenageá-la, criou em 2002, o prêmio Mariazinha Fusari, para destacar pessoas importantes para o desenvolvimento da Educomunicação. Além disso o CONFAEB – Congresso da Federação de Arte/Educadores do Brasil, também homenageou Mariazinha Fusari na abertura do congresso de 2012.

Teodora, lendo e escutando tantas pessoas falarem assim sobre Mariazinha Fusari dá uma vontade de voltar no tempo e encontrá-la, pois sinto que ela teria me ajudado bastante a escrever estas cartas. Mas quem disse que as pessoas, mesmo depois que já não estão aqui, não nos ajudam a pensar um mundo melhor? Talvez você, quando encontrar esta caixa de cartas, já não tenha a possibilidade de me encontrar fisicamente. Ao menos espero que as ideias fiquem.

Bem, talvez o ideal fosse terminar essa carta aqui. E depois começar outra. Na verdade, o sol já está nascendo. Passei a noite escrevendo para você, mas não tenho sono. Falar sobre a Abordagem Triangular e sobre Mariazinha Fusari me deixaram acordado. Eu entenderei se você

---

[116] FUSARI, Maria Felisminda de Rezende e, 1998, p. XI.
[117] FUSARI, Maria Felisminda de Rezende e, 1998, p. XXVIII.

optar por parar de ler esta longa carta, e retornar à ela depois, mas não sinto que devo parar agora. Isso porque o fronteirar de Mariazinha Fusari, entre a Arte/Educação e Comunicação/Educação, me pede para falar sobre a Educomunicação.

Teodora, minha sugestão é, um tanto prescritiva neste momento, levante, faça um chá, alongue seu corpo. Faça uma comida gostosa e mande uma mensagem para uma pessoa que você gosta. E quando achar que é o momento, retorne à carta.

Bem, se pensarmos que a relação da Arte com a Educação se faz por esses encontros entre o que as sociedades entendem por Arte e Educação, também na transárea da Comunicação/Educação precisamos observar isso, pois a Comunicação vai desde um entendimento do que é uma Comunicação interpessoal até os fenômenos midiáticos e ferramentas digitais propiciadas pela internet. Estabelecer processos comunicativos é também estar em relação, ou seja, um desenvolvimento social. Se lembrarmos da fala sobre amor, de Humberto Maturana e Leonardo Boff, que o amor é a base para o estabelecimento social, essa relação entre seres humanos e seres humanos e seres não humanos, é também estabelecer diversas camadas e jeitos de comunicar.

E mesmo que para educar precisamos comunicar, seja oralmente ou não, pensar a Comunicação como processo consciente de Educação é algo mais recente que pensar a Arte como processo de Educação.

Ao falar um pouco sobre as pedagogias críticas eu poderia ter comentado sobre o educador francês Célestin Freinet. Ele, na década de 1920 na França, buscava aproximar o conteúdo ensinado pela escola da realidade dos seus alunos, desenvolvendo algumas estratégias como os passeios pela comunidade[118] e aproveitava essa experiência promovendo a produção de um jornal escolar, o qual todos da escola e da comunidade poderiam ler o que os alunos produziam. Ao pensar a Comunicação e os meios de comunicação para desenvolver tanto a Educação quanto a relação com a comunidade, Célestin Freinet quebra a distância entre o professor e o aluno, entre o aluno e o conteúdo e entre o conteúdo e o contexto do aluno, e entre escola e comunidade, provocando experiências, próximas também às ideias de educadores como John Dewey e a pedagogia escolanovista.

Você já participou na sua escola com algo parecido com essa experiência, Teodora? Vou adorar saber. Fico aqui curioso, pensando quais

---

[118] FREINET, Célestin, 1975; LEGRAND, Louis, 2010.

conteúdos e temas você mais gosta de dialogar, ler, debater e criar. O primeiro jornal escolar que participei foi quando eu tinha 11 anos de idade Em uma aula na qual o professor, e esqueci o nome dele, pediu para estudarmos diferentes religiões – *e aqui entenda no sentido amplo do que pode ser uma religião* - , para fazermos um jornalzinho coletivo sobre diversidade religiosa. Esse jornal deve ter ficado na casa da sua avó Maria Virgulino, se é que ele ainda existe.

Há diferentes maneiras de promover ações e construir saberes por meio da Comunicação/Educação, e o ponto que diferencia essas abordagens, são as perspectivas que tem o foco na mídia, ou seja, nos meios de comunicação, e as perspectivas que têm o foco no processo comunicativo.

Hoje em dia, um dos assuntos que mais gosto de conversar e trocar com as pessoas, é sobre como essa transárea Comunicação/Educação não se beneficia apenas dos processos comunicativos que vêm da mídia, ou seja, dos meios de comunicação de massa. Mas eles obviamente são importantes, minha filha. Imagina tudo o que alcançamos em termos de comunicação desde a construção das imprensas de jornal, das ferrovias, das linhas telefônicas, do rádio, televisão e, finalmente, a *internet*!

Mas o que eu quero falar é sobre a importância de refletir sobre como a Comunicação, mais ampla, pode ser pensada nos processos educativos, e não apenas o meio de comunicação, com suas técnicas e tecnologias.

Teodora, algumas abordagens em relação a mídia mais conhecidas são *Media Literacy*, *Media Education*, Alfabetização Midiática e Informacional (AMI) e a que escolhi para realizar meus trabalhos, por ter o foco no processo comunicativo, e por ter um contexto condizente ao meu é a Educomunicação. Embora seja possível criar pontes entre essas abordagens, elas se diferenciam.

Eu particularmente entendo, Teodora, que essa virada para outros assuntos de interesse da Educomunicação tem realmente muito a agregar para os processos de construção de um mundo melhor. Veja, a ideia foi ampliar os campos de interesse sobre como processos educativos são potencializados pela comunicação midiática para pensar o *como*. Ou seja, como estamos dialogando, conversando e propondo educação pela comunicação. Espero que você sinta a empolgação que quero passar por essas palavras.

Bom, quero te explicar melhor. Foi pelos fundamentos de Paulo Freire, que a Educomunicação passou a se interessar pela conquista de autonomia das pessoas para leitura de mundo e apropriação de linguagens, que permitam o desenvolvimento e a melhoria das relações dialógicas entre as pessoas. Não apenas Paulo Freire participa dos fundamentos desses diálogos e reflexões que dão base pra Educomunicação, mas também vários outros autores da América Latina[119].

Inclusive, Teodora, outra curiosidade que conto é que foi uma dessas pessoas, um pensador argentino, Mario Kaplún, o criador desse nome que gosto tanto. Tratou-se de um neologismo, que vem do termo "comunicador educativo", que tem sua origem na centralidade do educador popular. Dizem que as palavras têm vida, então a expressão caminhou de "comunicador educativo" para "educomunicador"[120].

E não posso deixar de falar de Ismar de Oliveira Soares. Se eu pudesse fazer uma comparação, ele é para a Educomunicação o que Ana Mae Barbosa é para a Abordagem Triangular do Ensino das Artes e Culturas Visuais.

Ismar Oliveira Soares coordenou uma pesquisa pelo Núcleo de Comunicação e Educação da USP (NCE/USP), iniciada em 1997, que buscava a compreensão da construção de saberes na inter-relação Comunicação/Educação, observando as possibilidades que iam além da junção de palavras.

O diagnóstico contou com entrevistas e questionários feitos com "176 coordenadores de projetos de doze países do continente, especialistas de vários âmbitos da relação comunicação-educação"[121], que detalharam "aspirações, experiências e as sensações de gestores de projetos na área". Com essas informações foi criado o perfil do Educomunicador, como um profissional educador que trabalhava "a partir da perspectiva permanente da construção da cidadania por meio da universalização da prática comunicativa"[122].

Teodora, esta pesquisa apresentou resultados que distanciavam as práticas latino-americanas, que criticavam o tecnicismo e a crítica moralista das produções midiáticas, propostas vigentes por paradigmas europeus e estadunidenses na época, para indicar o que seria o ele-

---

[119] Como os argentinos Daniel Prieto Castillo, Jorge Huergo, Mario Kaplún e Néstor Canclini; o boliviano Luis Ramiro Beltrán; os chilenos Fernando Reyes e Maria Cristina Mata; o hispano-colombiano Jesús Martín-Barbero; e o paraguaio Juan Bordenave, apenas para citar alguns.

[120] KAPLUN, Mario, 1998.

[121] SOARES, Ismar de Oliveira, 2013, p. 185

[122] SOARES, Ismar de Oliveira, 2013, p. 185.

mento-chave para entender a Educomunicação, pois "a questão central passou a ser a pergunta sobre como poderiam os sujeitos sociais criar ecossistemas comunicativos que correspondessem às suas aspirações por uma nova sociedade"[123].

Para Ismar de Oliveira Soares[124] os ecossistemas comunicativos abordam a criação de relações de comunicação entre pessoas, e pessoas e comunidade, como um sistema "dinâmico e aberto, conformado como um espaço de convivência e da ação comunicativa integrada".

Com nesta reflexão Ismar de Oliveira Soares[125] define a Educomunicação como:

> [...] o conjunto das ações inerentes ao planejamento, implementação e avaliação de processos, programas e produtos destinados a criar e fortalecer ecossistemas comunicativos abertos, criativos, sob a perspectiva da gestão compartilhada e democrática.

Assim quando procuramos desenvolver ecossistemas comunicativos abertos e dialógicos, com participação ativa das pessoas, temos o que chamo de ecossistemas educomunicativos.

É desta forma que se fundamenta a Educomunicação e o trabalho do educomunicador, na garantia de uma dinâmica que aponte para novas relações de Comunicação entre indivíduos, em diversos processos educativos e comunicacionais e na busca por uma educação voltada para a formação humana e cidadã.

Teodora, a Educomunicação tem um outro conceito chamado áreas de intervenção social, que são as áreas pelas quais a Educomunicação pode acontecer. Entre elas está a Expressão Comunicativa por meio da Arte[126]. Eu estudei sobre essa área e publiquei, em parceria com Claudemir Viana, o artigo **Expressão comunicativa por meio da Arte: construindo e refletindo sobre uma área de intervenção da Educomunicação**[127], mas embora nesta área de intervenção abordemos as co-

---

[123] SOARES, Ismar de Oliveira, 2013, p. 185.

[124] SOARES, Ismar de Oliveira, 2011, p. 44.

[125] SOARES, Ismar de Oliveira, 2009, p. 161.

[126] SILVA, Mauricio Virgulino; VIANA, Claudemir Edson, 2019.

[127] SILVA, Mauricio Virgulino da; VIANA, Claudemir Viana. Expressão comunicativa por meio da Arte: construindo e refletindo sobre uma área de intervenção da Educomunicação. **Comunicação & Educação**, v. 24, n. 1, 2019, p. 07-19. Disponível em: https://doi.org/10.11606/issn.2316-9125.v24i1p7-19. Acesso em 02 mai. 2023.

laborações da Arte para processos educomunicativos, vejo como uma inter-relação, e não uma confluência.

Teodora, como escrevi a você, eu precisei entender um pouco mais sobre a Abordagem Triangular do Ensino das Artes e Culturas Visuais e sobre a Educomunicação, para refletir sobre as inter-relações entre essas duas abordagens me fizeram aprofundar a percepção de que as influências como a de Paulo Freire na Arte/Educação brasileira também existiam na Educomunicação, e ainda, o olhar da Arte/Educação com este viés latino-americano e freiriano poderiam orientar práticas educomunicativas.

E naquele momento, quando eu apresentei a minha dissertação - lembra que comentei que comecei essas reflexões durante meu mestrado? -, concluí que a Abordagem Triangular poderia ser assumida como um eixo da Educomunicação, a partir do Ler – Fazer – Contextualizar, e a Educomunicação poderia contribuir com a Abordagem Triangular, chamando a atenção para a necessidade de construção de ecossistemas educomunicativos nos processos de Arte/Educação. Ou seja, Teodora, eu ainda as via separadas, mas poderiam colaborar entre si.

Reconheço que a dissertação chegou ao limite que poderia naquele momento, tanto por conta dos prazos a serem cumpridos, quanto por conta do desenvolvimento do pensamento sobre a Inter-relação da Abordagem Triangular e da Educomunicação. E após dois anos e trilhando novos caminhos em disciplinas do doutorado e contato com novos pensamentos, entendi que a dissertação foi uma onda que se transformou em gota para uma nova onda.

Quero te contar algo que foi muito importante para eu chegar até aqui, Teodora: eu havia iniciado na dissertação uma tímida reflexão sobre a relação entre Abordagem Triangular e Educomunicação como propostas que podem ser chamadas de decoloniais. Desde lá eu entendo que essa é uma aproximação possível porque são abordagens/paradigmas vinculados ao contexto latino-americano, e que se diferenciam de outros pensamentos de origem europeia e estadunidense, mesmo dos chamados "pós-modernos". Isso porque promovem direitos humanos de construções progressistas e contra-hegemônicas, e como teorias sistemizadas[128] se mantém contemporâneas.

Talvez você se pergunte: por que, então, o doutorado, pai? Respondo que senti que precisava compreender ainda mais sobre a inter-relação Abordagem Triangular e a Educomunicação, pois aos poucos fui per-

---

[128] MORIN, Edgar, 2008.

cebendo não era apenas uma contribuição entre paradigmas, ou uma reflexão entre teorias, ou uma sobreposição de áreas, ou uma mesmo inter-relação, no sentido de interdisciplinar: o que eu estava buscando era a confluência.

Teodora, o que é uma confluência para você?

Nessa busca pela confluência, traçando algumas influências comuns e tendo a certeza de que eu não estava misturando água e óleo, percebi que precisava seguir com a primeira ideia que era a de escutar Ana Mae Barbosa e Ismar de Oliveira Soares.

Ao mesmo tempo, me perguntava quais os limites para considerar a confluência entre Educomunicação e a Abordagem Triangular como válida. Também refletia se a Abordagem Triangular e a Educomunicação de hoje são necessariamente de/des/pós-coloniais?

Para isso eu precisava dar um passo para dentro: E o que é a confluência para mim Teodora? O que eu estava fazendo? Eu precisava ir além, e atravessar, mais uma vez, o portal de Alice.

Com afeto,
Mauricio

112

P.S.: Olhar as águas é um exercício de paciência e concentração.

MAURICIO VIRGULINO SILVA

silenciARmovimentAR

Ao olhar para fora,
o que você vê?[129]

Quais sons você
percebe quando silencia?

Quais sons você percebe
quando está presente
no presente?[130]

---

[129] Publicação da instalação coletiva **silenciARmovimentAR**: colagem e texto de Fernanda Ribeiro e texto de Mauricio Virgulino Silva. Acesso para a obra completa com fotografias pelo endereço https://www.instagram.com/p/CN8n9m-hiUt/ . Acesso em 02 mai. 2023

[130] Publicação da instalação coletiva **silenciARmovimentAR**: colagem de Fernanda Ribeiro e texto de Mauricio Virgulino Silva. Acesso para a obra completa com vídeos

CARTA 014

Querida Teodora

Iniciei o doutorado procurando uma confluência entre a Abordagem Triangular e a Educomunicação. E para isso um dos planos era conversar com os principais autores de cada um dos paradigmas, Ana Mae Barbosa e Ismar de Oliveira Soares.

Datas agendadas, equipamento pronto, um roteiro de questões à mão e uma busca.

No dia 11 de janeiro de 2019 fui recebido por Ana Mae Barbosa em sua residência. E no dia 07 de fevereiro foi a vez visitar Ismar de Oliveira Soares. Encontros afetuosos e ambos foram bastante solícitos.

Eu sabia que ambos conheciam, ao menos superficialmente, o trabalho e as propostas sistematizadas do outro, e algumas vezes referências eram feitas, como, por exemplo, registrou em artigo Ana Mae Barbosa: "Muito lucrariam os dois Grupos, os Arte/Educadores e os Educomunicadores se trabalhassem e pesquisassem em conjunto"[131]. Assim pensei em perguntar sobre possíveis confluências, tanto Ana Mae Barbosa quanto Ismar de Oliveira Soares me dessem pistas de como descrever essa confluência.

Obviamente o percurso, contexto e os encontros, influenciaram tanto um quanto o outro na sistematização dos seus paradigmas, o que é de se esperar, não é? Somos uma inteireza e não uma dicotomia, e nossa visão de mundo, forma de agir no mundo, e teorizar sobre o mundo, tem relação direta com nossas experiências.

Mas Teodora, eu quis caminhar pelo que movia as minhas duas principais referencias para poder descrever a confluência entre elas. Eu pensava desenhar uma genealogia dos conceitos.

Eu enxergava a confluência acontecendo. Estava ali diante dos meus olhos, e eu queria descrever isso. Mas eu estava utilizando um método equivocado.

E quando foi que eu percebi isso? Bem. É importante estar aberto a colaborações críticas. Então devo dizer que o momento do exame de

---

e fotografias pelo endereço https://www.instagram.com/p/COGgZN5nHyY/ . Acesso em 02 mai. 2023

[131] BARBOSA, Ana Mae, 2004, p. 52.

qualificação do doutorado foi exatamente esse ponto transformador para mim. Bem, ainda antes, na defesa do meu mestrado, eu havia analisado a experiência do Ateliê de Artes para Crianças – Nosso Ateliê Animado, - *sei que estou em falta, e que preciso escrever mais sobre esse ateliê para você* -, como uma experiência de educomunicadores dentro de um espaço de Arte/Educação, e Maria Heloísa Corrêa de Toledo Ferraz, parceira de projetos de Mariazinha Fusari, e uma das professoras da banca avaliadora, afirmou que era engano meu, pois era também uma experiência de arte/educadores. Eu recebi esse comentário como um elogio, mas era mais que isso: Maria Heloísa Corrêa de Toledo Ferraz dizia que eu estava fazendo a confluência. Só que eu não havia entendido ainda. Confesso que às vezes demoro para compreender algumas coisas, preciso de tempo para refletir. E ainda que o projeto de doutorado indicasse que eu buscava a confluência entre a Abordagem Triangular e a Educomunicação, eu não tinha ainda entendido onde estava a confluência já vista pela Maria Heloísa Corrêa de Toledo Ferraz.

Pois bem, então volto a dizer que compreendi durante o meu exame de qualificação do doutorado. A banca avaliadora, composta pelas professoras Eliany Salvatierra – *já comentei dela* – e Silvia Laurentiz, em consonância com a minha orientadora Christina Rizzi, leram com cuidado o material enviado para a qualificação e me perguntaram "onde está você nisso tudo?", "quem é o eu-educador do Mauricio?", "você questionou seus entrevistados em busca da confluência, mas, mas eles não estão pesquisando sobre a confluência, você está".

Percebi, Teodora, que eu estava buscando fora de mim e das minhas práticas algo que as refletisse, para validá-las. Sendo que na verdade o que precisava ser descrito era o meu método de trabalho, mesmo que outras pessoas estivessem também trabalhando na relação da Abordagem Triangular com a Educomunicação, eu trazia questões, perguntas e influências próprias para as minhas práticas como arteducomunicador. Era então o meu caminho de confluir esses saberes, que deveria ser descrito a partir das minhas experiências. A confluência, caso existisse, não estava fora de mim. Estaria em mim.

Outro ponto foi que na busca das confluências tentei enquadrar a Educomunicação e a Abordagem Triangular nos paradigmas do pensamento moderno e pós-moderno. Mas eu também precisava mudar esta lente. Eu não faço a confluência por serem pensamentos moderno e pós-moderno, e sim por estarem alinhados a refletir sobre experiências de transformação e crítica social, para construção de conhecimento a partir da Comunicação e da Arte de forma amalgamada. E o caminho seria estudar sobre pensamento decolonial e epistemologias do sul. Inclusive para questionar se a confluência existe fora do pensamento decolonial. Vou escrever as próximas cartas inspirado por estas ideias e experiências que tive.

Mudei o rumo, reorganizei planos, preparei minha vinda à Coimbra e decidi que deixaria as entrevistas guardadas para serem tratadas em um outro momento. Quem sabe eu não publique um livro sobre elas? Quem sabe? Será que as pessoas gostariam de ler? Você gostaria de ler?

Com afeto,
Mauricio

#03.
NOVAS AFLUÊNCIAS À CONFLUÊNCIA

CARTA 015

Querida Teodora

    Hoje pude caminhar à beira do Rio Mondego, e o vi cheio, porque as chuvas têm sido recorrentes e o rio tem estado bastante caudaloso. Uma área do Parque Verde, que fica muito próximo à pensão, e consequentemente à estação Coimbra do comboio, está inundada. As inundações sempre me impressionam, pois eu morava em uma rua que era cortada por um córrego afluente ao Rio Aricanduva. Rio ou Córrego Aricanduva? Bem, acho que rio. Seus avós Maria e Manoel ainda moram lá, mas hoje, após diversas obras realizadas pelas prefeituras, o córrego, que passa pela a rua da casa deles, foi canalizado, e por cima dele está a avenida Mazzaropi. O córrego corre agora escondido sob o asfalto, como outros que a cidade sufocou[132], e as inundações não acontecem há um bom tempo. Ainda tenho na memória o cheiro da água barrenta do córrego poluído subindo pela rua. Felizmente perdemos pouco nestas inundações, mas esta não é a mesma sorte de tantas outras famílias. Em uma sociedade que vive como se a natureza fosse algo separado dos seres humanos, escolher morar à beira de um rio que inunda é, na verdade, falta de escolha.

    As inundações do Mondego têm preocupado muitas pessoas. Além da pandemia, obviamente. As pessoas evitam sair de casa, mas em alguns momentos as chuvas e o rio as obrigam.

---

132 Em referência à música "Iarinhas", de Luiza Lian.

A minha caminhada foi curta, e apenas atravessei a ponte de Santa Clara e retornei. Ao voltar à pensão, tomar banho, e colocar a roupa para lavar, seguindo os procedimentos de segurança para evitar a contaminação com o novo Coronavírus, fui organizar meu quarto. Na minha vinda a Coimbra eu quase precisei pagar taxa extra pelo peso da mala de viagem, pois eu trazia muitos livros..

Essa era a primeira vez que eu ficaria tanto tempo fora do Brasil e com uma pesquisa a ser realizada, então eu precisava ter o que fosse necessário à mão. Um dos livros que trouxe foi **Aunaki Kuwamutü-Kuwamutü que criou o mundo e outras histórias do Povo Mehinaku**. Comprei este livro enquanto eu estava como arte/educador na exposição Bancos Indígenas do Brasil, que aconteceu no Pavilhão Japonês, do Parque do Ibirapuera, de junho a agosto de 2018. Durante a exposição pude conversar com artistas de várias etnias indígenas brasileiras que estavam com trabalhos expostos. E artistas e famílias Mehinaku eram presença constante.

Embora algumas visões sobre o que é arte indígena fossem questionáveis, artistas como Mayawari Mehinaku[133], entendiam que ocupar um espaço como aquele, assumindo-se artistas, era também um posicionamento político e estratégico de reconhecimento e intercâmbio com o povo branco.

Mergulhar em um espaço inundado de cosmogonias das muitas nações indígenas brasileiras foi também perceber que, quando falamos de Ecologias de Saberes, precisamos lidar com o desconhecido. E que muitas vezes, esses tantos entendimentos não fazem sentido à lógica social e cultural a que estamos acostumados.

Na abertura do livro **Aunaki Kuwamutü-Kuwamutü que criou o mundo e outras histórias do Povo Mehinaku**[134], há o texto **Nossas Palavras**, assinado coletivamente pelo povo Mehinaku, que fala do começo dos tempos, e da região sagrada do Muxünä, o lugar que aprenderam a conhecer e respeitar. E neste começo dos tempos, criados por Kamü e Kexü, receberam os alimentos e flechas para pescar. Também aprenderam os cantos sagrados, ervas e curas, de ensinamentos de ancestrais. Estes saberes e fazeres são parte do que é ser Mehinaku, e por isso afirmam que a produção do livro é um fortalecimento do povo:

---

[133] Mais informação sobre a trajetória do artista Mayawari Mehinaku pode ser acessada em: COLEÇÃO BEI. Mayawari Mehinaku relata sua trajetória artística. Publicado em 19 mar. 2019. Disponível em: http://colecaobei.com.br/noticias/mayawari-mehinaku-relata-sua-trajetoria-artistica/52. Acesso em 19 jun. 2021

[134] PAPPIANI, Angela; LACERDA, Inimá P. (Orgs.) **Aunaki Kuwamutü-Kuwamutü que criou o mundo e outras histórias do Povo Mehinaku**, 2017.

Por isso fizemos este trabalho, documentando as histórias mais antigas e importantes para nosso povo. Queremos que os jovens e as crianças conheçam nossa tradição, tenham orgulho de ser Mehinaku e continuem transmitindo esse conhecimento para seus filhos e netos. Estamos usando a tecnologia para proteger e perpetuar nossa tradição e também para que os não indígenas nos conheçam melhor e sejam nossos aliados.
Povo Mehinaki
Aldeia Uyaipiuku[135]

Esse uso dos recursos tecnológicos para servir de registro dos conhecimentos e das tradições, bem como mostrar às outras pessoas estes saberes é reivindicar o direito de existir e de fazer sentido por si próprios. No texto, o Povo Mehinaku da Aldeia Uyaipiuku se assume como produtor de arquivos e bibliotecas que serão também referência para seus pares.

Teodora, mesmo tendo passado dias com integrantes do povo Mehinaku, e mesmo que tenhamos conversado, feito brincadeiras, e que eu tenha aprendido algumas palavras e histórias, nunca saberei como é ser um Mehinaku, nem mesmo se tivesse estado com eles em sua própria aldeia.

Mas isso não quer dizer que a minha experiência tem mais ou menos valor do que a experiência de qualquer Mehinaku. Ou ainda que meus conhecimentos sejam mais importantes ou mesmo mais corretos que os dos Mehinaku. Somos diferentes, mas somos complementares.

E esse pensamento foi aflorado quando há poucos dias eu assisti a uma *live*[136] de Rosane Borges sobre a escritora Conceição Evaristo e o conceito de escrevivência[137].

Teodora, eu não sei se quando você ler as cartas, ainda será usado o termo *live* para transmissões ao vivo em redes sociais. Mas talvez valha contextualizar, logo *após o fim do mundo*, após o dia que tudo parou e iniciamos o isolamento, as pessoas buscaram novas formas de manter as relações. Aulas foram suspensas, e recursos que já estavam disponíveis como ferramentas *streaming*, ligações por vídeo e vídeoconferências foram sendo apropriadas por muitas pessoas.

Usamos as tecnologias de comunicação para tentar quebrar o isolamento, ao menos social, pois o físico não poderia, ou não deveria,

---

[135] Povo Mehinaki - Aldeia Uyaipiuku. Nossas Palavras. In. PAPPIANI, Angela; LACERDA, Inimá P, 2017, p. 19.

[136] *Live* realizada no dia 04 mai. 2020 pelo perfil de Rosane Borges na plataforma Instagram. https://www.instagram.com/p/B_vmhwmHGTd/.

[137] Evaristo, Conceição. **Becos da Memória**. Rio de Janeiro: Pallas, 2017.

ser quebrado. E Teodora, muitas pessoas falam do isolamento social. Não vivemos um isolamento social. E sim um isolamento físico, pois, depois que conseguimos estabelecer parte das conexões, pudemos manter algum tipo de socialização. A jornalista Eliane Brum[138] que defendeu esse ajuste de conceito, pois muito se falou que estávamos em isolamento social. Conseguiríamos, ou ainda, é possível viver em isolamento social? Concordo com Eliane Brum que não.

E mais uma vez lembrando de Leonardo Boff[139], retomo a opinião dele sobre o desenvolvimento de uma vida vivida exclusivamente no mundo virtual, pois se experienciamos museus, visitas a lugares, e acesso a saberes apenas no âmbito visual, por meio de telas, deixam de existir o toque, o cheiro, o sabor, a sensação do pé pisando a grama. São encontros que não são encontros físicos, e tudo isso afeta o que temos de fundamental para vida humana: a compaixão e o cuidado.

Mas é isso o que temos agora, Teodora: o mundo virtual. Estou em um quarto de pensão e quase não tenho contato com outras pessoas. Os contatos que mantenho em geral são virtuais. Sim é um empobrecimento das possibilidades de experiência vivida. Mas é o que nos restou depois do fim do mundo.

O modo que vivemos agora é um modo novo, que permite ainda mais o excesso de informação, o excesso de ofertas de experiências, toda uma programação dos algoritmos para que nos sejam ofertados diversos estímulos para estarmos o tempo todo conectados. Sim, Byung-Chul Han, Jorge Larrosa, Vilém Flusser e John Dewey, novamente acenam e problematizam sobre a qualidade da experiência de vida que estamos tendo.

Mas, voltando à live de Rosane Borges, foi nessa transmissão que eu iniciei meu mergulho na escrevivência de Conceição Evaristo. Este é um conceito sistematizado pela escritora, que orienta o processo de escrita a partir da experiência vivida, pois o ponto de partida é considerar que o pensamento é fruto de nossa existência, experiência/vivência. Um texto escrito a partir da escrevivência está além de um relato memorialista.

> Por não ter nada, a escrita me surge como necessidade de ter alguma coisa, algum bem. E surge da minha experiência pessoal. Surge na investigação do entorno, sem ter resposta alguma. Da investigação de vidas muito próximas à minha. Escrevivência nunca foi uma mera ação contemplativa, mas

---

138 BRUM, Eliane, 2020.

139 BOFF, Leonardo, 2012.

um profundo incômodo com o estado das coisas. É uma escrita que tem, sim, a observação e a absorção da vida, da existência.[140]

É apresentar como a vida acontece, as relações, as construções de saberes, os sofrimentos, dores e reflexões, nos quais as histórias trazem um personagem individual, ou diversos personagens e suas vidas, mas que refletem sempre a experiência de uma coletividade.

E Rosane Borges ao falar sobre escrevivência, reflete sobre quem tem o direito de registrar os seus saberes. Para afirmar que a escrevivência é um sistema de escrita das subalternidades. Rosane usa o termo escritura pois o entende como diferentes formas de se escrever a partir da vivência, criticando as molduras existentes, e criando molduras para que as histórias caibam, tanto no que se refere aos aspectos estéticos, quanto ao que se refere às linhas delimitadoras das experiências.

Segundo Rosane Borges, a escrevivência é uma forma de matriz ética, metodológica, epistemológica e estética, para produzir narrativas. Assim, se faz pela escrevivência, um processo de crítica à experiência universalizadora, padrão, reivindicando a existência de diferentes formas de experienciar o mundo. E para isso, escrever e se colocar como escritora é um agir político.

A escrevivência funciona então como "operador teórico"[141], ou seja, um processo teorizado que não está desconectado da prática, para que histórias que não são contadas possam ser contadas. E do jeito que queiram ser contadas.

> Escrevivência, antes de qualquer domínio, é interrogação. É uma busca por se inserir no mundo com as nossas histórias, com as nossas vidas, que o mundo desconsidera. Escrevivência não está para a abstração do mundo, e sim para a existência, para o mundo-vida. Um mundo que busco apreender, para que eu possa, nele, me autoinscrever, mas, com a justa compreensão de que a letra não é só minha. Por isso, repito uma pergunta reflexiva, que me impus um dia ao pensar a minha escrevivência e de outras. Indago sobre o ato audacioso de mulheres que rompem domínios impostos, notadamente as mulheres negras, e se enveredam pelo caminho da escrita: "O que levaria determinadas mulheres, nascidas e criadas em ambientes não letrados, e, quando muito, semialfabetizados, a romperem com a passividade da leitura e buscarem o movimento da escrita"? Tento responder. Talvez essas mulheres (como eu) tenham percebido que se o ato de ler oferece a apreensão do mundo, o de escrever ultrapassa os limites de uma percepção da vida.

---

[140] EVARISTO, Conceição, 2020, p. 34.

[141] FELISBERTO, Fernanda, 2020, p. 172.

> Escrever pressupõe um dinamismo próprio do sujeito da escrita, proporcionando-lhe a sua autoinscrição no interior do mundo[142]

Teodora, ao escutarmos Conceição Evaristo percebemos que a escrevivência se coloca como um processo político para que mulheres negras possam contar suas histórias, isto porque, em um processo de interseccionalidade, são elas as menos ouvidas, embora sejam donas de muitas histórias que são repassadas, avó à neta, tia à sobrinha, mãe à sua comunidade. Mas que, como processo político, também tem uma luta envolvida. E além de ser um registro e construção de conhecimento, é também um aviso, como diz Conceição Evaristo "a nossa escrevivência não é para adormecer os da casa-grande, e sim acordá-los de seus sonos injustos"[143].

Ora, minha filha, eu não sou mulher, e não sou uma pessoa negra retinta. Assim, não me sinto à vontade para assumir a escrevivência como processo de escrita. De qualquer forma, Teodora, escolhi estudar um pouco sobre a escrevivência, e me inspirar, respirar para dentro, para escrever estas cartas a você,.

Então Teodora, quando a nuvem pandêmica chegou, entendi que, ao redigir sobre algumas das minhas experiências e reflexões, sobre o que me motivou e o que eu pretendia fazer, eu poderia responder ao pedido de Eliany Salvatierra e Silvia Laurentiz, quando na minha qualificação elas perguntaram onde estava meu eu e meu eu-educador. Assumi esta missão como exercício pessoal, deixando registrado para você a minhas ideias para um novo mundo.

É uma opção minha filha. Escrevo para você sobre o que penso e qual a minha atitude perante a sociedade, quais escolhas faço e como planejo agir, e ainda quais leituras eu faço das minhas ações. Talvez seja até narcísico, mas também acham narcisistas cientistas que fazem pesquisas usando a autoetnografia, ou mesmo quem usa a escrevivência como operador teórico[144]. Fui provocado a me colocar. E posso dizer que adorei este convite. Desta maneira posso me apresentar a você Teodora. Pois são de ideias e histórias que somos feitos. E aqui tem muito das duas coisas, não é mesmo?

Perceba quem eu sou e de onde eu pronuncio as minhas palavras. Este meu eu não é o padrão, é apenas mais um dos muitos *eus* que formam nossa coletividade, e que, com amor acolhe os outros *eus*. Teodora, espero

---

142 EVARISTO, Conceição, 2020, p. 35.

143 EVARISTO, Conceição, 2020, p. 30.

144 Livia Natalia reflete sobre seus questionamentos iniciais sobre a escrevivência como processo narcisista (2020, p. 212).

que você, ao escrever os seus textos – *talvez você venha a fazê-los* – saiba também reconhecer e colocar quem é você e de onde você fala, e ao ler as vivências de outras pessoas, as escute. Esteja presente, pois o ato presencial, e presença de qualidade, nos conecta, ajuda a estabelecer o diálogo. Nunca seremos a outra pessoa, mas aprendemos com a outra pessoa.

As histórias estão o tempo todo sendo contadas, mas infelizmente há quem acredite que algumas histórias são mais importantes que outras. Ao menos tem sido a regra do meu mundo. Ao dizer que as histórias de um grupo de pessoas valem mais que as histórias de outros grupos, estabelece-se uma hierarquia de poder. Em geral as histórias de mulheres, pessoas LGBTQIA+, pessoas negras, indígenas, ribeirinhas, periféricas são histórias ditas como menos importantes.

Sinceramente, Teodora, isso é um erro. E eu gritaria isto tão alto se soubesse que o som atravessaria nosso portal de tempo/espaço, para você ouvir minha voz, tamanha a força que acredito nisso. Algumas vezes disse que as coisas não são sobre certo e errado. Mas dessa vez é. E não se trata de um erro ingênuo. É um erro doloso, pois há por trás disso tudo um pacote de interesses. Desejo que no seu mundo estas violências não existam, e ficarei feliz das minhas cartas serem apenas uma história longínqua contada pelo seu velho pai.

Conceição Evaristo, como mulher negra e mãe, escrevive e possibilita que tantas outras pessoas que têm constantemente suas histórias minoradas, ganhem com a escrevivência mais que um modo de contar histórias, um modo produção de arquivos[145].

Lembre-se, minha filha: existem narrativas e processos de construção de conhecimento que atuam para destruir a humanidade, pois excluem e hierarquizam grupos de pessoas e culturas. Por outro lado, existem narrativas e construções de conhecimento que atuam para restituir humanidade ao mundo. A escrevivência é uma destas. Como também são ações como a do Povo Mehinaku, ao escrever um livro com algumas de suas histórias. Atente-se a esses processos e, por favor, te peço: cuide deles.

Por isso Teodora, espero que você também possa escrever mais uma história, a sua e de sua comunidade.

Com afeto,
Mauricio

---

[145] BORGES, Rosane, 2020.

CARTA 016

Querida Teodora

Hoje acordei cedo e vi que havia recebido uma mensagem de Sandra Silvestre, Cris Atom e Teresa Cunha. Como há dois dias não chove, a grama do Parque Verde está mais seca, e elas me convidaram para conversar um pouco. Estão permitidos encontros de até cinco pessoas em áreas abertas, desde que usando máscaras – *eu costurei algumas com a antiga máquina de costura da pensão, uma Singer preta que foi usada pela mãe do Seu Jorge* – e mantendo o distanciamento físico. Elas disseram que encontrariam Luisa Valle, Paula Machava e Rita Kacia no final de semana, mas eu preferi não confirmar, pois estou evitando sair da pensão, principalmente aos finais de semana, porque sinto que são dias de maior circulação de pessoas no parque. Não são tantas pessoas assim, mas parece que, o medo de ser contaminado causa um pânico em sair na rua e ver pessoas caminhando no sentido inverso. Esta sensação não é boa, mas preciso respeitar meus limites.

Quando cheguei em Coimbra e participei da Escola de Inverno Ecologias Feministas de Saberes, um dos poucos eventos que pude participar antes da pandemia, em um dos dias da escola, Paula Machava levou suas filhas. Duas crianças que ficaram curiosas quando retirei da minha mochila uma peteca, brinquedo que elas não conhecem. Foi divertido jogar com elas. E também com Sandra, que ficou animada com a brincadeira. Combinamos de ir todos à praia fluvial de Pampilhosa da Serra, quando o tempo estivesse mais quente. Espero que ainda seja possível!

No encontro de hoje, pudemos conversar um pouco, e ao voltar do Parque Verde, realizei os procedimentos sanitários, roupa para lavar – banho – álcool no que não pode ser lavado com água e sabão. Cada saída da pensão requer um procedimento de assepsia laboratorial ao retornar.

Depois de almoçar eu voltei a ler **Escrevivência: a escrita de nós**, para compreender um pouco mais sobre a escrevivência, e ao iniciar o texto de Livia Natália[146] me deparei com uma citação de bell hooks: "Encontrar a voz é um ato de resistência, apenas como sujeitos é que podemos falar".

---

[146] NATÁLIA, Livia, 2020, p. 207.

Essa fala de bell hooks me lembrou a professora indiana Gayatri Spivak, que leciona na Universidade de Columbia, nos Estados Unidos, e que escreveu o livro **Pode o Subalterno Falar?** [147]. Gayatri Spivak apresenta uma reflexão de que o subalterno não pode falar, e ela argumenta, fazendo uma leitura do contexto indiano, refletindo sobre toda a estrutura opressiva global, para dizer que nossa sociedade humana se movimenta justamente para calar as pessoas subalterizadas. Neste sentido, quem pode e quem não pode: falar, viver, comer? Quem pode conhecer e produzir conhecimento? Quem pode produzir teoria, quais conhecimentos são tidos como conhecimentos válidos, quais experiências são experiências a serem consideradas?

Teodora, não sei se já escrevi dizendo que o conhecimento não é isento. Acredito que não, mas você talvez tenha percebido essa ideia em alguma das minhas cartas, especialmente quando contei sobre como o conhecimento se faz situado em um contexto. Podemos pensar que, às vezes, alguns saberes são abandonados porque outros fazem mais sentido para nossa comunidade, isso também se refere ao processo da *práxis* de reflexão-ação freiriana que nos ajuda a experienciar melhor o mundo. Mas não é este o caminho de pensamento que estou tomando. Eu quero te escrever sobre interesses econômicos e políticos que distorcem o entendimento das coisas e priorizam perguntas e saberes.

Neste sentido, não existem discursos neutros, pois o contexto referencia todo conhecimento que é produzido, a um tempo, a um espaço, e a uma biografia específicos[148].

Lembrei agora que eu devo já ter comentado sobre o pensamento decolonial e não sei o quanto você compreende isso. Acho que você já deverá saber mais do que eu sobre este assunto quando folhear estas cartas, mas de todo modo, eu vou escrever a você alguns pontos que movem o meu pensamento, até para podermos dialogar sobre isso.

Mas acho que, antes de escrever sobre o pensamento decolonial, quero complementar a carta anterior sobre a construção de conhecimento baseado na narrativa da própria história, porque sinto ser importante nessas reflexões sobre ir além na busca pela confluência da Abordagem Triangular e da Educomunicação.

---

[147] SPIVAK, Gayatri Chakravorty. **Pode o subalterno falar?** Tradução: Sandra Regina Goulart Almeida, Marcos Pereira Feitosa, André Pereira Feitosa. Belo Horizonte: Editora UFMG, 2010.

[148] KILOMBA, Grada, 2019.

Já comentei que escrever sobre a própria história é, além de produzir registros e memória, construir conhecimento, mas nem todas as pessoas são autorizadas a falar. Ou são autorizadas a falar apenas o que não interfere no *status quo*. Em uma das primeiras cartas eu disse que acredito em um mundo no qual todas as pessoas sejam criadoras, mas que nem todas as pessoas pensavam o mesmo.

Bem, como exemplo, posso comentar sobre uma aula que assisti com a professora e artista portuguesa Grada Kilomba no Centro Cultural São Paulo (CCSP), em 2016.

Teodora, eu gosto do CCSP porque fica perto da estação do metrô Vergueiro, e lá tem um laboratório de fotografia analógica que até pouco tempo estava em funcionamento. Lá acontecem shows, e espetáculos teatrais a preços convidativos, jovens usam as paredes de vidro como espelho para ensaiar coreografias. Há, também, uma horta comunitária e as pessoas tomam sol no gramado que fica no telhado. Uma das avenidas que ladeiam o CCSP bem que poderiam ser um rio, então seria perfeito!

Grada Kilomba, que estuda sobre como o racismo está presente nos processos de construção de conhecimento e sua influência no cotidiano, citando Gayatri Spivak e bell hooks, disse, em sua aula-espetáculo, que as pessoas que detém a chave dos espaços que validam os saberes, como os centros de pesquisa e universidades, entendem que o conhecimento produzido nestes moldes, em geral centros europeus e estadunidenses, com pessoas brancas e de pensamento tradicional/conservador, não prevê em suas teorias as características e realidades de comunidades do que chamamos de sul global, e tendem a olhar para seus próprios conhecimentos e suas formas de produzir conhecimento como a padrão, em contradição, as outras formas de produzir conhecimento, que não se encaixam no padrão, são consideradas como não científicas ou de valor menor.

Quando as pessoas oprimidas / subalternas / condenadas, fazendo referência a Paulo Freire, Gayatri Spivak e Frantz Fanon, produzem conhecimento acadêmico, suas produções são desvalorizadas pela academia, pois suas pesquisas são específicas, subjetivas [mito da objetividade], pessoais [mito da neutralidade], emocionais, parciais, opinativas[149]. E assim valem menos. E por isso o trabalho de Conceição Evaristo, por exemplo, é tão importante.

---

[149] KILOMBA, Grada, 2019.

Grada Kilomba[150], fala também sobre o estar na margem e no centro, ou seja, mesmo que uma pessoa oprimida / subalterna / condenada tenha a possibilidade de falar, seu saber será sempre marginal, então nunca será central. E, se pensarmos um pouco, muitas vezes a permissão é dada se esta pessoa acadêmica/pesquisadora periférica falar sobre o seu ponto de vista e do seu grupo específico. Por exemplo, uma pessoa indígena só terá seu saber validado, quando este falar de questões indígenas, como se todas as pessoas indígenas só pensassem sobre sua própria cultura, e não sobre um olhar amplo, sem sair do que é esperado e concedido pelo centro. Grada Kilomba citando bell hooks, afirma também que a margem, além de ser um local de repressão, é também um local de resistência[151].

Aproveitando que Grada Kilomba convida bell hooks, para nossa conversa, nessa perspectiva de ser resistência podemos considerar que teorizar é uma luta e prática libertadora, como diz a própria professora teórica feminista estadunidense. Aliás Teodora, bell hooks se escreve com letras minúsculas mesmo, e é o pseudônimo de Gloria Jean Watkins.

bell hooks, que também é amiga de Paulo Freire, enxerga que teorizar é estar em um espaço de análise crítica do mundo, mas para isso, para ser um processo de libertação, precisa ser coletivo, ou seja, mirar a coletividade, sem que haja "brecha entre teoria e prática. Com efeito, o que essa experiência mais evidencia é o elo entre as duas – um processo que, em última análise, é recíproco, onde uma capacita a outra[152]". E não é difícil perceber o quanto bell hooks dialoga com Paulo Freire, não é?

Ela avisa que "A teoria não é intrinsecamente curativa, libertadora e revolucionária. Só cumpre essa função quando lhe pedimos que o faça e dirigimos nossa teorização para esse fim.[153]". Desta forma, não é porque somos engajados, ou atuamos em prol de um determinado objetivo social, que quaisquer métodos ou ações se tornarão por si só libertadores ou transformadores. Neste sentido, trago outra pessoa interessante para a conversa Teodora, o professor Nelson Maldonado-Torres, pois ele diz que a "perspectiva de ativista decolonial

---

150 KILOMBA, Grada, 2019.

151 hooks, bell apud KILOMBA, Grada, 2019

152 hooks, bell, 2017, p. 86.

153 hooks, bell, 2017, p. 86.

torna-se indispensável a qualquer esforço intelectual"[154], seja como pesquisadores, artistas, mobilizadores sociais etc. Desta forma, como pesquisadores-ativistas, temos a possibilidade de nomear conceitos e de estabelecer processos de comunicação e interpretação baseados na nossa visão de mundo[155], isto porque, e em concordância com Grada Kilomba, Nelson Maldonado-Torres, bell hooks diz que

> É evidente que um dos muitos usos da teoria no ambiente acadêmico é a produção de uma hierarquia de classes intelectuais onde as únicas obras consideradas realmente teóricas são altamente abstratas, escritas em jargão, difíceis de ler e com referências obscuras[156]
> [...]
> apesar de ser utilizada como instrumento de dominação, ela também pode conter importantes ideias, pensamentos visões que, se fossem usados de maneira diferente, poderiam ter uma função de cura e libertação[157]

Assim, produzir teoria também é uma prática social, que deve ser inclusiva, ou seja, quebrando os muros entre a universidade e a sociedade, que possa partir da um olhar a partir da experiência, sem ser minorada por este motivo. E, além disso, também o estilo de escrita faz parte de um posicionamento político. Como a própria bell hooks compartilha

> Já escrevi em outros textos, e disse em inúmeras palestras e conversas, que minhas decisões sobre o estilo de redação, o fato de eu não usar os formatos acadêmicos convencionais, são decisões políticas motivadas pelo desejo de incluir, de alcançar tantos leitores quanto possível no maior número possível de situações.[158]

Teodora, creio que é isso que faltava para complementar a carta anterior. Mais uma vez sei que às vezes as ideias se repetem, mas de alguma forma estou buscando desenhar em linhas de texto essas relações que às vezes são mais fáceis de serem descritas de outras maneiras. Como eu escolhi enviar cartas a você, preciso tentar dar conta a partir do que me propus. Talvez esse formato de retornar alguns pontos e trazer novos também apresente algumas camadas ou dimensões diferentes de um mesmo conceito, sempre há algo que interliga, que adianta um tema ou recupera um anterior.

---

[154] MALDONADO-TORRES, Nelson, 2020, p. 28.

[155] hooks, bell, 2017.

[156] hooks, bell, 2017, p. 89.

[157] hooks, bell, 2017, p. 91.

[158] hooks, bell, 2017, p. 99.

Afinal, esse movimento sempre para frente, unidirecional não reflete exatamente os fluxos de vida. Embora o rio corra para o mar, um dia o mar volta a ser rio. E as confluências, existirão.

Com afeto,
Mauricio

Teodora, separei aqui para um trecho da poesia, **FALAI POR SI**[159] de Emerson Alcalde

[...]
FALA que tua voz transborda
e pra não ser eternamente Escada
o apoio pra estrela brilhar
tive que me posicionar
eles não vão parar para te escutar
levantei a cabeça, fui ao proscênio e falei

[...]

E, quando puder, escute a a música **Histórias para Ninar Gente Grande**[160], que começa assim:

Brasil, meu nego,
deixa eu lhe contar
A história que a história não conta,
avesso do mesmo lugar,
na luta é que a gente se encontra.

Que outras histórias existem além da história oficial?

---

[159] ALCALDE, Emerson, 2015.

[160] DOMÊNICO, Deivid; MIRANDA, Tomaz; MAMA; BOLA, Marcio; OLIVEIRA, Ronie; FIRMINO, Danilo; CUÍCA. Manu da. MÁXIMO, Luiz Carlos. **Histórias para Ninar Gente Grande**. Mangueira. Samba-enredo 2019. Intérprete: Maria Bethânia. Mangueira – A Menina dos meus olhos. Rio de Janeiro: Biscoito Fino, 2019. Disponível em https://youtu.be/OKdsx_ojqio. Acesso em 08 jun. 2021.

CARTA 017

Querida Teodora

Logo que acordei escutei a música **Histórias para ninar gente grande** com a interpretação da Maria Bethânia. E ao fazer meu café, lembrei da obra *Table of Gods*[161] de Grada Kilomba, que vi em 2019 na exposição **Desobediências Poéticas**, que aconteceu na Pinacoteca de São Paulo, de 06 de julho a 30 de setembro de 2019[162].

Eu vou apenas descrevê-la aqui, e convidar você a procurar a obra para vê-la, porque eu acho que não poderei enviar uma foto de *Table of Gods* por conta de direitos autorais. A obra é composta por acumulado cônico de terra, que tem arranjos circulares plantados na terra de cores marrom claro, marrom escuro e branco, com velas dispostas na base do cone de terra. Os círculos marrons claro são chocolate; os marrom escuros, café; e os brancos, açúcar.

As três monoculturas que moveram a economia e fizeram parte do processo de colonização, e compõem o sistema patriarcal e capitalista imposto por países que escravizaram e assassinaram pessoas, destruíram culturas e saberes. Grada Kilomba traz uma parte desta reflexão no livro **Memórias da Plantação**[163], e por isso suas obras expostas na Pinacoteca de São Paulo, onde vi, mas também em tantos outros espaços museais, remetem a este tema.

---

[161] A obra "Table of Gods" pode ser vista no arquivo PDF disponibilizado pela Pinacoteca de São Paulo, que apresenta nas páginas 152 três fotos do making of da instalação *Table of Gods* de 2017, que recebeu o nome *The Power Plant*, em Toronto, 2018. Na página 153 é apresentada uma foto de página inteira com a obra apresentada em 2017 no MAAT em Lisboa, Portugal, e que é muito próxima, senão idêntica à apresentada na Pinacoteca de 6 de julho a 30 de setembro de 2019. Disponível em: http://pinacoteca.org.br/wp-content/uploads/2019/07/AF06_grada-kilomba_miolo_baixa.pdf. Acesso em 02 mai. 2023

[162] Mais informações sobre a exposição Desobediências Poéticas, de Grada Kilomba, na Pinacoteca de São Paulo, disponíveis em https://pinacoteca.org.br/programacao/grada-kilomba-desobediencias-poeticas/. Acesso em 02 mai. 2023

[163] KILOMBA, Grada. **Memórias da Plantação: episódios de racismo cotidiano**. Tradução: Jess Oliveira. Rio de Janeiro; Cobogó, 2019.

MAURICIO VIRGULINO SILVA

E eu estava ali, em uma cozinha de uma pensão no coração de Portugal, bebendo café, resistindo a uma pandemia que, foi sendo disseminada por pessoas que a negavam ou diziam que não era tão perigosa assim. Pessoas tão ambiciosas por poderes políticos e econômicos que se sentem no direito de moer outras pessoas, derrubar florestas, destruir rios e mares, para ter mais dinheiro e mais poder. E eu, um brasileiro, filho de nordestinos, neto de descendente de pessoas indígenas e pessoas negras, estava bebendo café, em uma cozinha de pensão, em Coimbra.

Resolvi, então, escrever para você esta carta, com o que compreendi até aqui sobre o que é pensamento decolonial e as epistemologias do sul. Bem, primeiro talvez eu deva começar pelas epistemologias do sul. Lembra, Teodora, que comentei sobre o momento que foi me sugerido vir à Coimbra para aprofundar meus estudos? Então, eu empreendi um primeiro atravessamento de oceano para participar da Escola de Verão Epistemologias do Sul[164]. Na Escola de Verão me juntei a um grupo de trinta pessoas de diversas nacionalidades, moradoras de diferentes partes do mundo, e que tinham em comum a reflexão sobre como o mundo poderia ser outro mundo. Um melhor, mas sem romantizações, ou seja, que para chegar a este mundo, muitas mobilizações e lutas são necessárias. E todos buscávamos respostas por meio das epistemologias do sul. Um grupo de pessoas confluentes.

Durante dez dias vimos o que são as epistemologias do sul, e suas relações com as pedagogias, metodologias pós-abissais e pós-extrativistas, ecologias de sabores e saberes, o pensamento sobre saúde, patrimônio e justiça nas epistemologias do sul. Também pensamos sobre formas de organização econômica e comunitária em uma visita à cooperativa das Capuchinhas[165], em Campo Benfeito, na Serra do Montemuro, esta coordenada pela professora Teresa Cunha..

E também tivemos oficinas de poesia Slam e saraus coordenados por Renan Inquérito, Raquel Lima, Mick Mengucci e Fado Bicha.

Essa Escola de Verão teve como objetivo trazer não só os conceitos, mas também modos de fazer coerentes com as epistemologias do sul.

---

[164] CES Summer School – Epistemologias do Sul V, mais informações sobre a escola deverão estão disponíveis em https://ces.uc.pt/summerwinterschools/?lang=1&id=21303. Acesso em 02 mai. 2023

[165] Mais informações sobre a Cooperativa das Capuchinhas de Campo Benfeito disponíveis em: https://www.capuchinhas.pt/copia-de-sobre-nos/. Acesso em 02 mai. 2023

Ou seja, poderia ser um curso oferecido pela Universidade de Coimbra nos moldes tradicionais, com professores palestrantes falando de teorias, apresentando algumas pesquisas e projetos, e talvez com alguns exercícios sobre os conceitos. Mas, fugindo deste modelo, embora em alguns momentos a didática expositiva tenha sido utilizada, os momentos de diálogo e entendimento sobre as epistemologias do sul não cabiam apenas no salão composto de cadeiras e mesas.

Foi necessário falar e produzir por meio da Arte, dançar, cantar, escrever poesia, pensar projetos conjuntamente, estabelecer parcerias internacionais, tudo isso tendo o foco de questionar e criticar o modelo colonial – patriarcal – capitalista, hegemônico no mundo em que vivíamos.

E antes de continuar, vale definir aqui, de forma ampla o que são as epistemologias do sul. Pensar em epistemologias do sul é pensar que existem as epistemologias do norte. Lembra que comentei sobre epistemicídios e que toda experiência social produz e reproduz conhecimento, na carta que falei sobre a minha busca por entender sobre epistemologia?

Pois então, as epistemologias do sul são "uma outra orientação política e epistêmica"[166], que busca, criticar a hegemonia do conhecimento, com a hierarquização do que é superior e do que inferior, produzido pelas instituições detentoras de poder, em geral euro-estadunidenses centradas. Assim, as epistemologias do sul:

> [...] são um conjunto de procedimentos que visam reconhecer e validar o conhecimento produzido, ou a produzir, por aqueles e aquelas que têm sofrido sistematicamente as injustiças, a opressão, a dominação, a exclusão causadas pelo capitalismo, pelo colonialismo, e pelo patriarcado, os três principais modos de dominação moderna. É portanto, um conhecimento a partir daqueles e daquelas que lutam contra os diferentes modos de dominaçã e suas infinitas articulações [.,.][167].

As epistemologias do sul partem da crítica a este modelo colonialista – patriarcal – capitalista, entendendo que as lutas contra este modelo devem contemplar estes três elementos e coexistem amalgamados, construindo conceitos e práticas que colaborem com esta crítica. Entre os conceitos e práticas que são considerados nas epistemologias do sul estão a ecologia de saberes; a sociologia das ausências; a sociologia das emergências; a linha abissal; a artesania de práticas; a justiça cognitiva global; a reflexão sobre conceito de cidadania e de direitos humanos;

---

166 SANTOS, Boaventura de Souza, 2018a, p. 24.

167 SANTOS, Boaventura de Souza, 2018a, p. 24.

a crítica ao modelo de desenvolvimento hegemônico; no campo da Educação procurar estabelecer pedagogias pós-abissais; e no campo da pesquisa acadêmica, metodologias, pós-abissais e pós-extrativistas.

Pelas epistemologias do sul, devemos atuar em busca de uma ecologia de saberes[168], pois este conceito considera um mundo que múltiplos saberes estão vivos, se respeitando e se colaborando. Assim, quando pensamos em uma versão universalizadora do mundo, caímos no perigo da história única, como diz a escritora Chimamanda Ngozi Adichie[169]. Saberes são silenciados, conhecimentos sofrem epistemicídios e a experiência humana é homogeneizada a partir de padrões simplificadores e opressivos. Também, para entendermos as ecologias de saberes, precisamos considerar que não há conhecimento neutro ou mesmo epistemologias neutras, pois o conhecimento acontece na prática e no contexto, e que quando fazemos uma reflexão epistemológica, não estamos falando de conhecimentos abstratos, e sim de práticas de conhecimento e seus impactos em outras práticas sociais.

Por isso, é importante constante autorreflexão epistemológica para agir no sentido da ecologia de saberes e não ser epistemicida. Isso também deve ocorrer internamente às áreas de conhecimento, pois não existe apenas uma visão, experiência, reflexão sobre conceitos, teorias, práticas. E é nessa pluralidade de reflexões que também as áreas de conhecimento se desenvolvem.

E, refletindo sobre a confluência, pensar a Abordagem Triangular do Ensino das Artes e Culturas Visuais e a Educomunicação, compreendendo diferentes formas de conhecer e experienciar o mundo, é não fazer a divisão dicotômica entre razão e emoção. Como Paulo Freire diz "uma inteireza e não uma dicotomia", então as "[...] experiências sociais de injustiça e opressão causadas pelo capitalismo, o colonialismo e o patriarcado são sempre experiências corpóreas"[170] Ou seja, nossa experiência de mundo, de aprendizados e dores, de emoções e ideias, são individuais, mas interconectadas com nossos coletivos, nossas redes. E neste sentido, a ecologia de saberes também exige, nesse processo reconhecimento de copresença e maximização de apoio de lutas contra as opressões, uma tradução intercultural que busque confluências entre saberes. Por isso, ecologia.

---

[168] SANTOS, Boaventura de Souza, 2010.

[169] ADICHIE, Chimamanda, 2019.

[170] SANTOS, Boaventura de Souza, 2018b, p. 145.

E ainda se pensarmos sobre o corpo, não é de se espantar que a Escola de Verão Epistemologias do Sul tenha trazido diferentes formas de vivenciar os conceitos, tendo o cantar, dançar, fazer poesia como elementos tão importantes quando as aulas expositivas. Conhecemos com o corpo todo, e a busca pela estesia é uma busca pelo conhecimento. Teodora, lembra que comentei sobre diversidade de métodos, de estares, de vivenciar o mundo em sua diversidade, e na relação confluente entre Abordagem Triangular e Educomunicação? Acha que essas ideias conversam com essa experiência da Escola de Verão e com as ecologias de saberes? Como você vê em seu cotidiano a ecologia de saberes?

O saber do corpo que não é apenas racional, é previsto nas ecologias de saberes, contemplando a experiência que cada corpo carrega em sua vivência. E são três tipos de corpos que são foco das epistemologias do sul: o corpo moribundo, que é o "corpo que continua a lutar noutro corpo vivo que luta"[171] e sua vida se mantém presente e semeando ações solidárias à luta deste corpo; o corpo sofredor, que persevera na luta, apesar do sofrimento; o corpo jubiloso, que festeja, celebra e dança. Talvez possamos identificar, podemos dizer assim, outros tipos de corpos. Pelo nosso corpo nos relacionamos, nos tocamos. E esta é uma das tristezas deste isolamento provocado pela pandemia, porque não podemos nos tocar e festejar como fazíamos antes, pois o risco de contaminar e ser contaminado é altíssimo, assim nosso tato, contato, com-tato, enfraquece. Como é difícil não poder abraçar, dançar, festejar pessoas queridas, Teodora! Os dias têm sido mais pesados, pois a luta por um mundo melhor não é formada apenas por dor e sofrimento, mas também por alegria e júbilo[172].

E como educador e pesquisador, que entende as epistemologias do sul como uma importante referência de trabalho, quero indicar que precisamos pensar em modelos de Educação, que não façam a simples manutenção do sistema que temos, observando as ausências nos conteúdos e reflexões dos processos educativos, e ampliando a leitura sobre o mundo de hoje, para promover emergências, ou seja novas leituras e fazeres, de caráter sócio-político-econômico

E como fazer tudo isso? Há um método? Bem Teodora, assim como Ana Mae Barbosa[173] diz, quem faz a método é o educador. Ou seja, a pessoa que está em contato com a prática. O que temos aqui são um

---

[171] SANTOS, Boaventura de Souza, 2018b, p. 164.

[172] SANTOS, Boaventura de Souza, 2018b, p. 164.

[173] BARBOSA, Ana Mae, 2010.

conjunto de pensamentos e ações que referenciam uma proposta baseada nas epistemologias do sul. Por isso também as epistemologias do sul consideram o conceito de artesania que aparece como elemento político, pois acreditam que não há um modelo rígido a ser seguido, e que as práticas vão sendo criadas por artesãos e não são cartilhas a serem seguidas determinadas por pessoas outras.

Teodora, espero que eu, de alguma maneira, tenha conseguido passar um pouco das ideais que apreendi na minha rica vivência, na Escola de Verão Epistemologias do Sul.

Terminada a escola, fui à Silves, visitar minha prima Ingrid Oncken e sua família que estavam morando há alguns meses no Algarve. Depois voltei ao Brasil, mantendo contato com muitas das pessoas que partilharam os dias da Escola de Verão comigo, como, por exemplo, meu colega de quarto, que se transformou em amigo, Aizuddin Anuar, um malaio que, em seu doutorado na Universidade de Oxford, estuda educação comunitária e rural da Malásia. A criação de redes e as conexões de ideias, quando estamos em uma mesma vibração, vence barreiras inclusive linguísticas. Obviamente não posso ter a experiência de Aizuddin e de todos os colegas e amigos que encontrei lá. Mas alimentar a rede, e aprender com ela, dá esperança para seguir.

Bem, sinto que é bom rememorar essa experiência, e também lembrar que um dos objetivos desta minha vinda à Coimbra, agora, foi para aprofundar esses estudos, participando de aulas, oficinas, eventos. Mas, a nuvem pandêmica pegou a todos nós e fez com que eu repensasse a forma de estudar o que eu me propus. De toda forma, já digo que não deixei abandonei o plano principal, apenas foram feitas adaptações.

Eu percebi que ainda quero te escrever sobre pensamento decolonial, pois as epistemologias do sul me levaram a mergulhar nesse tema. Mas hoje não, pois já está tarde. E começo a ter frio nas mãos. A carta sobre pensamento decolonial vai ter muitas relações com esta, mas sinto que algumas camadas podem ser adicionadas nesse processo de apresentar a você meu *eu-educador* e meus pensamentos para o *meu-seu* mundo possível. Um mundo melhor, no qual as pessoas sejam emancipadas e haja justiça cognitiva, social e econômica.

Com afeto,
Mauricio

Teodora, fiz mais um recorte para você.

Este trecho é de **Monstro de três cabeças**, da poeta Raquel Lima[174], e que está no livro "Ingenuidade Inocência Ignorância".

Sei que a tua sobrevivência depende da minha desumanização.
Mas ainda assim não compreendo o porquê do meu sacrifício.
Sei que para ti a minha luta é irrelevante, inferior, ignorada, não dita.
[...]
A minha luta passa pelo meu corpo
Não luto por razões frias porque meu corpo é quente e suado.
Transpiro quando reconheço os meus pares nesta luta desigual
Transpiro emoção e afeto como forma de ser racional.
[...]

E lembrei também da poeta Rupi Kaur que denuncia em Colonizado[175]

> vocês partiram o mundo
> em vários pedaços
> [...]

Estes dois livros, como tantos outros que estou anotando aqui para você, estarão na caixa de cartas.

---

[174] LIMA, Raquel, 2018, p. 360-362.
[175] KAUR, Rupi, 2018, p. 137.

Teodora,
novamente apareço
em uma fotografia!
Reconhece a minha sombra?

CARTAS a Teodora

[...]
Não se pode comprar as nuvens
Não se pode comprar as cores
Não se pode comprar minha alegria
Não se pode comprar minhas dores
No puedes comprar el sol
No puedes comprar la lluvia
(Vamos caminando)
(Vamos caminando)
(Vamos dibujando el camino)
No puedes comprar mi vida (vamos caminando)
La tierra no se vende
[...]
Aquí se respira lucha
[...]

Trecho de **Latinoamérica**[176]
Calle 13

---

[176] CALLE13. **Latinoamérica**. Interpretada por Calle 13, Susana Baca, Maria Rita e Totó la Momposina. Entren los que quieran. San Juan e Miami: Sony Music Latin, 2010. Disponível em https://youtu.be/DkFJE8ZdeG8. Acesso em 10 jun. 2021.

CARTA 018

Querida Teodora

O que sonhaste?
Ah! Que vontade de ouvir a sua voz e escutar seus sonhos!

Eu sonhei que fazia um chá de alecrim e camomila e me aquecia, enquanto lá fora estava um dia ensolarado, mas eu não podia sair. Era como se o frio ficasse do lado de cá, e do lado de lá o calor aquecesse as pessoas, mas só algumas, poucas, que puderam sair. Não sentia que a pandemia era o que me impedia de sair, mas uma outra força.

De toda forma, o chá de alecrim e camomila me dava tranquilidade.

O dia está, diferente do sonho, nublado, mas não aparenta chuva nas próximas horas. Eu fiz alguns alongamentos na lateral da pensão, onde colocamos as roupas para secar, e sinto que esse cuidado fez com que eu acordasse sensações que vão ficando de lado, nestes dias que sigo semi-isolado. Semi, porque tento, duas vezes por semana, caminhar um pouco lá fora, aproveitando para ir ao mercado comprar comida e algo mais.

Eu quero dizer que lembrar da Escola de Verão Epistemologias do Sul me deu ânimo para continuar as cartas e a enfrentar o cotidiano. Embora a convivência física na pensão com a Ruth, Bebel, Dona Maria e Seu Jorge, e o Zen, seja ótima, e eu esteja assistindo a alguns filmes, séries, *shows* e *lives* muito bons, com destaque para a cantora Teresa Cristina, a rainha das *lives*, a espera e as dúvidas com o que pode acontecer com o alongar da pandemia retiram um pouco da minha energia. E é desanimador saber que existem pessoas ainda mais expostas e correndo riscos maiores que eu.

E por isso, lembrar da turma de pessoas queridas que conheci e estabeleci relação na Escola de Verão, e dos vários momentos que toquei as únicas três ou cinco músicas que sei no violão, me fez sorrir.

E cumprindo minha promessa, vou escrever um pouco sobre pensamento decolonial. Teodora, não posso esquecer de dizer que temos algumas reflexões diferentes que giram em torno desta ideia. Quando eu comecei a estudar as epistemologias do sul, também encontrei autores que escreviam a partir de conceitos como a decolonialidade, descolonialidade, colonialismo, descolonização, pós-colonialismo e algumas outras derivações. Vamos encontrar uma discussão sobre os termos, com pessoas afirmando que um é mais correto que os outros no processo de crítica ao sistema colonial – patriarcal – capitalista. Em alguns casos as reflexões sobre essas diferenças são bastante válidas, pois da mesma maneira que é importante conhecer as diferenças entre os paradigmas da transárea Comunicação/Educação, compreender os conceitos irmãos, e como são denominados, muitas vezes nos ajudam a compreender e fazer opções políticas para apresentar leituras e estratégias de ação.

Mas, neste caso Teodora eu não quero aqui abrir um embate sobre esses autores[177] e obras, pois, para mim, eles dialogam em muitos pontos, e observo que no cerne de suas ideias, considerando seus contextos geográficos, políticos e históricos, todos têm uma busca por um mundo onde as opressões deixem de existir.

De toda forma, quero trazer aqui uma breve reflexão sobre a contribuição de três autores que encontrei.

O primeiro foi o professor Enrique Dussel, que escreve sobre a filosofia da libertação, partindo da ideia de que os processos de colonização, também propostos pelo modelo econômico hegemônico, são excludentes e opressivos, e atuam elaborando mecanismos que os mantenham no poder, e também seja mantido o ambiente de colonização, no qual o norte define o sul como excluído, desvinculado, subdesenvolvido[178]. Teodora, sei que esta ideia se aproxima das epistemologias do sul, e faz sentido pensar assim. E quando dizemos norte e sul, não devemos considerar apenas o sul e norte geográficos, pois as opressões ocorrem neste norte-sul metafóricos, presentes internamente aos países. Por exemplo, no Brasil vamos encontrar pessoas que representam este norte opressor, e pessoas que representam o sul oprimido, em aspectos epistêmicos, econômicos, sociais e políticos. Refugiados que vivem em um país europeu são tidos como sul, embora estejam no norte, assim, foque nesta relação de quem está sendo calado ou não têm direitos garantidos.

Enrique Dussel apresenta que os excluídos, por estarem fora das "comunidades hegemônicas de comunicação"[179], não são escutados,

---

[177] No diálogo sobre os conceitos de colonialidade, decolonialidade, colonialismo, pós-colonial podem ser consultados como autores partir de Achille Mbembe, Aimé Cesaire. Anibal Quijano, Arturo Escobar, Catherine Walsh, Frantz Fanon, Stuart Hall, Walter Mignolo, entre outros.

[178] DUSSEL, Enrique, 1995.

[179] DUSSEL, Enrique, 1995, p. 66.

portanto tem interpelações a serem feitas, para exigir que seus direitos sejam garantidos. Entre essas interpelações, são citadas: a luta em defesa dos direitos raciais; a libertação feminina; a libertação do trabalhador assalariado na sociedade capitalista; a crítica à destruição ecológica pelas grandes potências e a pressão sobre os países periféricos; o combate ao eurocentrismo cultural, em defesa dos direitos culturais próprios, locais; e as relações econômicas desequilibradas, provocadas pelo sistema capitalismo central – capitalismo periférico.

A filosofia da libertação, refletindo sobre esses temas, se alinha a uma luta pela quebra de relações opressivas causadas pelo colonialismo – patriarcado – capitalismo, em busca de emancipação, justiça e solidariedade. Partindo da ideia de uma práxis da libertação, a Filosofia da Libertação também conversa com a obra de Paulo Freire.

Embora entenda a libertação como conceito próximo a descolonização, e, portanto, relacionado ao processo de rompimento do colonialismo histórico, na reflexão sobre colonialidade e de decolonialidade, Nelson Maldonado-Torres apresenta o que ele chama de dez teses sobre colonialidade e decolonialidade – *Teodora, até o conceito de tese pode ser entendido de diversas formas, não é?* Inspirado também pelas colaborações de autores como Aimé Césaire, Frantz Fanon, Walter Mignolo, Anibal Quijano e Gloria Anzaldúa, entre outros autores.

Na sua primeira tese, Nelson Maldonado-Torres, afirma que o "Colonialismo, descolonização e conceitos relacionados provocam ansiedade"[180], pois esta reflexão questiona o modelo que formata o sujeito-cidadão moderno, sendo que os colonizados, ou ex-colonizados, devem ser dóceis e gratos por terem sua cultura elevada pelo colonialismo. Assim, ao ser um processo questionador, as pessoas que têm privilégios tendem a se sentir inseguras com fobia de processos reivindicatórios e respondem com "todas as vidas importam"[181] às afirmações como "vidas negras importam". A segunda tese apresenta as diferenças do que ele considera como colonialidade, colonialismo, decolonialidade e descolonização, entendendo o colonialismo e a descolonização como processos históricos e colonialidade e decolonialidade referente aos efeitos epistêmicos, materiais e simbólicos do colonialismo.

A terceira tese apresenta que a modernidade/colonialidade "é uma forma de catástrofe metafísica que naturaliza a guerra que está na raiz

---

[180] MALDONADO-TORRES, Nelson, 2020, p. 33.
[181] MALDONADO-TORRES, Nelson, 2020, p. 34.

das formas moderno/coloniais de raça, gênero e diferenciação sexual"[182]. Neste sentido ela dialoga com a quarta tese que afirma que os "efeitos imediatos da modernidade/colonialidade incluem a naturalização do extermínio, expropriação, dominação, exploração, morte prematura e condições que são piores que a morte"[183], pois em ambas as teses a colonialidade impõe papéis subalternos, reduz pessoas a objetos ou animais domesticados. Ele problematiza assumindo que a natureza humana de dominar a natureza tem relação direta com o agir por meio de violências como a hipersexualização, estupro, tomar pessoas como recursos a serem explorados como força de trabalho, e a implementação de valores como a da masculinidade agressiva e a desvalorização de saberes. Estas violências são imposições piores que a morte.

A quinta tese, também interconectada com as anteriores apresenta outra camada sobre o processo opressivo, pois afirma que a "colonialidade envolve uma transformação radical do saber, do ser e do poder"[184], levando à colonialidade do saber, do ser e do poder. Então a partir do momento que a subjetividade é negada às pessoas e imposto um modelo cultural e social de uma outra visão de mundo, elas se tornam sujeitos dominados e a ordem de controle continua estável. Esta colonialidade impõe também um controle do "ver, do sentir e do experienciar"[185].

A partir da sexta tese Nelson Maldonado-Torres apresenta as bases para realizar um giro decolonial, ou seja, transitar de uma sociedade controlada pela colonialidade para uma sociedade que atua a partir da decolonialidade. Assim a sexta tese afirma que a "decolonialidade está enraizada em um giro decolonial" ou em um afastar-se da modernidade/colonialidade. Então, em sua sétima tese indica que a "decolonialidade envolve um giro epistêmico decolonial, por meio do qual o condenado emerge como questionador, pensador, teórico e escritor/comunicador"[186]. Se pensarmos a partir de Enrique Dussel, na filosofia da libertação, quem não está nas comunidades hegemônicas de comunicação não é escutado, estando à margem dos processos e assim é mantido o controle. Ou seja, é necessário romper o controle do ver, do sentir e do experienciar e se colocar como produtor/escritor/comunicador, e tam-

---

[182] MALDONADO-TORRES, Nelson, 2020, p. 36

[183] MALDONADO-TORRES, Nelson, 2020, p. 36.

[184] MALDONADO-TORRES, Nelson, 2020, p. 42.

[185] MALDONADO-TORRES, Nelson, 2020, p. 44.

[186] MALDONADO-TORRES, Nelson, 2020, p. 46.

bém como criador, como apresenta a oitava tese, que a "decolonialidade envolve um giro decolonial estético (e frequentemente espiritual) por meio do qual o condenado surge como criador"[187]. Esta oitava tese complementa a sétima no sentido de que confluem como proposta decolonial o ser comunicador e o ser artista. Assim, ao questionar, pensar, teorizar, escrever, comunicar, criar, produzir Arte, com padrões estéticos e referências espirituais coerentes, o condenado / oprimido / colonizado liberta a sua subjetividade e retoma o controle do saber, ser e poder. Não é à toa que eu trouxe também para as cartas as reflexões de bell hooks, Grada Kilomba, Rosane Borges e Conceição Evaristo, justamente porque elas também apresentam formas decoloniais de produção artística.

A nona tese, que é uma das mais interessantes, na minha opinião, indica que a "decolonialidade envolve um giro decolonial ativista por meio do qual o condenado emerge como um agente de mudança social. O pensamento e a criatividade não podem por si só mudar o mundo"[188]. Perceba, Teodora, o que ele diz é que para mudar o mundo, no sentido de promover um mundo embasado em justiça social, cognitiva, econômica, no qual as pessoas tenham seus direitos garantidos e condições de exercer sua subjetividade, como pensadores, artistas, comunicadores e educadores, somos chamados ir além do pensar e do criar, somos chamados à ação, desenvolvendo e colocar em prática "estratégias e esforços para efetivamente descolonizar o poder, o saber e o ser". E aqui não posso deixar de lembrar o trabalho de pessoas como a Catherine Walsh[189] que estuda as pedagogias decoloniais, como base de uma Educação que está vinculada à perspectiva da decolonialidade do poder, ser e saber.

Enfim a décima tese apresenta que a "decolonialidade é um projeto coletivo"[190], ou seja, quando uma pessoa produz uma interferência no sistema, como Vilém Flusser disse, o próprio sistema pode se desequilibrar, mas tem meios de deglutir essa interferência, podendo inclusive, humilhar a pessoa responsável por essa interferência. E embora venda o projeto de salvação meritocrática, esse projeto não aceita todos, justamente porque apenas alguns ascendem a uma condição de salvação, alimentando o processo de dominação e a colonialidade do saber, ser e poder. Neste sentido a salvação deve ser coletiva, ou não é

---

[187] MALDONADO-TORRES, Nelson, 2020, p. 48.
[188] MALDONADO-TORRES, Nelson, 2020, p. 49.
[189] WALSH, Catherine, 2013.
[190] MALDONADO-TORRES, Nelson, 2020, p. 49.

salvação, pois apenas na coletividade, ou seja, no conjunto de pessoas "que pensam, criam e agem juntos em várias formas de comunidade, que podem perturbar e desestabilizar a colonialidade do saber, poder e ser, e assim mudar o mundo."[191]. Como eu disse, os conceitos que eu trouxe nesta e na carta anterior dialogam, e mesmo que haja conflito em alguns pontos, vemos que caminham o mesmo caminho.

Teodora, entendo que ser decolonial, ou agir tendo por base a decolonialidade, ou mesmo as epistemologias do sul, não é apagar ou queimar o conhecimento, a cultura e as contribuições de pessoas que pensaram a humanidade como coparticipante de um mundo melhor, por estes – *conhecimento, cultura, contribuições* – estarem no norte. Ao longo da nossa história humana vamos encontrar diversas pessoas que, mesmo estando nos países colonizadores, pensaram decolonialmente. A experiência destas pessoas não é a mesma de pessoas que estão em países colonizados, mas também não podemos dizer que há uma experiência única como colonizados, condenados, oprimidos, excluídos. Assim, não podemos descartar saberes e ações que confluem com nossa ideia de um mundo melhor.

Bem, amanhã eu preciso acordar cedo. Vou ao Hospital Universitário de Coimbra, pois preciso fazer um procedimento médico. Apenas algo de rotina. E a Thais Vidal, minha irmã de estágio doutoral, irá comigo para me acompanhar.

Com afeto,
Mauricio

---

[191] MALDONADO-TORRES, Nelson, 2020, p. 50.

Os ninguéns, que custam menos do que a bala que os mata.

Eduardo Galeano
O livro dos abraços[192]

---
[192] GALEANO, Eduardo, 2019, p. 71.

CARTA 019

Querida Teodora

Pouco antes de entrar no avião para vir à Coimbra, recebi uma mensagem de Teresa Cunha informando que em janeiro aconteceria a Escola de Inverno Ecologias Feministas de Saberes, coordenada por ela e por um grupo de pessoas, na grande maioria mulheres, e vinculada ao Centro de Estudos Sociais da Universidade de Coimbra.

Confesso que, para mim seria uma ótima oportunidade de chegar a Coimbra e ter, no final do meu primeiro mês de estágio doutoral, a possibilidade de participar de uma escola que me ajudaria refletir um pouco mais sobre o que eu havia experienciado na Escola de Verão - Epistemologias do Sul. Como já disse Teodora – *eu me repito um pouco não é? Espero que isso não torne a leitura entendiante* - foi um processo imersivo, que me colocou em contato com conceitos e pessoas que estavam olhando para o mundo de uma maneira parecida com a minha. Eu tinha algumas interlocutoras em diferentes níveis. Imagine Teodora, passar dez dias em um espaço, compartilhando experiências com outras trinta participantes de diversas partes do Brasil e do mundo, no qual o pensamento crítico, decolonial, antirracista, antipatriarcal, eram temas correntes, sendo que cada uma de nós levava experiências em áreas de conhecimento e práticas sociais diversas, como Arte, Medicina, Psicologia, Direito, Comunicação, Educação, políticas públicas, movimentos sociais. Tudo fazia me fazia olhar para o espelho, e eu me encontrei.

Interessante dizer que o grupo que organizou a Escola de Verão está vinculado a um projeto do CES chamado ALICE[193] - Espelhos Estranhos, Lições imprevistas: Definindo para a Europa um novo modo de partilhar as experiências do Mundo. O nome do grupo faz referência à personagem do livro **Alice no país das maravilhas**, e foi ativo entre 2011 e 2016. Depois disso, foi transformado no Programa de Investigação alice-Epistemologias do Sul. Olhar para estas pessoas e me ver espelhado foi como mergulhar no espelho e descobrir mundos possí-

---

[193] Mais informações sobre o projeto ALICE e o programa de investigação alice-Epistemologias do Sul estão disponíveis em: https://alice.ces.uc.pt/ . Acesso em 02 mai. 2023

MAURICIO VIRGULINO SILVA

veis que eu apenas estava sonhando. Que eu acreditava que existiam, mas de forma longínqua.

Após a Escola de Verão - Epistemologias do Sul, eu passei alguns meses refletindo sobre aquela experiência transformadora, como John Dewey diria, e daí, confirmei o período de estágio doutoral. Eu não esperava ter essa chance de viver mais uma escola do Centro de Estudos Sociais, mas a mensagem de Teresa Cunha me encheu de alegria, e com isso eu poderia extrapolar algumas reflexões olhando para as teorias feministas.

Conversando com Teresa Cunha[194], ela me disse que a ideia da Escola de Inverno de Ecologias Feministas de Saberes era propor diversas experiências e reflexões, em diferentes linguagens, com um conjunto de atividades que permitisse criar uma comunidade de interpretação e reflexão, mas também uma comunidade de luta. Esta seria a segunda edição desta escola, sendo que na primeira, ocorrida no ano de 2019, elas já haviam colocado como objetivo apresentar que o capitalismo, o colonialismo e o patriarcado "não são a totalidade da experiência do mundo e dizer que há muitas outras formas de governarmos a nossa casa e vida"[195].

Outra inspiração para a Escola de Inverno é a afirmação de que "não há justiça social e cognitiva sem justiça sexual". Pois é, Teodora, as coisas estão todas interligadas, e se estão separadas, há interesses por trás. Como a própria Teresa Cunha diz

> [...] mas que raio tem a ver as latas de fubá podre ou de farinha boa e cheirosa e as quarenta mantas e lençóis [...] com o capitalismo, o machismo e o colonialismo? [...] é preciso prestar atenção à integralidade dos limites, às divisórias entre o público e o privado, entre o passado e presente, entre o eu e o colectivo!!! [...] Eu digo que os biombos, são coisas que foram inventadas para dissimular e esconder. Por isso as divisórias não me servem. Tudo me serve, na indisciplina da complexidade real da vida onde as misturas e as ambiguidades são as mais poderosas armas do conhecimento.[196]

Assim, buscando a relação da luta e afeto, de reflexão e ação, de diálogo com as epistemologias do sul, alimentando as ecologias de saberes, promovendo questionamentos e trocas de experiências, de so-

---

[194] ALICE CES, 2019a. Esta conversa na verdade é um vídeo publicado no canal do Youtube do projeto ALICE/CES/UC https://www.youtube.com/watch?v=ChCTn0iGrSg. Acesso em 12 jun. 2021.

[195] ALICE CES, 2019a.

[196] CUNHA, Teresa, 2018, p. 2.

frimento, mas também de emancipação, com um método solidário, pensando os cuidados como práticas transformadoras que enfrentam o colonialismo – patriarcado – capitalismo. E tudo isso, construindo uma escola de forma colaborativa com a sociedade civil, a comunidade.

O que motiva essa visão, Teodora, é o fato de que muitas vezes as pessoas que estão na Academia, em centros de pesquisa e universidades, são acusadas de estarem desconectadas do cotidiano. E, confesso, há casos que essas acusações são corretas. Por isso que ações de extensão, cursos, parcerias devem ser estimuladas entre as universidades e as comunidades, associações e movimentos sociais. Se bem que, será que depois que o mundo acabou vamos ter essas coisas funcionando? Teodora, como estão as universidades e os movimentos sociais no momento em que você lê essa carta? Espero que tenham sobrevivido a este *fim de tudo*.

Bem, o que mais me chamou a atenção quando li sobre a Escola de Ecologias Feministas de Saberes foi que o nome trazia a frase: Saberes e práticas para a Cuidadania. E não era um erro de grafia, pois Cuidadania é um neologismo que traduz esse Cuidado para Cidadania. E pensar as diferentes formas de cuidado: o autocuidado, cuidados com as outras pessoas, com a Terra, com os seres vivos[197]. Tomando o cuidado como perspectiva política e epistemológica, que não deve ser atrelado apenas à uma atividade feita por mulheres ou restrita ao âmbito privado, mas sim praticada por todas as pessoas e de interesse público.

Não pensei duas vezes em aceitar esta oportunidade Teodora. Imagine, ter a chance de aprender sobre pensamento decolonial com a perspectiva de teorias feministas, com diferentes vários pontos de vista de como podemos exercer o cuidar e estabelecer a cuidadania. E com todas as participantes empenhadas em afirmar e vivenciar o cuidado, acreditando que "cuidar é a única forma de chegarmos ao futuro e, também, vivermos o presente"[198].

Teodora, cuidar é a única forma de chegarmos ao futuro. É a única forma de termos o mundo novo, um mundo que eu e pelo menos a maioria das pessoas que eu venho trazendo à estas cartas acreditamos como mundo melhor.

---

[197] ALICE CES, 2019b
[198] ALICE CES, 2019b.

Por isso, antes de chegar na Escola de Ecologias Feministas de Saberes, me coloquei a pensar que tipo de cuidados temos. Quando cuidamos, como cuidamos.

Com afeto,
Mauricio

P.S.: Teodora, essas flores nasceram no telhado da pensão, bem à frente da minha janela. Suas raízes estão sob e sobre as telhas vermelhas, não há terra, mas mesmo assim florescem. Quanta força há nesse processo?

Quando Soraya dança
Ela mexe um caldeirão
Saudade e medo no batuque
Ela quer mandar seus demônios embora
Soraya rebola a vida
Marca os momentos
Na batida do surdo.
Quem dera fosse surda
Não escutava mais as
Dores do seu coração
Vem cá, Soraya
Sou teu parceiro
Na dança da solidão

Desilusão[199]
Domitila Gonzaga

> Quando o mundo desaba a seus pés
> Não tem problema deixar que as pessoas
> Ajudem a recolher os pedaços
> [...]
>
> - *comunidade*[200]
> Rupi Kaur

---

[199] GONZAGA, Domitila, 2018, p. 413.
[200] KAUR, Rupi, 2018, p. 97.

MAURICIO VIRGULINO SILVA

CARTA 020

Querida Teodora

Quando cheguei à Escola de Ecologia Feministas de Saberes, fazia pouco mais de mês que eu havia chegado a Coimbra. Não sabia que pouco mais de um mês depois estaria isolado e pensando, daqui da pensão, como cuidar.

E justamente no final de semana anterior à escola eu senti a neve pela primeira vez na vida, na Serra da Estrela. Não sei se já comentei em alguma carta, mas a vontade/desejo de viajar para fora do Brasil era algo muito distante da minha realidade, algo que parecia que não seria um sonho possível de ser sonhado. E acho que quase me acostumei a esta ideia. Fazer uma graduação em uma universidade como a USP já era algo a ser considerado como uma conquista, e imagine um mestrado ou doutorado! Quando eu fiz minha iniciação científica, orientado pelo Ferdinando Martins, meu trabalho que falava sobre o projeto USP Diversidade foi selecionado para ser apresentado em um evento de investigação jovem na Universidade do Porto, em Portugal. Passei seis dias no início de 2014 em Porto participando deste evento. E isso de alguma forma abriu meu horizonte. Uma fresta, talvez. E em na metade de 2019, foi a participação na Escola de Verão – Epistemologias do Sul. E nesta terceira experiência em terras portuguesas, de volta à Coimbra, chegando no inverno chuvoso e triste, passando o final do ano com poucas pessoas queridas, entre elas minha prima Ingrid e sua família que vive no Algarve, mas sentindo, sim, um pouco desta solidão. E de repente, a neve.

Aquela visão de algo que só existia em filmes, *internet*, livros ou em viagens de pessoas conhecidas. Nunca achei que estaria ali. Subindo a Serra da Estrela, em um carro com Domitila Gonzaga, Joana Rostirolla e Luiz Gracioso, parceiros desta aventura, paramos logo que avistamos a primeira porção de neve possível de ser alcançada com as mãos. E senti. E pensei em meus avós paternos que saíram de Sergipe para viver em São Paulo. Pensei na minha família materna. Pensei em tudo que as pessoas que meus antepassados viveram e não tiveram a oportunidade de experienciar. E uma das coisas era aquilo. A neve. Não era a neve por si que me emocionou. Mas chegar aonde cheguei por auxílio de todas elas. E sim, chorei ao ver a neve.

Era como se, de alguma forma, as coisas começassem a fazer sentido. Eu entendi que a experiência e o conhecimento do doutoramento estavam diretamente conectados com as outras práticas cotidianas, da minha mãe, meu pai e minha irmã, do cuscuz da minha vó Maria José no qual ela coloca uma colher de goma de tapioca para deixar com mais liga. Saberes e cuidados que me levaram até o topo da Serra da Estrela.

E minha filha, se tivermos essa oportunidade, espero fazer essa viagem contigo.

Essas vivências deveriam ser possíveis para todas as pessoas. E estes sonhos também. Não que as pessoas sejam obrigadas a ter os mesmos desejos que as outras pessoas. Nem as mesmas experiências. Mas ter a possibilidade de sonhar é algo libertador, justamente porque reduzir as possibilidades de realidades possíveis de serem imaginadas são práticas coloniais – patriarcais – capitalistas. Este é todo um sistema que traça as possibilidades de nossas vidas e diz o que podemos ou não podemos, e que sonhar além é ousar, é loucura, é ser ingênuo. Ou por outro lado, também há a narrativa de que se você se esforçar fará por merecer. Seguindo as regras estabelecidas pelo mesmo sistema capitalista - patriarcal - colonial. Tudo para jogar o jogo.

Enfim, entrei na Escola de Ecologias Feministas de Saberes. Logo de início, foi dito que enquanto pesquisadoras e cidadãs faríamos percursos pela cidade de Coimbra para contextualizar suas heranças patriarcais e capitalistas, mas também para perceber onde estão as resistências. Uma escola que nos ajuda a identificar e nos interligar com as pessoas que ao longo dos tempos resistem e criam alternativas.

A aula inaugural da Escola de Ecologias Feministas de Saberes foi com a professora Patricia McFadden, da Suazilândia, atual Essuatini. Ela se intitula uma feminista radical. Essa foi a minha primeira grande descoberta do curso. Quando a Escola se intitula de Ecologias Feministas de Saberes, no plural, apresenta que existem muitas visões do que são práticas e reflexões feministas.

Teodora, isso para você pode parecer óbvio, mas para mim isso não era. E como eu vivo em uma sociedade heteropatriarcal, pouco falamos em masculinidades. Percebe a explicação contraditória? Por viver em uma sociedade em que o masculino é a norma, não nos debruçamos sobre a construção desta norma – Teodora, você já deve ter imaginado, mas o mesmo acontece com a branquitute e heterossexualidade, entre outras normas. E, ao mesmo tempo, existe um padrão opressivo de masculinidade. E isso é confundido com o que *é* ser homem. Assim, quando homens escutam sobre feminismo, em geral compreendem que as mulheres lutam por direitos iguais e algumas outras pautas, mas não alcançam a complexidade e a importância disso. E falar em masculinidades é aceitar que existem diferentes masculinidades. E isso é transgressor, pois há toda uma forma de controle dos homens presente no projeto colonial – patriarcal - capitalista.

Pensar masculinidades é abrir espaço para a crítica deste processo e se perguntar se são possíveis masculinidades dissidentes. Ou seja, refletir sobre masculinidades é também perceber que há um padrão no qual os homens são submetidos, à construção de masculinidades tóxicas que definem o que devem ser atitudes masculinas, como disputa e a seleção do mais forte. Teodora, gosto da síntese de bell hooks, que diz: "a masculinidade patriarcal incentiva homens a serem patologicamente narcisistas, infantis e psicologicamente dependentes dos privilégios (ainda que relativos) que recebem simplesmente porque nasceram homens"[201].

E nesse sentido os homens também, seguindo o projeto imposto, assumem o posto de seres de razão, enquanto as mulheres são seres de emoção. Esta separação, além de restringir a experiência de mundo, coloca um modelo que prende e controla o que é ser homem socialmente aceito. O que dizer a Paulo Freire, ou a Orlando Fals Borda e a Patricio Guerrero Arias quando queremos quebrar as barreiras artificialmente criadas entre razão – emoção - espiritualidade, promovendo os *sentipensares*[202] e *corazonares*[203], como atitudes políticas e epistêmicas, e esbarramos nas masculinidades patriarcais?

---

[201] hooks, bell, 2020, p. 107.
[202] FALS BORDA, Orlando, 2009.
[203] GUERRERO ARIAS, Patricio, 2010.

204

Assim, estudar sobre teorias e práticas feministas me ajudam a pensar também as masculinidades que me envolvem, Teodora. Não só na expressão da minha masculinidade e na relação com as masculinidades normativas, mas também sua expressão na paternagem[205], que eu quero exercer, minha filha, ou ainda, parentalidade. Mais uma vez é me colocar diante do espelho. Quem sou eu nisso tudo? Como homem, pai, companheiro, educador. Quais padrões foram ensinados a mim e que eu tenho que reconhecer, avaliar, transformar e ressignificar?[206].

Quando Patricia McFadden se intitula feminista radical ela entende como radical a pessoa que vai à raiz. E ao compreender que o projeto colonial – patriarcal – capitalista é a base de muitos processos opressivos, ela se posiciona politicamente engajada sendo vegana, produzindo boa parte de seu alimento, se impondo contra qualquer prática opressora e ajudando na criação de espaços feministas sustentáveis. É um radicalismo do e no cotidiano. Não precisamos dizer qual visão de radicalismo, assumindo a de Patricia McFadden ou de outras práticas feministas, e

---

204 Anotação visual – Ecologias Feministas de Saberes, 2020. Do autor do livro.
205 hooks,bell, 2020.
206 BARROS, Lua, 2020.

traçar uma linha sobre qual está correta. O exercício é compreender essa pluralidade de significados e como, em cada contexto, essas visões podem ser complementar. Isso também é a ecologia de saberes.

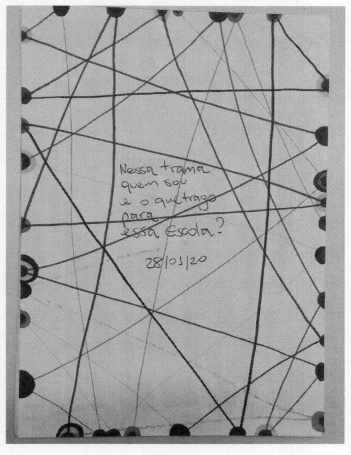

207

Como uma escola colaborativa-participativa iniciamos com a reflexão do que cada pessoa teria a oferecer para a escola, sendo um conhecimento, um afeto, um objeto, pois ao trabalharmos em grupo em uma escola como esta, é importante que todas saibam qual é a Es/Cola que nos une, como trouxeram Teresa Cunha, Sandra Silvestre e Suzana de Noronha. E eu percebi que essa busca pela cola que nos une como gru-

---

207 Anotação visual – Ecologias Feministas de Saberes, 2020. Do autor do livro.

po, como comunidade, como sociedade, foi sendo apresentada a cada tema colocado na Escola de Inverno Ecologias Feministas de Saberes.

Esta cola aconteceu pelos percursos propostos pela cidade de Coimbra, dos quais três temas principais foram levantados: a comparação colonial – anticolonial; presença do patriarcado e sexismo; e a pressão capitalista. De todo modo, mesmo que fizéssemos o percurso de um tema, outros apareciam como complementares, pois olhar para a comparação colonial-anticolonial em Coimbra.

208

Essas formas de resistência também apareciam nas falas da sindicalista Fátima, ou de Filipa Alves, da Casa da Esquina, ou mesmo de Dona Rosa, Zé João, Dona Preciosa, ambos camponeses que trabalham com agricultura biológica/orgânica, participantes de associações que buscam reduzir a opressão causada pelos grandes supermercados, garantindo também alimentos de qualidade superior a preços acessíveis, como forma de criar uma economia alternativa e sustentável. Lembrei-me da radicalidade de Patricia McFadden.

---

208 Anotação visual – Ecologias Feministas de Saberes, 2020. Do autor do livro.

209

Pensar outras formas de se organizar e pensar a economia, até mesmo questionando o conceito de crescimento, é resistir à tríade colonialismo – patriarcado – capitalismo, desde que buscando uma relação eco-socioeconômica relacional. Então construindo relações de confiança, na intimidade com a comunidade e estabelecendo melhores relações de comunicação, ou seja, um ecossistema comunicativo. Sem isso, disseram nessa conversa, não há como trabalhar em conjunto.

O enfrentamento passa pelo aprendizado, valorização de produtos locais, trabalho em comunidades e trabalhar com os outros em relações horizontais. E ser colocada a pergunta: É preciso crescer para desenvolver?

Teodora, depois da Escola de Ecologias Feministas de Saberes fui convidado pela Sandra Silvestre e pela Filipa Alves da Casa da Esquina a participar de um encontro de pequenas produtoras sobre decrescimento, me levando a refletir mais sobre processos de economia solidária. O evento **É preciso decrescer para viver melhor?**[210] organizado

---

209 Anotação visual – Ecologias Feministas de Saberes, 2020. Do autor do livro.

210 Evento É preciso decrescer para viver melhor? Informações disponíveis em: https://mingamontemor.pt/2020/02/21/e-preciso-decrescer-para-viver-melhor/. Acesso em 12 jun. 2020.

pela Cooperativa Integral Minga, Rede de Cidadania de Montemor-o--Novo e Rede para o Decrescimento (núcleo de Lisboa) foi realizado em Montemor-o-novo, Portugal, uma cidade que fica na região do Alentejo, próxima a Évora.

Pensar se é necessário crescer para se desenvolver é refletir qual o tipo de crescimento que estamos colocando em foco. Quando escutamos os anúncios dos governos dizendo que o país cresceu, em geral este crescimento é econômico. Mas a que deve servir a política, quando pensamos a organização de um país? Apenas ao crescimento econômico? Quem defende o crescimento econômico como motor de uma sociedade afirma que, com este crescimento, mais empresas se colocarão produtivas e competitivas, e, portanto, mais vagas de emprego estarão disponíveis e com isso pessoas trabalhando e recebendo salários. Embora pareça um modelo interessante, o processo de manutenção deste modelo apresenta que as pessoas que são detentoras dos meios de produção vão sempre buscar obter maiores lucros, portanto, aumentam as diferenças e desigualdades sociais. Além disso, vão reproduzindo e sustentando relações nas quais as pessoas subservientes devem continuar contidas e obedientes. Não há uma busca por equidade. Pois se todas as pessoas tiverem chances equânimes, a estrutura de poder seria constantemente ameaçada.

Refletir sobre o modelo de desenvolvimento que adotamos e promovemos também é um tema do pensamento decolonial, então, vivenciar um coletivo formado por rede-cooperativa pensando sobre esses pontos, e revertendo essa lógica opressiva, é confirmar que os saberes nascem das práticas, estando ou não em espaços universitários.

Bem, Teodora, você poderia pensar que eu devo estar mudando o foco das cartas, pois quando me perguntaram onde está meu *eu-educador*, talvez fosse necessário eu apresentar reflexões sobre Educação. Bem, as coisas estão enredadas, não estão? Minha concepção de Educação não está descolada de uma concepção de mundo, ou seja, de sociedade. E isso tem a ver diretamente com o mundo que eu quero, e que eu gostaria que você vivenciasse. O mundo vem ruindo aos poucos por conta da falta de equidade, um processo longo e cruel. E isso é resultado da violência e pode da tríade colonialismo – patriarcado – capitalismo.

Esta Escola de Inverno Ecologias Feministas de Saberes, ao entender que tudo está enredado, não coloca uma visão crítica apenas no patriarcado, na contraposição feminismo-patriarcado, mas reflete sobre o processo de maneira complexa. Então o convite à reflexão está em sobre como produzimos conhecimento, como nos organizamos, como buscamos alternativas e como podemos viver outras sociedades.

Assim, como o educador Paulo Freire, pensando nessa perspectiva da sociedade que pensa o crescimento tendo como principal parâmetro a opressão, econômica e social, e diretamente que baliza o modelo de Educação, diz que:

> seria na verdade uma atitude ingênua esperar que as classes dominantes desenvolvessem uma forma de educação que proporcionasse às classes dominadas perceber as injustiças sociais de maneira crítica.
> Uma tal constatação demonstra a impossibilidade de uma educação neutra. [...]
> É que enquanto na educação domesticadora há uma necessária dicotomia entre os que manipulam e os que são manipulados, na educação ara a libertação não há sujeitos que libertam e objetos que são libertados. Neste processo não pode haver dicotomia entre seus polos.
> Assim, o primeiro processo é, em si, prescritivo; o segundo, dialógico[211].

Em um processo libertador, não pode haver dicotomias, porque um processo libertador é feito pelo diálogo. E ser "dialógico é empenhar-se na transformação constante da realidade"[212].

Teodora, viver em um mundo no qual a falta de equidade é um projeto de dominação política e econômica, é viver em um mundo de opressão permeado por todas as áreas de conhecimento e da sociedade, da Medicina ao Direito, da Educação à Arte, das Engenharias à Filosofia, da Psicologia à Física, como acesso a direitos como Educação, Saúde, segurança, liberdade de expressão e profissão de fé. Mas é importante pensar diferente, para criticar. Imaginar. Sonhar sonhos possíveis.

Quem tem o poder, como Paulo Freire diz, também busca dominar as percepções das injustiças a que são submetidas, e, portanto, essas pessoas não podem sonhar outras vidas. Não podem sonhar chegar a uma universidade, ou mesmo ver a neve. Mas quando começamos a ler o mundo, podemos pensar o impensável. E quando a gente pensa o impensável, o impossível passa a fazer sentido, e ser possível.

Minha filha, eu preciso de um banho para retomar as energias.

---

[211] FREIRE, Paulo, 1982, p. 89.
[212] FREIRE, Paulo, 2017, p. 51.

Fico por aqui, mas prometo continuar falando sobre a Escola de Ecologias Feministas de Saberes.

Com afeto,
Mauricio

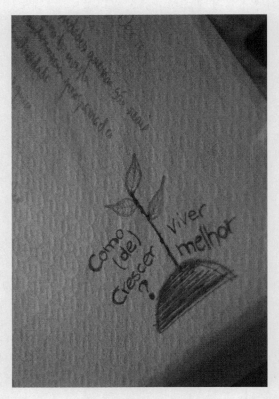

P.S.: Teodora, escrevendo sobre o evento **É preciso decrescer para viver melhor?** eu resolvi procurar algumas anotações que fiz. E esta, acima, foi feita na toalha de papel de uma mesa. A trouxe comigo para Coimbra.

CARTA 021

Teodora, o que sonhaste?

Essa pergunta, que eu te fiz algumas vezes nas cartas, aprendi com Cebaldo de Léon Inawinapi, representando do povo Kuna, que habita uma região do que conhecemos como Panamá. Cebaldo Inawinapi compartilhou conosco, na Escola de Ecologias Feministas de Saberes, como o povo Kuna se organiza em uma sociedade matriarcal, que não se separa da natureza e entende que todas suas práticas são Arte.

A forma de viver é Arte

A forma de rir é Arte

A forma de preparar a vestimenta é Arte

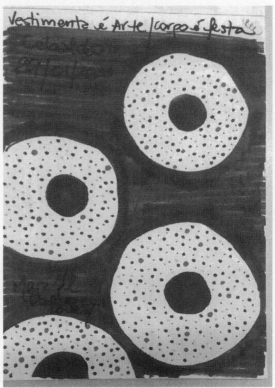

213

213 Anotação visual – Ecologias Feministas de Saberes, 2020. Do autor do livro.

Ele falou sobre a Mola, arte têxtil preparada pelas mulheres Kuna, que é importante pois traz como referência as pinturas corporais usadas pelas mulheres antes do processo de colonização espanhol. Cebaldo também citou o texto **A noite kuna**[214] de Eduardo Galeano.

Para escolher a pessoa que vai governar Kuna Ayala, o território Kula, o povo seleciona quem conhece e sabe contar e cantar a história oral da comunidade Kuna. Deve ser a pessoa mais solidária da aldeia e é a única pessoa que não pode ter privilégios. Por isso costumam dizer que os chefes são poetas. Mas que, quem governa é o povo.

E quando uma criança nasce, a placenta e o cordão umbilical são usados para adubar a terra e também plantam uma árvore. Nasce criança e nasce floresta.

E tudo acontece pela rede e na rede. Quando as pessoas acordam, não dizem, bom dia, e sim perguntam o que sonhaste? Pois não separam o sonho do sono, com o sonho sonhado. O sonho é realidade pois traz angústias, felicidades, sentimentos, e isto é compartilhado sem uma preocupação por analisar ou julgar. O sonho alimenta a rede da comunidade.

Teodora, como disse Cebaldo Inawinapi, emancipação não se faz sem imaginação, por isso, pergunto frequentemente para você o que sonhaste. E tento compartilhar alguns dos meus sonhos possíveis.

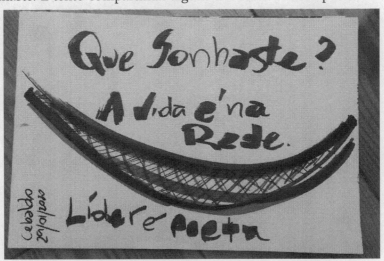

215

---

214 GALEANO, Eduardo. **Os filhos dos dias**. São Paulo: Editora L&PM, 2012, p. 73.

215 Anotação visual – Ecologias Feministas de Saberes, 2020. Do autor do livro.

Também pude conversar com Rita Serra, pesquisadora do CES/UC, bióloga e doutora em Engenharia Química e Biológica. Ela trouxe uma conexão interessante, a relação da ecologia e a importância de narrar histórias, entendendo que a ecologia está alinhada aos conceitos de diversidade/pluralidade e por si é contraditória à monocultura. Neste sentido, ela reforça a ideia de que uma ecologia de saberes é justamente essa interconexão entre todos os seres vivos e não vivos, entre os saberes e histórias, entre as formas de conhecer e agir no mundo.

Ela apontou que as ecologias são assustadoras porque partem da ideia de que o ser vivo só será vivo por uma parte curta de tempo. Ou seja, como indivíduos, somos finitos nesta conexão com a Terra. E essa percepção de finitude e a visão de uma separação do corpo natureza, previsto no projeto colonial – patriarcal – capitalista, ou mesmo em uma visão que o ser humano tem como característica e habilidade humana dominar e transformar a natureza, como afirmam o pensador René Descartes, ou ainda outro pensador Francis Bacon, que chega a equiparar a natureza e os objetos artificiais.

Essa necessidade de compreender o que não é o ser humano faz parte de uma necessidade de agir pela sobrevivência, o ser vivo pensa porque precisa analisar e interpretar os ambientes que rodeia e antecipar para agir para o futuro. Mas não só os seres humanos são seres vivos que buscam sua sobrevivência, todos os outros seres também o fazem, e não podemos deixar de considerar que seres vivos podem depredar outros seres vivos. Agora, em nossa busca como seres humanos, vamos promover uma ecologia e uma relação amistosa e de colaboração com os outros seres vivos, ou vamos degradá-los?

Teodora, uma das razões de existir uma pandemia como esta que estou vivendo é a degradação que os seres humanos, que detém o poder político-econômico-social, fazem sobre outros seres vivos, humanos e não humanos.. Quem sabe agora teremos essa oportunidade? Espero que você tenha essa oportunidade.

Rita Serra trouxe, para a Escola de Ecologias Feministas de Saberes, a ideia de que podemos pensar em ecologias inclusivas. Assim como seres que desenvolvem técnicas e tecnologias, precisamos depredar os outros seres vivos? Podemos viver em algum tipo de equilíbrio interdependente? Podemos com nosso poder transformador existir e deixar os outros seres vivos existirem?

216

Se compreendermos que o dualismo ser humano-natureza é restritor, ou seja, reduz a compreensão do que somos e tem uma função pontual que seria a de apenas compreender como nós, com nossas características específicas nos conectados com todo, com a natureza, também podemos compreender que as divisões hierárquicas entre grupos e culturas humanas não fazem sentido, pois estão interconectadas tal qual somos interconectadas à natureza. Somos parte da natureza.

Entender que grupos humanos têm delimitações próprias a partir de suas identidades comunitárias, perspectivas culturais, saberes contextualizados, cosmogonias e formas de experienciar e explicar o mundo não nos dá o poder de dizer que um é melhor que o outro. Cada grupo faz sentido dentro de sua cultura, e a busca por uma ecologia Inclusiva passa por compreender isso.

Bem, Teodora, esta carta foi mais curta que as últimas, mas percebeu que eu tenho colocado alguns desenhos junto a estas cartas? Não sou desenhista, mas arrisquei fazer alguns. Eu os fiz durante a Escola de Inverno Ecologias Feministas de Saberes, e os chamei de anotações visuais.

Com afeto,
Mauricio

---

216 Anotação visual – Ecologias Feministas de Saberes, 2020. Do autor do livro.

Teodora

Às vezes a gente se perde da nossa caminhada
Mas lembrei, escrevendo a carta anterior, desta música que escutei em um momento em que encontrei alimento para meus passos.
Escute a Flávia Wenceslau entoando Canção da Esperança[217]

> Oh, Esperança
> És para sempre, sempre viva
> Te ofereço a minha casa pra morar
> Nos meus sentidos
> Quero ter os teus conselhos
> Na minha voz
> Eu quero sempre ir te encontrar

---

[217] WENCESLAU, Flavia. **Canção da Esperança**. Quase primavera. 2007. Música disponível em https://youtu.be/WgqzaggjLJM. Acesso em 02 mai. 2023.

CARTA 022

Querida Teodora

Passei alguns dias longe. E tenho dois motivos.

O primeiro: ao descer as escadas da pensão, no armário antigo situado à direita, quase perfeitamente embutido no desenho formado pela parede curta entre dois pilares, e que na parte fechada tem algumas toalhas e outros objetos da casa, e por cima tem livros deixados por antigas moradoras, encontrei a obra Parábola do Cágado Velho, do escritor Pepetela.

A capa me chamou a atenção por apresentar um cágado virado – *você sabe o que é um cágado, minha filha? É um tipo de tartaruga, mas diferente* – , com a parte arredondada do casco voltado para o solo, com suas patas para cima. O casco tem um desenho curioso, porque se assemelha à metade do globo terrestre, com continentes e oceanos. Ao lado desse cágado, em tamanho desproporcional, como se fosse um cágado gigante, está uma pessoa negra vestida de roupas azul-céu claro e vermelho-terra. Aparenta que a pessoa faz, sozinha, esforço de desvirar o mundo, que está de pernas para o ar. Teodora, eu acho esse um detalhe forte e simbólico, uma ilustração que traz uma pessoa negra desvirando sozinha a metade do globo terrestre.

Peguei o livro de casco e capa dura[218], e me sentei no degrau à frente da porta que leva àquela parte lateral que às vezes faço alongamentos e tomo um pouco de sol. O livro começa com uma invocação, curta e questionadora:

> Até hoje os homens, parados, atônitos, estão à espera de Suku-Nzambi. Aprenderão um dia a viver? Ou aquilo que vão fazendo, gerar filhos e mais filhos. Produzir comida para outros, se matarem por desígnios insondáveis, sempre à espera da palavra salvadora de Suku-Nzambi, aquilo mesmo é vida?[219]

A invocação de Pepetela me remeteu ao que tenho escrito a você, pois será que vamos, como humanidade, aprender a viver, sem explo-

---

[218] A edição de Parábola do Cágado Velho, que tem a capa descrita é do Círculo de Leitores de Portugal, mas a edição que tenho acesso, para fazer a referência aqui é brasileira. Como o livro ficou na pensão, não consegui recuperar as informações para realizar a citação da edição a que me refiri.

[219] PEPETELA, 1997, p. 9.

rar e ser explorados, esperando uma salvação externa a nós? O que podemos fazer? E como podemos fazer?

Passei alguns dias com o livro. Teodora, eu não consigo ler rapidamente e às vezes me sentia culpado por isso, ao me comparar com as pessoas que liam imensos livros em horas. Mas entendi que eu tenho o meu tempo.

Terminei o livro e, puxei uma conversa com Ana Carol Oliveira, uma amiga que participou da Escola de Inverno Ecologias Feminista de Saberes, porque li um trecho de Pepetela que ela compartilhou em uma rede social digital. Ela me recomendou outro livro, chamado **O quase fim do mundo**[220]. Neste livro, Pepetela apresenta a história de um médico que vive em algum ponto da África, e que vê um grande clarão no céu e que, após isso, quase a vida na Terra acaba, sobrando apenas algumas pessoas, animais e plantas. As pessoas que sobrevivem, precisam dar início ao renascimento da humanidade, na África. O trecho que ela compartilhou foi este:

> Chamo-me Simba Ukolo, sou africano, e sobrevivi ao fim do mundo. Se o fim do mundo quer dizer o aniquilamento absoluto da humanidade, haverá algum exagero na afirmação, pois escapou alguém, eu, Simba Ukolo, na ocorrência. [...] o fim do mundo é um tema para ser tratado com delicadeza, prudência, reverente temor mesmo, pois implicou o óbito, ou melhor, o desaparecimento de quase todos os seres vivos. [...] Se trata mesmo de desaparecimento, sumiço, eclipse, pois na realidade não sobrou nada deles [...][221]

A nuvem pandêmica também trouxe isso, Teodora: o apagamento. Muitas pessoas nem puderam ter respeitados seus rituais fúnebres. É algo como se um dia ali estivessem, no outro não mais.

De toda forma, fiquei com vontade em ler este livro, pois sinto que pode ter algo em comum com o momento que vivo. Mas como as bibliotecas estão fechadas, não sei quando poderei lê-lo.

O segundo motivo, pelo qual fiquei distante algum tempo, foi porque eu queria pensar um pouco mais sobre os assuntos que eu estava juntado. Este meu desejo de mostrar a você as bases do que entendo como necessárias para criar um mundo melhor após o fim do mundo em que eu vivia, após a chegada da nuvem pandêmica provocada pela falta de equidade, pelo desejo de poder que, para manter o *status quo*,

---

[220] PEPETELA. **O quase fim do mundo**. São Paulo: Editora Kapulana, 2019.
[221] PEPETELA, 2019, p. 9.

oprime, destrói, desumaniza, separa, extingue, é apresentar quais são as bases que formam o meu *eu-educador*.

Em uma das cartas anteriores, comentei que sou uma confluência, um arte/educador E educomunicador, pois senti, com o meu corpo todo, que a Abordagem Triangular do Ensino das Artes e Culturas Visuais e a Educomunicação mais que se inter-relacionam, confluem em mim. E esta confluência acontece pelos afluentes que inspiram e compõem os dois paradigmas e suas margens, mas que foram recebendo novas afluências, inspirações que alimentaram e fizeram da confluência que ocorre em mim, no meu corpo e nas minhas práticas, algo mais denso, caudaloso e com uma necessidade ainda maior de ir em direção ao mar. Teodora, será que estas afluências vão ressoar em você também?

Pensando bem, falei de ser arte/educador e educomunicador há muitos dias, e também das experiências e afluências, mas na verdade não sei bem há quantos.

Perdemos a referência da passagem do tempo, de tanto tempo que estamos isolados, esperando a nuvem passar. Alguém comentou que foi dia de São João. Eu havia me planejado para passar o dia de São João participando das festividades da cidade do Porto. Eu adoro Porto. Mas as festividades não aconteceram. E sem estas celebrações vamos renascer como humanidade? Dizem que as festas de São João têm origem em festas, ditas, pagãs, de comemoração do solstício de verão, renascimento da natureza após o inverno rigoroso, e a época de colheitas, ou seja, abundância.

Bem, do que posso observar, Teodora, mesmo perdendo a conta da passagem dos dias, as árvores e flores têm estado mais cheias e vivas. O tempo não está mais tão chuvoso. Ainda saio da pensão em momentos raros, e os encontros continuam distanciados pelo medo de contaminação. Ah, os abraços! Que saudade desta forma de afeto que nos faz receber e ser recebido. Cuidar e ser cuidado. Como é bom podermos nos entregar ao cuidado dos outros e como é bom poder cuidar também.

Esse tempo longe das cartas me possibilitou a preparação para chegar a esta, que entendo como mais uma importante afluência, e que, de alguma forma tem muito das outras afluências, como também outras coisas que eu te escrevi, músicas, fotos que enviei, ou coloquei na caixa – *ainda não sei dizer se o serviço de correios vai poder levar as cartas para você. Talvez se eu e* você fôssemos Alberto Knox e Sofia Amundsen do livro **O mundo de Sofia**[222] eu poderia deixar as cartas e outros pacotes na caixa de correio da sua casa.

Cheguei, enfim, à carta que reflito sobre o termo cuidadania. Eu conheci essa palavra na Escola de Inverno Ecologias Feministas de Saberes. E quando fiz inscrição para a escola, já sabia que o tema do cuidado era um tema importante, considerando que seu título, Escola de Inverno Ecologias Feministas de Saberes II – Saberes e Práticas para a C[u]idadania, bem como a descrição, que eu comentei na carta anterior, já trazia o cuidado como elemento essencial.

Pouco antes de viajar, Christina Rizzi me apresentou a Leonardo Boff – *já comentei sobre isso não foi? Acho que sim* – então, quando comentei sobre cuidadania, Christina Rizzi disse que Leonardo Boff, também pensava sobre a questão do cuidado e cidadania. Quando pensamos em cuidar, pensamos em diferentes entendimentos da palavra cuidado. E Leonardo Boff[223] diz que além de ter atenção, ou de lutar pela sobrevivência, o cuidado é o que nos torna humanos, pois o cuidado é o *ethos* do humano, ou seja, o modo de ser humano. O cuidado é uma atitude que rege ações humanas, e que faz com que os verbos ocupar, preocupar, responsabilizar e envolver sejam guias de nossas ações.

Nos ocupamos das pessoas, e dos seres, nos preocupamos com as vidas e com o bem-estar, nos responsabilizamos para que haja condições de vida e desenvolvimento sustentável de um todo que está interconectado. Fazemos a separação apenas didática de humanos e natureza, pois somos parte desta natureza. Construímos a nós mesmas a partir e no meio ambiente que estamos inseridos, pois não há desconexão. A rede de cuidado existe em diferentes âmbitos, ou seja, somos cuidados quando somos bebês e vamos nos tornando hábeis em cuidar também.

Mas há diversos pensamentos que vão contra esses processos de cuidado, como as derivações da visão cartesiana, que coloca a natureza como extensão e subserviente aos desejos humanos, já que os seres humanos são os seres pensantes e a podem explorar e dominar. O mesmo acontece com visões de mundo baseadas em disputas, que quebram a visão de interdependência privilegiando uma visão opressora, colonialista e capitalista, e que neste sentido, entendem que algumas culturas, saberes e formas de viver estão fora do padrão aceitável e, por isso, podem ser caladas e

---

[222] GAARDER, Jostein. **O mundo de Sofia**. Tradução: João Azenha Jr. São Paulo: Companhia das Letras, 2010.

[223] BOFF, Leonardo, 2012.

exterminadas. Estas visões e pensamentos deslegitimam a humanidade de grupos de pessoas, diminuem a importância da natureza, e reduzem seres humanos e não humanos a meros objetos. Estas visões rompem com a ideia de que nosso modo de ser humano é fundamentada pelo cuidado.

Leonardo Boff[224] também diz que a construção da realidade humana é dividida em dois modos de ser no mundo: trabalho e cuidado. Pelo trabalho, interagimos e intervimos no mundo, e, por isso, desenvolvemos técnicas e tecnologias, e construímos coisas, que são necessidades para o modo de ser humano. E o cuidado, nos religa à natureza, por isso não vemos separação ser humano – natureza, e não a vemos como objeto. Assim, estabelecemos uma relação sujeito-sujeito com ela, pois sabemos que, ao cuidar, que a natureza é viva e que fazemos parte desta vida. Ou seja, com o nosso modo de ser, trabalho e cuidado, equilibrados, estabelecemos uma convivência com a natureza.

Para cuidar, precisamos conhecer, ter intimidade, perceber os ritmos e estar em sintonia com todos os seres envolvidos. O que acontece é que no modelo de mundo em que eu vivo não há esse equilíbrio entre o modo de ser, trabalho e o modo de ser cuidado, indicados por Leonardo Boff.

Mas Teodora, contrariando minha frase anterior, mesmo que não seja o equilíbrio como um todo, existem muitas comunidades e grupos de pessoas que vivem e buscam estabelecer relações de equilíbrio entre o trabalho e o cuidado. Mas infelizmente esse não é o modelo hegemônico.

O modelo hegemônico é um modelo produtivista, com visão de acúmulo de poder econômico, e que enxerga que cada pessoa é uma força de trabalho a ser explorada e que a natureza, separada do ser humano, é um recurso a ser, também, explorado. Neste contexto, não há espaço para o cuidar.

E por isso, Leonardo Boff acredita que sentir, perceber, ter compaixão com todos os seres, deveriam ser qualidades essenciais ao conceito de cidadania.

O problema, Teodora, é que se eu disser isso hoje, em qualquer espaço fora de um grupo que seja sensível a essa percepção de importância do cuidado, vou passar apenas por um sonhador desvinculado da realidade. Imagino o que as pessoas deverão pensar se lerem em um livro que devemos entender que uma qualidade de cidadania seria perceber e cuidar das outras pessoas e dos seres da natureza?

---

224 BOFF, Leonardo, 2012.

Pois sim, não se faz essas reflexões sem pensar em atitudes. E foi por isso que eu também comecei a te escrever. E disse que queria registrar em cartas o meu desejo de um mundo melhor no qual eu quero que você viva. Leonardo Boff entende o cuidado como atitude. Da mesma forma que bell hooks entente amor como ação, como verbo[225]. É um saber cuidar na ação cotidiana. E para isso dar certo, é preciso que nos lembremos desse nosso modo de ser humano.

Leonardo Boff diz que precisamos ter cuidado com o nosso planeta, no âmbito global; cuidado com nosso nicho ecológico, no âmbito local; cuidado com a sociedade sustentável; cuidado com o outro, pois, como ele afirma é na relação com a outra pessoa que desenvolvemos o eu, "o tu é parteiro do eu"[226]; cuidado com os pobres, oprimidos e excluídos, se posicionando contra a política de perenidade de ações assistencialistas, ou seja, em um primeiro momento as ações assistencialistas são bem-vindas, pois atende uma necessidade urgente, especialmente em países com tanta desigualdade, mas sua perenidade versa pela falta de garantia de condições para que as pessoas tenham seus direitos garantidos; cuidados com o nosso corpo; cuidado com a cura integral do ser humano.

Bem, se pensarmos que o descuido é uma atitude contra o que nos define como humanos, nos resta retomar atitudes que nos devolva a nossa humanidade e nisso volto à ideia de valorizar como aspecto de cidadania o cuidado com os outros seres.

Ainda, pensando sobre o que é a cidadania, Ailton Krenak (2019), e mais uma vez eu vou trazendo a conexão existente nas ideias dessas pessoas que te apresento, Teodora, diz que um dos problemas do conceito de cidadania é que, até então, foi atrelada a uma sociedade que tem como elemento central o consumo. Ou seja, precisamos pensar qual a diferença entre ser cidadão e ser consumidor. Quando transformamos as experiências do viver em produtos homogêneos, em uma colonialidade da experiência, o consumo toma o lugar do que é a cidadania. E para Ailton Krenak, ser consumidor é mais agradável e fácil que ser cidadão, pois consumidores são paparicados, enquanto cidadãos não.

> Então para que ser cidadão? Para que ter cidadania, alteridade, estar no mundo de maneira crítica e consciente, se você pode ser consumidor? Essa

---

225 hooks, bell, 2020. Tudo sobre o amor: novas perspectivas. São Paulo: Elefante, 2020.

226 BOFF, Leonardo, 2012, p. 139.

ideia dispensa a experiência de viver numa terra cheia de sentido, numa plataforma para diferentes cosmovisões[227].

Teodora, foram com essas ideias de pensar a relação sobre o cuidado e a cidadania que cheguei à Escola de Inverno de Ecologias Feministas de Saberes - Saberes e Práticas para a C[u]idadania. Pensar processos de reflexão sobre o cuidado como algo que não seja apenas um trabalho/atividade não remunerado intrinsecamente realizado por mulheres, mas uma atitude, de horizonte político, de todas as pessoas em relação umas às outras, aos outros seres da natureza não humanos e ao planeta como um todo. Trata-se, portanto, de um processo completo de saber cuidar, buscando alternativas de pensar sobre processos econômicos, políticos, sociais, de compartilhamento e construção de saberes, tendo como foco central a busca pelos conhecimentos das necessidades de cada grupo, dentro de contexto e culturas, e ainda por meio respeitados sem haver uma disputa por poder político ou econômico, e situações de violência e opressão que subjugam alguns grupos a outros.

De toda forma, Teodora, separar cuidado e trabalho pode ser apenas uma visão masculina, não acha? Teresa Cunha bem que diria isso. Pois as mulheres têm a experiência do cuidado e o trabalho, muitas vezes, amalgamados.

E tenho que dizer, eu vivo em um mundo no qual o cuidado é desvalorizado, porque o cuidar é ligado apenas à ação das mulheres. E se temos uma sociedade patriarcal, capitalista e colonialista, pensar no cuidado como trabalho reprodutivo (de reprodução) é ao mesmo tempo diminuir a importância do ato de cuidar e desvalorizar quem o faz. Uma mulher que cuida, não faz mais que sua obrigação natural. Homens que cuidam são mal vistos socialmente, ou tido como fracassados na sua masculinidade natural. Pessoas que trabalham em profissões de cuidar, também são minoradas.

Cuidar de nós mesmos, dos outros, da terra, da Terra, buscando uma atenção profunda, observando os tempos da natureza, e privilegiando uma vida plena, vida que vale a pena ser vivida.

O cuidado, é político, é quando nos sentimos responsáveis por todas, pessoas, animais, natureza. É interdependência e ecodependência.

Teodora, em geral não falamos da complexidade do cuidado e do autocuidado. Cuidar de si mesmo faz parte do processo do cuidado com o todo. Neste sentido, temos o âmbito do cuidado pessoal, individual, que passa por ações de autoapaziguamento e cuidado. Creia,

---

[227] KRENAK, Ailton, 2019, p. 24-25.

nestes tempos de pandemia, estes parâmetros são muito importantes, pois quando toco meu violão, e talvez você me escutará um dia e descobrirá que eu sei tocar apenas umas cinco músicas, é uma ação de autoapaziguamento - *aprendi isso com a Carmo, em um dos encontros da Escola de Inverno Ecologias Feministas de Saberes* – pois o violão me transporta para um lugar no qual eu consigo alguns minutos de paz comigo mesmo. Já estabelecer uma alimentação mais saudável – e digo que por conta do fim do mundo eu decidi ter uma dieta vegetariana e mais saudável – é autocuidado. Bem, na verdade essa divisão é algo para compreendermos que estas dimensões existem, pois ações de autoapaziguamento também levam a autocuidado, pois estão imbricadas.

Temos também a dimensão do autocuidado coletivo, ou seja, dos coletivos que a que estamos vinculados. A busca por estabelecer, alimentar e cuidar das redes, de cultura, alimentação, econômicas, serviços é um autocuidado também. Teodora, tudo bem se você discordar nesta minha ideia, pois soa como, se cuidados do nosso meio ambiente, cuidamos também de nós indiretamente. Pois é, soa o mesmo. O que está por trás dessa ideia é que só estamos profunda e verdadeiramente bem na nossa singularidade, caso tenhamos a saúde coletiva preservada.

Caso contrário, tudo vira produto, como disse Krenak, e o próprio autocuidado vira produto a ser vendido, a saúde é comercializada nas estantes das farmácias e mercados. E quando pensamos no cuidado pessoal na perspectiva individualista, não nos importamos com o restante. Por isso eu quis frisar que estou falando da perspectiva coletivista de um autocuidado, o cuido de mim para cuidar dos outros, cuido dos outros para cuidar de mim, sem haver uma troca de interesses individualistas, pela ideia instrumentalizadora do capitalismo de que tudo se faz por interesse, e sim um interesse do coletivo estar saudável. Teodora, é um erro pensar que o cuidado se restringe ao espaço doméstico.

E ao ouvir Teresa Cunha, percebi ainda mais isso. Ela me falou sobre o xitique, que, grosso modo, é uma prática comum em Moçambique, na qual em geral mulheres poupam em grupo, e que tem combinados para que cada pessoao do grupo possa receber o montante acumulado com uma ordem estabelecida anteriormente. E que este processo é mais que poupar, pois envolve confiança, coesão, responsabilidade, como também "um momento celebratório quase ritual para que cada uma dessas passagens de recursos seja um acto colectivo de reforço mútuo"[228].

---

[228] CUNHA, Teresa. 2011, p. 85.

O xitique integra, apoia, inclui e tem processos de ética e responsabilidade a serem seguidos. Assim é uma ação complexa que não está apenas no eixo econômico, pois atua como processo de intervenção social, comunitário, educativo e simbólico.

Teresa Cunha[229] sobre práticas como o xitique, também diz que:

> A dignidade humana proclamada através destas práticas anuncia que a justiça não é apenas uma redistribuição equitativa de recursos econômicos mas também dos bens mentais, espirituais, e a possibilidade de estabilizar expectativas relativamente ao futuro.

Assim entendo o xitique como o cuidado em rede. Exemplos de cuidados com a rede que podemos trazer aqui estão a Winnieteca[230], criado por Winnie Bueno, e que faz a intermediação de pessoas negras que precisam de livros com pessoas que querem doar livros. Ou as redes de troca de tempo, nas quais as pessoas indicam que precisam de algum serviço como aprender a tocar violão ou alguém que troque uma torneira. Assim, pessoas se oferecem a fazer esses serviços e vão sendo acumulados créditos para que serviços como esses sejam trocados. Esse acúmulo é algo como uma moeda social, mas voltada para serviços e não para venda/compra de produtos de produtos, embora as comunidades que fazem uso, dentro do seu coletivo, podem desenvolver outras formas de estabelecer essas trocas de valores. Outros exemplos são algumas organizações de estabelecimento de redes de cuidado e proteção, como a organização feminista Tamo Juntas[231], composta por mulheres profissionais que atuam voluntariamente na assistência multidisciplinar a mulheres em situação de violência, ou a Rede Angoleira de Mulheres[232], uma organização internacional de mulheres capoeristas. Outras redes são compostas por múltiplas associações, como a Rede Nacional de Combate a Desinformação (RNCD)[233], que luta contra a construção

---

[229] CUNHA, Teresa. 2011, p. 94.

[230] Mais informações sobre a Winnieteca disponíveis em https://www.geledes.org.br/tag/winnieteca/. Acesso em 12 jun. 2021.

[231] Mais informações sobre a organização Tamo Juntas, disponíveis em https://tamojuntas.org.br/. Acesso em 02 jun. 2021.

[232] Mais informaçães sobre a Rede Angoleira, disponíveis em http://rncd.org/pesquisa-discute-as-experiencias-de-mulheres-na-capoeira-no-para/. Acesso em 02 jun. 2021.

[233] Mais informaçães sobre a Rede Nacional de Combate a Desinformação, disponíveis em http://rncd.org/sobre/. Acesso em. 02 jun. 2021.

de narrativas desinformadas em diversos campos, como a saúde e política. Tudo isso é tão importante, Teodora, porque nestes tempos pandêmicos, pouco antes do fim do mundo – e depois também – temos outra pandemia das chamadas *fake news*, que na verdade deixam de ser notícias falsas para ser mentiras, e por isso o nome de desinformação. A desinformação também é uma forma de controlar as pessoas para poder comandar, ou seja, desinformar é também um inimigo do cuidado.

Redes identitárias ativistas, e Redes de produtores rurais, como associações de camponeses e movimentos como o dos Sem Terra, entre outros também são redes de cuidado. Outras redes de cuidado são redes de afeto e de proteção que podemos construir com pessoas amigas nossas e pessoas próximas, moradoras do bairro ou cidade.

234

234 Anotação visual – Ecologias Feministas de Saberes, 2020. Do autor do livro.

Bem, Teodora, o cuidar como dimensão política me pareceu quase suficiente para entender o conceito de cuidadania, que nomeou a Escola de Ecologias Feministas de Saberes – Saberes e Práticas para a C[u]idadania. O cuidado para a cidadania, cuidado como atitude cidadã, cuidado como centro das ações das sociedades humanas. Cuidar como forma de alimentar o amor – lembra da conversa do Leonardo Boff com o Humberto Maturana e das falas de Paulo Freire? Confesso que para entender e contar a você um pouco mais sobre esse termo apaixonante, precisei estudar mais sobre o conceito de Cuidadania, e recebi algumas indicações na escola. Por isso, li o artigo *Hacía un derecho universal de cuidadanía (sí, de cuidadanía)*[235] de Carolina Junco, Amaia Péres Orozco e Sira Del Río. E assisti a uma palestra *Ecología de los saberes y cuidados*[236] com a professora Denise Najmanovich.

Nos dois encontros eu escutei a mesma informação. O termo cuidadania, como uma palavra, aconteceu por um erro, mas um daqueles erros que nos abrem uma porta para entendimentos. E o que é um erro Teodora? Um erro parte da ideia de que temos uma coisa certa a ser produzida. E isso muitas vezes é algo produzido em uma convenção social. E nem todo resultado esperado e aceito socialmente, que indica o que é o certo, é certo. E, por isso, nem tudo o que é errado, é errado. Erros podem ser oportunidades de ver as coisas de outros modos. Ou mesmo de compreender que há outros modos de fazer. Obviamente algumas convenções sociais nos ajudam a comunicar, a nos construir como comunidade.

Justamente na inauguração de um centro comunitário, como o *Centro Vecinal de Pumajero – Asociación Casa Del Pumarejo*, na cidade de Sevilha, na Espanha, uma placa trazia um equívoco

> *El día 8 de Mayo quedó inaugurado este centro vecinal teniendo el poderío las vecinas y vecinos del barrio de Pumarejo para uso y disfrute de la Cuidadanía*[237].

A placa dizia que o Centro *Vecinal de Pumarejo* é um espaço para que os vizinhos e vizinhas o usem e desfrutem da cidadania. Mas cidada-

---

[235] JUNCO, Carolina; PÉREZ OROZCO, Amaia y RÍO, Sira Del. Hacía un derecho universal de cuidadanía (sí, de cuidadanía). **Libre Pensamiento**, n. 51, 2006, p. 44-49. Disponível em https://www.librepensamiento.org/wp-content/uploads/2006/05/LP-051.pdf. Acesso em 11 jun.2021

[236] NAJMANOVICH, Denise. **Cuidadania - Ecología de los saberes y cuidados.** Conferência. Disponível em https://youtu.be/u9YSSmGTmEQ, Acesso em 06 jun. 2021

[237] JUNCO, Carolina; PÉREZ OROZCO, Amaia; RÍO, Sira Del, 2006, p. 45.

nia, na língua espanhola é escrita CIUDADANÍA. Ao trocar o IU por UI, foi criado um neologismo que trazia o cuidar como elemento radical para a cidadania.

A partir desta transformação da CIUdadanía para a CUIdadanía, as pessoas que já pensavam processos de economia alternativa, relações horizontalizadas e comunitárias, buscaram estabelecer definições para esse processo atrelado de teoria e prática, a práxis cuidadã. Para elas a cuidadania é um processo aberto, de construção coletiva que programa a realidade cotidiana e política em torno das necessidades das pessoas e que põe como central as ações de cuidado da vida como responsabilidade social e coletiva[238].

Essa troca de cidadania para cuidadania se torna um posicionamento político, pois historicamente a pessoa que é cidadã é a pessoa que tem direitos garantidos, e é reconhecida pela sociedade. Pessoas cidadãs são pessoas que podem opinar, participar ativamente da sociedade. O problema é consideramos que existem pessoas que não são cidadãs, como pessoas escravizadas ou refugiadas, ou outros grupos que são invisibilizados e tem seus direitos negados, tidas como sub-humanas ou mesmo "populações descartáveis"[239].

Pensar a virada da cidadania para a cuidadania como ideia de construção social é entrar em um processo de luta pelos direitos de todas as pessoas. Um amor e luta freiriano, no qual o ser coletivo e comunitário é alimentado por todas as pessoas. É uma sociedade que retira do foco o individualismo, a competição, a meritocracia.

Assim, mais uma vez refletindo sobre a tríade capitalismo – patriarcado – colonialismo, a noção de cidadania pode ser utilizada como justificativa e incentivo para violações de direitos humanos, exclusões e opressões. Assim, essa virada apresenta uma definição do tipo de pessoas e do tipo de sociedade que podemos ser.

Assim a cuidadania desvincula o cuidado como trabalho não-remunerado feito essencialmente por mulheres, no espaço privado, para considerar o cuidado como atividade de todas as pessoas, no espaço público que influencia o privado. Assim, relações econômicas, sociais, educativas etc. são todas em prol de um cuidado coletivo.

---

[238] JUNCO, Carolina; PÉREZ OROZCO, Amaia; RÍO, Sira Del, 2006.
[239] SANTOS, Boaventura de Souza, 2018a, p. 271.

Pensar em uma economia solidária, como Dona Rosa, Zé e Dona Preciosa, e como também o grupo da Minga, que promoveu o encontro para pensar o decrescimento, como tantas outras experiências que temos no mundo é pensar o cuidado. Pensar uma escola parceira do bairro, da associação de moradores e centros comunitários, que atue em prol das necessidades, combatendo problemas locais e buscando direitos. Os processos que envolvem essa cidadania cuidadã só podem acontecer se todas as pessoas tiverem seus direitos garantidos, acabando com processos de invisibilização e opressão.

Obviamente vivo em um mundo de essência capitalista, então, buscar viradas é provocar mudanças graduais no todo. Não é porque entendemos que o sistema é forte, que não podemos pensar diferente.

Teodora, temos o compromisso de cuidar e o direito de sermos cuidados.

Bem, só à título de curiosidade, para entender um pouco mais do bairro onde nasceu o termo cuidadania, indico que você assista a um vídeo[240] produzido pelos moradores de Pumarejo. Mas como não sei se a *internet*, que é nossa rede de computadores, existirá até você ler as cartas, vou falar um pouco sobre algumas ações que o bairro cuidadano de Pumarejo[241] tem realizado.

Um dos pontos mais importantes para as pessoas de Pumarejo é o intercâmbio cultural, que, para mim, se alinha também à Ecologia de Saberes. Nesse bairro, a comunidade assumiu o *Colegio Huerta* de Santa Marina, que é uma escola que tem como princípio propor experiências interdisciplinares, como, por exemplo, apresentar às crianças maneiras diferentes de ver e fazer economia, pensar a ocupação do espaço público, a partir da brincadeira e de intercâmbios. John Dewey e Herbert Read, importantes para a Abordagem Triangular do Ensino das Artes e Culturas Visuais, ou mesmo Celestin Freinet, também pensavam coisas parecidas, pois então, veja como tudo está conectado! A Arte/Educação acontecendo lá, em um bairro de uma cidade da Catalunha. As conexões são mesmo encantadoras. Posso citar como exemplo também a portuguesa Escola da Ponte, ou as escolas municipais de ensino fundamental de São Paulo, EMEF Campos Salles em Heliópolis, e EMEF Desembargador Amorim Lima, no Butantã, também têm ações parecidas.

---

240 Moneda Social Puma, 2017. Vídeo sobre o *Barrio Cuidadano*. Disponível em https://youtu.be/ytPwknuRE1Y. Acesso em 15 jun. 2021

241 La Casa Grande Del Pumarejo, 2020.

O Colegio Huerta de Santa Marina, é um colégio horta porque também se preocupa em ensinar as crianças a plantar para a perceber os tempos, que não se trata da instantaneidade e, sim, dos tempos do mundo. Ter o tempo do silêncio. Isso me faz lembrar dos trabalhos de Emicida, o podcast **Prisma**[242], e o documentário **É tudo é pra ontem**[243]. Nesses trabalhos, Emicida diz que plantar nos faz entender que o tempo da natureza é nosso tempo. Estamos conectados a tudo isso, porque somos tudo isso, mas há um sentimento artificial que nos faz correr contra o tempo, produzindo cada vez mais e com isso deixando de lado a percepção e o cuidado. A experiência se enfraquece pois estamos sobrecarregados. E os inimigos da experiência são muitos, se lembramos do que nos diz Jorge Larrosa, Byung-Chul Han e John Dewey.

O excesso de informação, de coisas a fazer, as superficialidades, o não aprofundamento, o produtivismo, o tarefismo. Tudo isso diminui a qualidade da experiência como seres humanos. O contrário disso é acompanhar uma flor com o botão crescendo, cada pétala abrindo. O feijão brotando no algodão. Acompanhar os tempos de uma criança que nasce e vai aprendendo, experienciando. Observar a vida cultivando a horta é perceber que é possível viver em outras velocidades.

Outro espaço de Pumarejo é a Casa Grande, um espaço de convivência, produção artística e aulas, que prima pela diversidade visões, mas com o objetivo de produzir articulações, de se complementar e se transformar em algo novo, Na Casa Grande está o *Centro Vecinal de Pumarejo* local que ao ser inaugurado foi responsável pela criação da palavra cuidadania.

A vizinhança de Pumarejo reúne-se no *Centro Vecinal* e debate como proceder com a organização política e econômica do bairro, sempre com a perspectiva de cuidar das pessoas, com a manutenção de uma rede de confiança que busca soberania econômica, para que as pessoas se conheçam e se desenvolvam conjuntamente, satisfazendo a maior parte de suas necessidades com comunidade do bairro.

Nesse bairro, as pessoas podem ganhar o seu dinheiro comunitário, a moeda social Puma, e trocar saberes e conhecimentos. Há diversos outros exemplos de moedas sociais. Algumas notícias indicam que só

---

[242] EMICIDA, 2020a.
[243] EMICIDA, 2020b.

no Brasil[244] há 117 moedas sociais[245] que tem a perspectiva de desenvolvimento de economia solidária[246].

Veja, minha filha, pessoas com uma diversidade de visões e experiências, pensando e agindo comunitariamente dão forma ao bairro. Pois o bairro é formado pelas pessoas que vivem nele. Porque o bairro pode ser uma verdadeira comunidade. *"Tudo que nóiz tem é nóiz!"*[247]

Teodora, fiquei com vontade de conhecer Pumarejo. A Cris Atom, é de Sevilha e havia me convidado para passar alguns dias lá. Pensei em aproveitar esta possibilidade e passar por Huelva, pois sua universidade tem um curso de *Máster de Educomunicación* e depois seguir para Madrid para encontrar Carlos Barradas e a Sattva Orasi, duas pessoas muito queridas que vivem por lá. Mas a nuvem pandêmica não permitiu.

Por fim, a cuidadania parte de estabelecer a cultura do cuidado para desenvolver processos de cidadania inclusiva, sustentável e comunitária. Neste sentido, cuidar é uma ação coletiva e faz parte de um projeto de sociedade, no qual todas cuidam, seja das pessoas, do meio ambiente, dos outros seres vivos. O cuidado se dá também pelo cuidado das relações, do sentido de ser comunidade, com a manutenção das redes e uma ecologia de saberes e subjetividades.

Cada pessoa é sujeito que cuida e é cuidado. Há espaço para as discordâncias, mas estes pontos divergentes são abordados com uma busca e exercício de um cuidado, pois há objetivo que rege.

Reconhecimento dos diferentes modos de viver, com as pessoas fazendo sentido por si e sua comunidade. Com sentido de complementaridade de não hierarquia opressora. Em busca de constante garantia e acesso de direitos. Para a cuidadania acontecer é necessário pensar a partir de ações de equidade, obviamente tendo no centro um olhar e reflexão interseccional.

Teodora, em resumo, cuidar é um ato revolucionário.

Com afeto,
Mauricio

---

244 MARASCIULO, Marília, 2019.
245 Projeto Colabora, 2020.
246 Politize, 2018.
247 EMICIDA, 2019a.

P.S.: Hoje um entregador veio deixar um pacote. Fiquei surpreso, pois pensei que esse tipo de serviço estivesse suspenso desde a chegada da nuvem pandêmica. Ouvi meu nome sendo chamado, fui até a porta da pensão, abri, confirmei o meu nome à pessoa que segurava um pacote fino e alongado. Assinei e ele foi embora. No pacote uma etiqueta com o meu nome, mas eu não sabia quem o havia enviado. Certamente era um carinho, um querer bem. Fui até meu quarto e cuidadosamente desfiz a embalagem. Era um livro em forma de afeto com o título **O paraíso são os outros**, do escritor português Valter Hugo Mãe. Sabia alí quem o havia remetido. Abri aleatoriamente uma página, que dizia:

> [...] Acho que invento a felicidade para compor todas as coisas e não haver preocupações desnecessárias. E inventar algo bom é melhor do que aceitarmos como definitiva uma qualquer realidade má. A felicidade também é estarmos preocupados só com aquilo que é importante. O importante é desenvolvermos coisas boas, das de pensar, sentir ou fazer [...][248]

---

[248] MÃE, Valter Hugo, 2018, p. 26.

silenciARmovimentAR

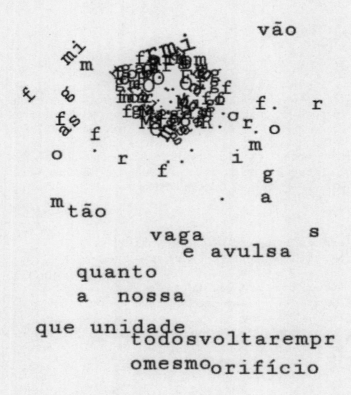

O que mais te move?
As letras, as palavras, os espaços entre elas?
Como este poema te move?
Que tal se mover agora?[249]

---

249 Publicação da instalação coletiva **Silenciar_Movimentar:** poema de Tulio Miguel Melo. Texto de Daniela Ricarte, Shaiane Beatriz dos Santos, Maria Izabel Muniz, Julimari Pamplona, Roberto Freitas e Vivian Alves. Acesso para a obra completa com áudio pelo endereço https://www.instagram.com/p/COHKNhBHgXh/ . Acesso em 02 mai. 2023

MAURICIO VIRGULINO SILVA

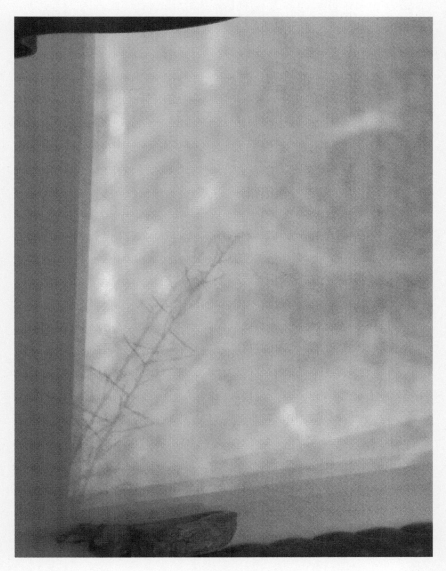

250

250 Publicação da instalação coletiva Silenciar_Movimentar: fotografia de Leila Cristina Real Leite Bezerra. Acesso para a obra pelo endereço https://www.instagram.com/p/COHKNhBHgXh/ . Acesso em 02 mai. 2023

[...]
vou tirar os sapatos altos na estrada e
sem descer dos saltos vou fixar os pés na mãe terra
dizer adeus às armas e partir para a guerra
aprofundar os passos bem firmes no solo
para não me tornar supérflua ou superficial
[...]
procuramos a explosão de uma bomba interior
mas com palavras, sem nos tornarmos armas ou instrumentos
[...]

**Práticas e instruções antiterroristas
para a explosão de uma bomba interior**[251]
raquellima[252]

---

[251] A performance de raquellima apresentando Práticas e instruções anti-terroristas para a explosão de uma bomba interior, pode ser assistida em: https://vimeo.com/87457957. Acesso em 02 mai. 2023

[252] Trecho de Práticas e instruções anti-terroristas para a explosão de uma bomba interior, de raquellima. **Ingenuidade Inocência Ignorância**. Portugal: Animal Sentimental: Boca, 2019, p. 36-38.

#04.
A CONFLUÊNCIA

CARTA 023

Querida Teodora

Nesses dias que estive a escrever as cartas a você trouxe falas de muitos amigos que encontrei. Com alguns pude tomar um café e papear, com outros foram apenas conversas por meio de livros. Encontros densos e longos, ou furtivos, únicos para um até breve.

Um desses encontros, dos tantos que me mobilizaram, foi com o querido Nêgo Bispo, ou Antonio Bispo dos Santos, professor, escritor e militante do movimento quilombola. Ele, em uma conversa bonita que tivemos, falou de como parte de seu ser é água, que se compõe com os outros elementos que o formam, e como seu ser conflui com outras vidas e corpos, na existência e resistência[253]. Nêgo Bispo falou de uma entrevista, que ele assistiu na televisão, com um indígena Yanomami, que ele não recordava o nome, e que este foi perguntado se acreditava que o mundo acabaria. E a resposta veio positiva. Mas pontuando, que o mundo acabaria aos poucos, por espécie. E os brancos, colonizadores e desconectados com a natureza, desconectados do cuidar, do sentido pleno de comunidade, seriam os responsáveis pelo fim de todas as espécies, até que eles, os brancos, se autodestruiriam. Nêgo Bispo, em sua reflexão, apontou que se não cuidarmos da água, do ar, do fogo, não teremos condições de vida. E para isso, precisamos de desenvolver sabedoria e bem viver, transformando "as nossas divergências em diversidades, e na diversidade atingirmos a confluência de todas as nos-

---

[253] ITAU CULTURAL. Nêgo Bispo: vida, memória e aprendizado quilombola. Disponível em: https://youtu.be/gLo9ZNdgJxw. Acesso em 02 mai. 2023.

sas experiências"[254]. E, Teodora, eu precisei perguntar o que entendia sobre confluência e Nêgo Bispo me responde assim: "confluência é a lei que rege a relação de convivência entres os elementos da natureza e nos ensina que nem tudo que se ajunta se mistura"[255]. Assim Teodora, nem tudo se mistura. Não podemos forçar uma confluência de elementos que não dialogam. Mas se compreendermos que diversidades podem coexistir, conviver, dialogar, pensar em conjunto, e seguirmos, dentro de nossas divergências, inclusive pessoais, fluxos do cuidar, há uma esperança para a construção de uma sabedoria, e bem viver, que poderá adiar o fim do mundo, como também nos traz Ailton Krenak.

Ao lembrar dessa conversa com Nêgo Bispo, pensei aqui que eu trouxe reflexões sobre alguns conceitos e experiências que desaguaram como influências em mim, me fizeram fluir e fruir, mas também me colocaram frente ao espelho, me provocando. Algumas vezes me via tão espelhado nessas ideias que mergulhava apaixonado. Em águas em que eu não sabia bem a profundidade, tal qual Narciso.

Para mim, o mito de Narciso, do jovem que se apaixona por si mesmo, tem um breve lado bonito e inspirador, que é o de me fazer pensar sobre a vontade de mergulhar nas coisas que me enxergo.

Mas nesse caso não é um narcisismo, pois não sou indiferente ao amor. Também não me relaciono, ou ao menos tento, com os outros seres como se fossem objetos/isso [256].

Para mergulhar em si mesmo, é preciso se reconhecer.

Conhecer a si mesmo, de novo e de novo.

Onde estou eu nisso tudo?

Onde está você nisso tudo?

Onde estamos nós?

Onde estão os nós?

Nós da rede.

Fluências que são de nós.

Onde está você, Teodora, na sua vida? Como você articula as suas fluências, suas influências e suas confluências?

---

[254] SANTOS, Antonio Bispo dos. Colonização, Quilombos: modos e significados. Brasília: INCTI/UnB, 2015, p. 91.

[255] SANTOS, Antonio Bispo dos. 2015, p. 89.

[256] BUBER, Martin, 2006.

Quando tento responder onde estou eu nisso tudo, preciso me entender como um rio, e minhas práticas de educador como elementos deste rio. Um rio que faz parte de todo um sistema, que não existe sozinho.

Ao mesmo tempo que sou rio, sou parte de outros rios.

Ao mesmo tempo que sou rio, eu navego e mergulho outras águas

Assim, "na história que eu invento, o rio vira mar"[257].

Teodora, minha filha, fiz a você um convite para mergulhar comigo, em mim, nos meus afluentes principais, nos novos afluentes que deram ainda mais sentido no ser quem eu sou e nas minhas ações para chegar até aqui, o que eu chamo de confluência.

E entendo que a confluência entre a Abordagem Triangular do Ensino das Artes e a Educomunicação, depende diretamente dos ingredientes/elementos e do método/processo que é feito para produzir essa transmistura. Esse método é o *como* fazer.

Como mencionei em uma carta anterior, Ana Mae Barbosa afirma que a Abordagem Triangular não é um método, pois quem faz o método é o educador. O mesmo posso dizer sobre a Educomunicação.

São abordagens que inspiram educadores, e estes, a partir do seu contexto, das suas necessidades, de suas experiências vivenciadas, as relacionam. E constroem o método.

E eu tenho elaborado o meu, Teodora. Meu *como fazer*.

Meu *como fazer* passa por refletir sobre o meu mundo, e seu contexto com as forças existentes de manutenção do modelo colonialismo – patriarcado – capitalismo, em suas representações passadas e contemporâneas, mas que também apresenta forças de luta pela equidade, pela coletividade, pela comunidade, pela garantia de direitos, pela oportunidade de contar mais uma história, sem hierarquizar saberes/conhecimentos. Pela busca do eu-eu, eu-tu e não o eu-isso. Pela busca dos enraizamentos, das experiências artesanais, pela diversidade de existências. Tendo como a "cola que nos une"[258] o cuidado, a cuidadania, o amor.

Eu poderia escrever a você sobre um mundo fictício, pois quando a nuvem pandêmica chegou, o termo *novo normal* se espalhou como um desejo de que a humanidade aproveitasse esse momento para rever

---

257 verso da música "Estrela do Sul", de Jacque Falcheti, 2022.

258 Expressão usada na Escola de Inverno Ecologias Feministas de Saberes.

seus projetos em execução, seus passos, seus modelos. Era uma oportunidade para começarmos de novo.

Mas não se começa de novo, do zero.. Até que seria bom - talvez? - , rever nossas falhas como humanidade e recomeçar.

Contudo, o novo normal deu lugar ao velho normal, quando não a uma distopia, uma realidade de opressão, desespero ou privação.

Mas por que não desisto? Por que não desistimos, Teodora?

"Existirmos, a que será que se destina?"[259]

Resistirmos, a que será que se destina?

Somos teimosos.

E "a gente combinamos de não morrer"[260].

Enquanto juntos, somos.

Existir é ser sujeito.

Poder contar uma história é existir.

Em vez da distopia, a utopia.

Por isso sigo com minha proposta/contribuição. Meu *como fazer*.

E meu *como fazer* não é de hoje, vem sendo construído. Mas finalmente o enxerguei quando mudei a minha bússola. Eu precisei me ver no espelho, e de usar o espelho como portal, mergulhar em mim, para ver que a confluência que eu buscava estava no meu *como fazer*.

Assim, tomando de empréstimo as palavras de Ana Mae Barbosa, "a autorrevisão é o maior exercício de liberdade a que um ser humano pode almejar[261]", exercerei a minha liberdade relendo práticas que eu já fiz, e depois trazendo um novo, já com novo olhar.

Com afeto,
Mauricio

---

[259] VELOSO, Caetano. **Cajuína**. Cinema Transcendental. Rio de Janeiro: Polygram, 1979. Disponível no canal oficial do cantor na plataforma Youtube pelo endereço https://youtu.be/nmd7Nw9KqaE. Acesso em 11 jun. 2021.

[260] EVARISTO, Conceição, 2017, p. 99.

[261] BARBOSA, Ana Mae, 2010, p. XXXIV.

CARTAS a Teodora

CARTA 024

Querida Teodora,

Estamos no verão.

Eu não sabia que seria possível sentir o frio e o calor, da maneira que estou sentindo, em Coimbra. Eu trouxe apenas uma mala de roupas, livros, documentos e outros pertences. Talvez eu não tenha me preparado para todas as situações. Mas nunca estamos preparados, não é?

Dona Maria, da Pensão Flor de Coimbra, já prevendo que nas próximas semanas devem liberar os voos entre Portugal e Brasil, ontem me deu uma panela de barro, que foi da família dela. Uma linda panela avermelhada, esmaltada com duas faixas pretas, uma estreita e outra larga, próximas à base, e algumas flores brancas simples acima da faixa estreita. Um presente muito significativo. E vou arranjar espaço na minha mala deixando algo meu aqui na pensão e com as pessoas que eu encontrei.

Ontem participei de um encontro com as mulheres que organizaram a Escola de Inverno Ecologias Feministas de Saberes, com o objetivo de planejar a próxima escola, mesmo sem ter certeza de como serão os protocolos. E o convite para eu estar com elas foi para agir e compartilhar, e solicitaram que eu fizesse um ritual inicial.

Levei um perfume à base de lavanda, fitas de cetim de cores laranja e rosa, uma tesoura e um pedaço de chita, de fundo preto com flores brancas, laranjas, rosas e vermelhas, tecido que esteve comigo durante estes meses em diversos momentos. Sentadas em roda, pedi que cada participante do encontro, se levantasse, fosse ao centro, usasse o perfume como elemento protetor e purificador, e cortasse para si um pedaço de fita e amarrasse como e onde quisesse.

Todas já com suas fitas e protegidas.

Pedi que dissessem o que a cor da fita, ou das duas fitas, quem escolheu as duas, remetia para aquele encontro. Anotei em um papel as palavras: Amizade, Alegria, Vida, Serelepe, Manga, Verão, Combinação, Cerejas, Festa, Crianças, Força, Ancestrais, Infância, Sol e Pôr do Sol. Estas palavras, com a chita, o perfume e o que sobrou das fitas, ficaram ao centro da roda, durante toda a reunião.

MAURICIO VIRGULINO SILVA

Para encerrar a reunião, eu havia pedido para que as participantes levassem algum objeto que tivesse um significado importante para que todas pudessem experienciar. Essa foi uma atividade que aprendi com Christina Rizzi, na primeira aula que eu tive com ela. Naquela aula, Christina partilhava objetos seus para que nós estudantes os percebêssemos. É uma atividade com base na Educação Patrimonial, e que busca a nossa percepção estésica, além de nossa reflexão pelo o sentido que o objeto faz para nós, e não o que ele significa para a pessoa que o trouxe.

É uma doação, pois entregamos um objeto que será experimentado por mãos, narizes, línguas, olhos, ouvidos de outras pessoas. E estas pessoas atribuirão outros significados a estes objetos.

Neste processo estabelecemos o diálogo, com afeto. Afeto as pessoas com meus objetos.. E elas me afetam com significados. O diálogo acontece apenas se afetamos e somos afetados. Meu objeto deixa de ser apenas meu, pois mesmo que eu ainda atribua a ele o mesmo significado, eu não esqueço o que as pessoas sentiram dele. Meu objeto ainda é o mesmo, mas fica maior.

Teodora, são simples os significados e os procedimentos, como são simples as práticas que nos fazem mais humanos. Cuidar é simples.

Ao final do encontro trocamos alguns presentes, uma prática que não tinha sido combinada. Paula Machava ficou com minha tiara de flores, feita por mim. Uma colega me disse que tinha muita vontade de ler **O perigo da história única**, de Chimamanda Adichie, e lhe entreguei a minha cópia. E ganhei uma linda capulana de Teresa Cunha. E quanto significado há em uma capulana[262]! Não ouso dizer aqui. Talvez um dia eu peça para Teresa escrever uma carta a você explicando. Me senti acarinhado e agraciado por este abraço.

---

262 "Capulana é um pedaço de pano estampado (normalmente com dois metros por 1,5 metros) que as mulheres utilizam para cobrirem as ancas e as pernas como se fosse uma saia. Para além desta função básica e popular, as capulanas podem ser usadas em momentos especiais como os nascimentos, cerimônias importantes, como dotes, ou terem funções utilitárias como servirem de peças decorativas em casa, cortinas, entre muitas outras coisas. As capulanas em Moçambique são também utilizadas para tornar públicas e disseminar mensagens através do seu uso no corpo das mulheres, ou como toalhas de mesa de conferências, painéis de parede ou outros modos de exposição. Os padrões e as cores são muito variados e estão em permanente processo de inovação e criação." - Nota de rodapé do texto **A arte de xiticar num mundo de circunstâncias não ideais: feminismo e descolonização das teorias econômicas contemporâneas**, de Teresa Cunha (2011, p. 85).

Sempre deixamos algumas coisas e trazemos outras na mala.

Com afeto,
Mauricio

263

P.S.: Teodora, como é linda esta capulana! Concorda?

---

263 Fotografia - Capulana dada por Teresa Cunha. Do autor desta tese, 2021.

- *O mundo é isso* – revelou. *Um montão de gente, um mar de fogueirinhas.*

O Livro dos Abraços[264]
Eduardo Galeano

---

[264] GALEANO, Eduardo, 2019, p. 13.

CARTA 025

Querida Teodora,

Caminhando à beira do Rio Mondego, ontem no final da tarde, resolvi sentar um pouco e ver os brilhos provocados pelo movimento da água, e o vento na água, refletindo o sol já baixo no oeste. Os brilhos eram múltiplos, e existiam por uma fração de segundos, depois se esvaiam.

Sinto que o processo de autorrever poderia ser como ter uma máquina do tempo, e viajar para o passado, e poder ser espectador do que passei, mas com as minhas experiências vivenciadas até hoje.

Já percebeu que, muitas vezes, o que nos acontece pode ser tão especial e só nos damos conta depois que passou um tempo? Mas há algumas que reconhecemos o quão especial aquilo é, no exato momento que a coisa está acontecendo, como um olhar, um abraço, um movimento, um até logo com vontade de ficar Ao menos comigo é assim.

Já que autorrever é exercer a liberdade, como diz Ana Mae Barbosa, podemos sempre que quisermos fazer uma leitura reflexiva sobre nossas experiências, pois algo sempre nos escapa, ou pode ser ressignificado. Esta prática me remete ao conceito de *práxis* de Paulo Freire, e que tomo de empréstimo para o meu *como fazer*. Paulo Freire, no livro **Pedagogia do Oprimido**[265] define a *práxis* como "a reflexão e ação dos homens sobre o mundo para transformá-lo".

Teodora, quando Paulo Freire escreveu esse livro, ele considerava homens como pessoas, ou seja, homens como ser humano genérico. Ele mesmo se autorreviu e percebeu o quão excludente era essa sua prática.

Voltando para o conceito de *práxis*, no sentido de Paulo Freire, não separa a ação/prática da reflexão/teoria. Nesta constante relação entre teoria e prática, a ação se torna cada vez mais fundamentada, e a reflexão/teoria mais significativa para a prática pretende sistematizar.

Por isso entendo meu *como fazer*, baseado em uma *práxis*. Há um amigo, Fernando Azevedo, que estuda e pratica a Abordagem Triangular do Ensino das Artes e Culturas Visuais, precisou entender a definição de *práxis* na Arte/Educação. Ele diz[266] que a *práxis* arteducativa define

---

[265] FREIRE, Paulo, 1987, p. 21.
[266] AZEVEDO, Fernando, 2016, p.127, itálicos do autor.

a identidade dos arte/educadores em um processo de "ação política de democratização dos saberes artísticos. Isto significa trazer para o âmbito dos processos de ensino e de aprendizagem a dimensão estética e artística como fundantes para aquilo que Freire chama de *leitura de mundo*".

Meu *como fazer* e meu modo de ser, meu *eu-educador*, arte/educador e educomunicador são também definidos pela *práxis*. Por isso ler, reler, ver e rever me ajudam a desenvolver minha prática.

Trago toda essa reflexão, Teodora, porque quero falar de uma atividade que participei no primeiro semestre do ano de 2015, em torno de cinco anos antes da nuvem pandêmica chegar e o mundo acabar - *será que acabou? ainda não sei*. Será que vamos definir a passagem do tempo como antes e depois da pandemia?

Bom, a experiência que quero apresentar a você, minha filha, é a minha participação no Ateliê de Artes para Crianças – Nosso Ateliê Animado, na Universidade de São Paulo, que comentei brevemente em outras cartas[267].

O Ateliê de Artes para Crianças[268] foi um curso de extensão da Universidade de São Paulo, ministrado por alunos de graduação que se matriculam na disciplina Metodologias do Ensino das Artes Visuais com Estágios Supervisionados. E quando digo foi, é porque, depois que a pandemia começou, não foi mais possível a realização do Ateliê.

O objetivo de inter-relacionar uma disciplina de graduação a um projeto de extensão era o de promover, para crianças filhas de funcionários, alunos e da comunidade em geral, um curso de Artes Visuais, e ao mesmo tempo e preparar estudantes licenciandos para serem educadores-pesquisadores, com olhar reflexivo sobre sua prática, em um espaço laboratório.

Com o termo laboratório quero reforçar que, em geral, os estágios de formação de professores são feitos em escolas, e muitas vezes os licenciandos ficam limitados ao contexto, pessoas, e materiais disponíveis. Sim, é importante aprender na prática e em condições reais, mas

---

[267] Esta experiência também foi apresentada no XXV CONFAEB – Congresso da Federação de Arte/Educadores do Brasil, que ocorreu em Fortaleza no ano de 2015. SILVA, Mauricio da; SILVA, Bruna Salgueiro. Ateliê de arte para crianças: uma proposta de estudantes de Educomunicação e Pedagogia. In. Congresso da Federação de Arte/Educadores, 25, 2015, Fortaleza & Congresso Internacional da Federação de Arte/Educadores, 3, 2015, Fortaleza. **Anais...** Fortaleza: IFCE, 2015.

[268] Mais informações sobre o Ateliê de Artes para Crianças podem ser obtidas no blog Nosso Ateliê Animado, alimentado com as atividades, processo e produções das crianças pelo endereço eletrônico http://nossoatelieanimado.blogspot.com.br/p/sobre-o-atelie.html . Acesso em 07 jun.2021.

também é importante praticar em ambientes que permitem experimentações para que esses licenciandos vislumbrem suas utopias.

Na proposta do Ateliê de Artes para Crianças[269], a cada semestre há um grupo de alunos de graduação responsável pelas atividades, e também um grupo de crianças de 6 a 12 anos inscritas. As atividades com as crianças acontecem em dez encontros, de periodicidade semanal e duração de uma hora e trinta minutos, e orientadas e acompanhadas por uma professora responsável pela disciplina de graduação, apoiada por alunos de pós-graduação e alunos monitores.

Na oferta do Ateliê, que eu participei como estudante de graduação, no primeiro semestre de 2015, aconteceu um fato que direcionou as ações: não havia estudantes do curso de Artes Visuais inscritos, e sim um grupo de estudantes da licenciatura em Educomunicação e uma estudante da Pedagogia. Assim, além de mim, Bruna Pontes, Carlos Alberto Maffei Junior, Isabela Rosa Silva, Juan Peri dos Goitacás, Renata Mie Garabedian e Sherlon Assis, estudantes da Licenciatura em Educomunicação (ECA-USP) e Bruna Salgueiro Silva, do curso de Pedagogia (Faculdade de Educação da USP).

A coordenação do Ateliê, era composta pela Profª Drª Maria Christina de Souza Lima Rizzi, apoiada pela aluna de mestrado Suellen Barbosa, pela doutoranda Margarete Barbosa Nicolosi Soares e pela pós-doutoranda Sonia Regina Fernandes. Atualmente, Suellen é doutoranda, Margarete doutora, e Sonia, pós-doutora, Christina aposentada e eu doutorando. O tempo passa!

Inclusive, Teodora, a dissertação de mestrado **Ateliê de artes visuais para crianças: buscando fundamentos, compreendendo o essencial**[270] e a tese de doutorado **Aquecimento: um processo na prática de linguagens visuais em ateliê**[271] ambas de Margarete Barbosa Nicolosi

---

[269] Uma primeira reflexão sobre o Ateliê de Artes para Crianças, feita pelas Profª. Drª. Maria Christina de Souza Lima Rizzi e Sumaya Mattar Moraes foi publicada pela revista Ars (São Paulo, v. 6, n. 11, 2008, p.72-77) no artigo "**Ateliê de Artes para Crianças: primeiros registros e reflexões de um trabalho em progresso**". Disponível em http://www.revistas.usp.br/ars/article/view/3017/3706. Acesso em 12.jun.2021.

[270] "SOARES, Margarete Barbosa Nicolosi. **Ateliê de artes visuais para crianças: buscando fundamentos, compreendendo o essencial**. (2010), 193 f. Dissertação (Mestrado) Escola de Comunicações e Artes, Universidade de São Paulo, São Paulo, 2010). Disponível em http://www.teses.usp.br/teses/disponiveis/27/27160/tde-26112011-220119/pt-br.php. Acesso em 10 jun.2021.

[271] SOARES, Margarete Barbosa Nicolosi. **AQUECIMENTO: Um processo na prática da linguagens visuais em Ateliê**. (2016). 217 p. Tese (Doutorado). Escola

Soares, falam sobre o Ateliê de Artes para Crianças – Nosso Ateliê Animado. Recomendo a leitura, quando você puder, e se quiser.

Sonia Fernandes, apresentou, sobre o pós-doutorado realizado por ela acompanhando o Ateliê de Artes para Crianças – Nosso Ateliê Animado o texto **A formação de Professores de Artes Visuais e o Estágio Curricular Supervisionado: desenvolvimento e desdobramentos da episteme como prática pedagógica.**[272].

Nesse contexto a coordenação do Ateliê orientou os licenciandos para que fosse feita uma vivência na perspectiva da Educomunicação e Pedagogia, relacionada às práticas da Arte/Educação, principalmente inspiradas na Abordagem Triangular do Ensino das Artes e Culturas Visuais.

Devo dizer, Teodora, que naquele momento podíamos nos encontrar, compartilhar espaços, nos tocar, abraçar. Sendo repetitivo, mas enfático: isso faz uma falta!

O que quero trazer deste processo do Ateliê de Artes para Crianças – Nosso Ateliê Animado é que, como participante de um grupo de pessoas com experiências em Educomunicação, Pedagogia e Arte/Educação, precisei refletir sobre os meus processos como educador, para dialogar com todos que ali estavam, e dialogar também com as crianças.

Eu já estava tocado pela Abordagem Triangular – e pensar e praticar o Ler – Fazer – Contextualizar, buscando o desenvolvimento de um ecossistema comunicativo mais dialógico e participativo com o grupo de educadores e com as crianças, foi um momento de ver essa inter-relação acontecendo.

No entanto, eu ainda via como uma prática de Educomunicação, que, com suas ações inspiradas pela Arte/Educação, promovia o ecossistema comunicativo, o diálogo e a autonomia e colaboração das crianças.

Iniciamos os encontros com as crianças buscando levantar as experiências anteriores das crianças, pois algumas já tinham participado do Ateliê em semestres anteriores, e os desejos que tinham para as atividades seriam realizadas.

---

de Comunicações e Artes, Universidade de São Paulo, São Paulo, 2016. https://teses.usp.br/teses/disponiveis/27/27160/tde-22092016-140824/pt-br.php. Acesso em 10 jun.2021.

[272] FERNANDES, Sonia Regina. **A formação de Professores de Artes Visuais e o Estágio Curricular Supervisionado: desenvolvimento e desdobramentos da episteme como prática pedagógica** Pesquisa de Pós-Doutorado apresentada ao Programa de Pós-Graduação em Artes Visuais, da Escola de Comunicação e Artes, da Universidade de São Paulo. 2017.

273

Teodora, nessa fotografia estamos os educadores, estudantes da licenciatura em Educomunicação e Pedagogia, com as crianças participantes do Ateliê. Em uma das conversas que fizemos para nos conhecermos e planejar as atividades conjuntamente. Eu estou ali no canto esquerdo, de camiseta branca, cabelo amarrado, barba e óculos. Consegue me encontrar? Eu era bem mais jovem que hoje.

Como algumas das crianças já haviam trabalhado com cidades descritas pela personagem Marco Polo, do livro **As Cidades Invisíveis**[274] de Ítalo Calvino, retomamos este texto para sugerir novas experiências, trazendo para o Ateliê uma proposta de pensar os espaços e os seres que conviviam nas cidades que Marco Polo[275] visitou, realizando uma conversa conexão literária, com o livro dos **Seres Imaginários**[276], de Jorge Luis Borges. Lemos contos

---

273 Fotografia - Encontro dos alunos de graduação com as crianças do Ateliê. Fonte: Portfólio do Ateliê de Artes para crianças, 2015.

274 CALVINO, Italo. **As cidades invisíveis**. São Paulo: Companhia das Letras, 2009.

275 CALVINO, Italo. 2009.

276 BORGES, Jorge Luis. **O livro dos seres imaginários**. São Paulo: Companhia das Letras, 2007.

como do Catóblepa[277], do Cão Cérbero[278] e do Aplanador[279], e pedimos para a crianças desenharem os seres a partir da descrição de Borges.

[280]

Teodora, na imagem podemos identificar, da esquerda para direita, as crianças Francisco, Valentina, João Valentim, João Carvalho, Helena, Camila e Pedro. Nesse momento estavam interpretando os seres de Jorge Luis Borges.

Neste processo, tínhamos como objetivo identificar os saberes prévios e os desejos para que pudéssemos preparar um processo de construção com as crianças que fizesse sentido tanto para o grupo de educadores quanto para as crianças.

Do desenho para a pintura. Da pintura, duas dimensões, para a escultura, três dimensões. O cheiro das tintas, da massinha de modelar, massa *biscuit* e papel machê. A textura e os dedos, e corpos inteiros em ação. E o frio que fazia nas manhãs da sala do Ateliê era quebrado pelo movimento.

---

[277] BORGES, Jorge Luis, 2007, p. 54-55.

[278] BORGES, Jorge Luis, 2007, p. 52-53.

[279] BORGES, Jorge Luis, 2007, p. 31.

[280] Fotografia – Produção de desenhos a partir de contos de Jorge Luis Borges. Fonte: Portfólio do Ateliê de Artes para crianças, 2015.

Teodora, nessa imagem a Maria Eduarda trouxe do desenho, 2D, para a escultura, 3D, sua interpretação para o aplanador

Os passos seguintes combinados com as crianças foram no sentido delas criarem seus próprios seres imaginários, a partir de suas referências, de sua cultura. Escrever e desenhar a história, as características físicas e emocionais, as roupas, os artefatos, os poderes. E nos encontros seguintes, as crianças deveriam se transformar nos seres imaginários criados por elas. Como? Fazendo as roupas e artefatos destes seres e estudando como o ser mexia o corpo e falava.

E para alimentar o processo foram utilizadas como referências as obras de Arthur Bispo de Rosário, em destaque seu manto, e os Parangolés, de Hélio Oiticica, como também trechos da série **Que monstro te mordeu?**[282] de Cao Hamburger.

---

[281] Fotografia – Interpretação do conto O Aplanador, de Jorge Luis Borges, por Maria Eduarda. Fonte: Portfólio do Ateliê de Artes para crianças, 2015.

[282] O seriado **Que Monstro te Mordeu?** é uma produção de Caos Produções, Primo Filmes, SESI-SP e TV Cultura. Foi criada por Cao Hamburger e Teodoro Poppovic. Atualmente está sendo exibida nos canais de televisão TV Cultura, TV

283

No processo usamos vários espaços do Departamento de Artes Plásticas da ECA/USP, como os ateliês de Gravura, Marcenaria, Cerâmica, Pintura, Estúdio Fotográfico. Nestes locais as crianças, orientadas pelos profissionais responsáveis por cada ateliê, poderiam também produzir elementos que compusessem os seus seres imaginados. Imagine, Teodora, você ser criança e pensar que precisa usar uma serra circular para fazer uma varinha mágica ou um cajado, e ter um ateliê de marcenaria disponível para você?

Foi um processo de trabalho, embebido de brincadeira, e com uma proposta pedagógica bastante desenhada, mas em constante ajuste.

E conforme os projetos de seres eram apresentados, buscamos estabelecer com as crianças os materiais que seriam necessários para prepará-los, em uma conversa entre nós educadores e as crianças para estabelecer técnicas, estratégias e alternativas.

Entre os seres, surgiram: fadas, gêmeas com raios poderosos, gosma fantasma que se transforma no pior medo das pessoas, um Hulk

---

Rá-Tim-Bum e Discovery Kids. Informações sobre o elenco, ficha técnica e episódios podem ser obtidas pelo endereço eletrônico discoverykidsbrasil.uol.com.br/que-monstro-te-mordeu . Acesso em 09 jun.2021..

283 Fotografia – fazendo o primeiro teste de sua capa. Fonte: Portfólio do Ateliê de Artes para crianças, 2015.

fraquinho, unicórnio com asas e rabo de dálmata, arqueiro e soldado, uma cabeça de urso flutuante e um homem voador com seu *jetpack*.

Muitos dos processos de construção dos seres demandaram uma pesquisa dos educadores para orientar as crianças. Era também um desafio para nós, Teodora. Por exemplo, o Rafael, criou uma Gosma Fantasma, e precisamos estudar com ele como produzir uma massa que ficasse com consistência gosmenta e esteticamente coerente com a sua proposta e chegamos a uma receita caseira do brinquedo geleca, também conhecido como amoeba.

Suellen Barbosa acompanhou de perto o João que queria utilizar madeira como material para trabalhar a sua proposta[284], que começou com a ideia de construção de um prédio, refutando a ideia inicial do grupo de criar e dar vida a um ser imaginário. Mas ao perceber que ele poderia usar a madeira para criar seu ser imaginário ele desmanchou o prédio, passando "a se envolver na criação do personagem"[285], um boneco de madeira.

Neste processo há de se ter cuidado com as ideias, criações e produções, com uma escuta ativa e um olhar de afeto, sem deixar a proposta encaminhada pelo coletivo minguar. O objetivo delineado de produção dos seres imaginários tinha um conteúdo que passava por técnicas, referências e práticas artísticas, seguindo o Ler - Fazer - Contextualizar, da Abordagem Triangular, com uma intenção do diálogo, da colaboração, e da produção coletiva, neste ecossistema comunicativo.

Aos poucos vimos as crianças assumindo práticas de convivência como a organização para escolher músicas que seriam a trilha sonora dos encontros, ou colaborações nos processos de construção dos elementos que compuseram os seres. Vimos também as histórias de seres sendo alteradas para que os diversos seres pudessem se encontrar em uma narrativa conjunta.

E com isso chegamos ao momento de fazerem os seres ganharem vida!

Para esse processo escolhemos técnica fotográfica *Light Painting*, que utiliza uma câmera fotográfica configurada para longa exposição e em espaço protegido de luz, como um estúdio fotográfico. Assim, são utilizadas lanternas ou outros objetos que emitem luz para criar efeitos, como raios ou asas

---

[284] A experiência do contato e embate com a matéria madeira de João Carvalho na criação do ser é analisada com maior profundidade em BARBOSA, Suellen de Souza. A ponte de madeira. In. Congresso da Federação de Arte/Educadores, 25, 2015, Fortaleza & Congresso Internacional da Federação de Arte/Educadores, 3, 2015, Fortaleza. **Anais**... Fortaleza: IFCE, 2015.

[285] BARBOSA, Suellen de Souza, 2015, p. 1489.

de luz. As sessões de fotos, bem como a produção de um vídeo[286] sobre o processo das crianças, ocorreram nos encontros finais do Ateliê, no estúdio do Departamento de Comunicações e Artes (CCA) da ECA/USP, do qual faz parte a Licenciatura em Educomunicação. E a finalização do processo foi feita em um encontro com participação dos familiares das crianças.

Será que você ficou curiosa de ver o resultado final[287]?

Não vou deixar você curiosa, acho que não seria justo. Vou deixar coladas aqui algumas das imagens[288].

289

Teodora, na primeira fotografia temos as fadas de Soraya, Merilyn e a cabeça de urso voador de Maria Eduarda. As fotos que estão a seguir são de Rafael e o ser gosma da morte e o ser de madeira de João Carvalho. Lembra que eu comentei com você sobre esses dois processos? Veja como ficou interessante!

---

286 Os vídeos produzidos pelos estudantes de graduação, educadores do Ateliê de Artes para Crianças da USP, que ocorreu no primeiro semestre de 2015, podem ser visualizados em formato de *playlist*, em uma sequência de quarto vídeos pelo endereço https://www.youtube.com/watch?v=6BZ6tCB_TF0&list=PL3964gW920Ka-2grFQt88Z1RN7vqUs9t3M. Acesso em 12 jun. 2021.

287 Os familiares e/ou responsáveis pelas crianças autorizaram o uso das imagens em trabalhos acadêmicos e de divulgação científica, em formulário solicitado pela coordenação do Ateliê de Artes para Crianças.

288 Para identificação adotamos os nomes das crianças e não dos seres criados.

289 Fotografia – Seres imaginários de Soraya, Maria Eduarda e Merilyn. Fonte: Portfólio do Ateliê de Artes para crianças, 2015.

290

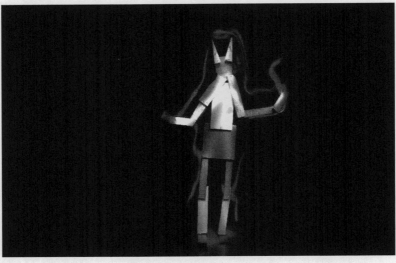

291

Abaixo estão Zuri e seu escudo protetor e varinha com poderes, e Pedro com o Hulk fraquinho, mas que solta magia pela mão. O ser imaginário pode ter referência em diversas narrativas que conhecemos, mas podemos ressignificá-las, não é?

---

290 Fotografia – Ser imaginário de Rafael. Fonte: Portfólio do Ateliê de Artes para crianças, 2015.

291 Fotografia – Ser imaginário de João. Fonte: Portfólio do Ateliê de Artes para crianças, 2015.

292

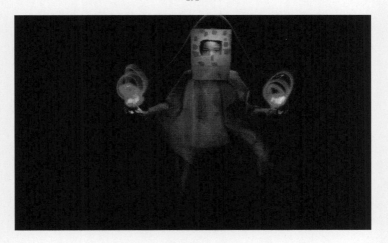

293

Teodora, nós ensinamos as crianças a fazer o *light painting*, mostramos como desenhar as luzes e logo as crianças estavam fazendo sozinhas! Nós acompanhamos para ajudá-las se tivessem dúvidas. O trabalho colaborativo das crianças, umas com as outras, fez os poderes dos seres serem registrados como mágica!

---

292 Fotografia – Ser imaginário de Zuri. Fonte: Portfólio do Ateliê de Artes para crianças, 2015.

293 Fotografia – Ser imaginário de Pedro. Fonte: Portfólio do Ateliê de Artes para crianças, 2015.

CARTAS a Teodora

294

295

Percebe toda a postura das crianças compondo o personagem, Teodora? A criação dos seres imaginários, e a autotransformação no ser pedia essa atitude corporal. Por isso que as crianças também estudaram o modo como o ser se apresenta. Os raios de luz se conectam à atitude e os seres ganham vida. Viu as fotos de Camila, de Valentina e de Francisco? E a composição do trio Anna, Gabriel e Isadora?

---

294 Fotografia – Ser imaginário de Camila. Fonte: Portfólio do Ateliê de Artes para crianças, 2015.

295 Fotografia – Ser imaginário de Valentina. Fonte: Portfólio do Ateliê de Artes para crianças, 2015.

MAURICIO VIRGULINO SILVA

296

297

Teodora, você deve ter passado um bom tempo admirando as fotos das crianças. Eu sempre fico as olhando por minutos quando as busco na minha caixa de fotografias. E me dou conta que já se passaram alguns anos.

---

296 Fotografia – Ser imaginário de Francisco. Fonte: Portfólio do Ateliê de Artes para crianças, 2015.

297 Fotografia – Seres imaginários de Anna, Gabriel e Isadora. Fonte: Portfólio do Ateliê de Artes para crianças, 2015.

Na minha dissertação de mestrado, eu escrevi que era perceptível a existência da inter-relação da Abordagem Triangular do Ensino das Artes e Culturas Visuais com a Educomunicação, pelos processos de trabalho, pelas questões vivenciadas, pelo aprendizado e também pela relação das crianças, estudantes de graduação e equipe coordenadora.

Mas eu sentia que era uma experiência mais educomunicativa do que arte/educativa. Uma inter-relação na qual a Educomunicação saía privilegiada. Os motivos para pensar desta maneira, passavam pelo fato de que eu tinha mais experiência como educomunicador, do que como arte/educador, e, portanto, na minha percepção, as práticas realizadas no Ateliê eram educomunicativas.

Neste sentido, a minha dissertação de mestrado termina argumentando que a Abordagem Triangular do Ensino das Artes e Culturas Visuais pode embasar as práticas e reflexões da Educomunicação.

Eu via inter-relação. Eu via as contribuições. Mas não via a confluência.

Quem viu antes de mim foi a professora Maria Heloisa Corrêa de Toledo Ferraz, no meu exame de defesa do mestrado, mas só compreendi com as indagações das professoras Eliany Salvatierra e Silvia Laurentiz. Falei disso na minha carta do início do doutorado, mas achei que era válido retomar aqui.

Entendo isso hoje, Teodora, ao autorrever, que nesta experiência que contei rapidamente sobre o Ateliê já estavam as sementes desta confluência. Mas o meu *como* fazer daquela época não tinha na dimensão consciente da confluência da Abordagem Triangular do Ensino das Artes e Culturas Visuais e da Educomunicação.

Por isso, precisei passar por todo esse processo de me olhar no espelho em busca do meu *eu-educador*, educomunicador, arte/educador, entender quais bases e quais olhares direcionavam a minha prática. E por isso te escrevi tantas cartas sobre os conceitos e práticas – e por que não atitudes? –, que entendo como essenciais no meu *como fazer*. Sendo que este meu *como fazer* é o jeito que tenho para construir meu mundo melhor. Espero que no seu mundo, quando você abrir esta caixa de cartas, esses conceitos e práticas que entendo como essenciais reverberem nas suas atitudes também.

Ainda tenho algumas cartas para te escrever, porque, depois de observar isso, precisei colocar em prática essa confluência, do meu *como fazer*.

E eu quero dar um destaque para Anna, que está com Gabriel e Isadora na última foto que colei nesta carta. Apenas, por hora, guarde essa informação, pois nas próximas cartas eu vou comentar o porquê.

Com afeto,
Mauricio

Anna Cândida[298]

Ateliê de Artes para Crianças
- Nosso Ateliê Animado
Portfólio do Ateliê de Artes para crianças, 2015.

---

298 Anna Cândida, participante do Ateliê de Artes para Crianças – Nosso Ateliê Animado, no primeiro semestre de 2015, na proposta de elaboração e produção de seres imaginários, criou uma deusa que mora no Rio Amazonas e tem poder sobre as águas, e como melhor amiga Yara.

CARTA 026

Querida Teodora

Que sonhaste?

Eu sonhei com andava pela margem do Rio Mondego, e eu chegava a um ponto que começava o pé de um morro, e lá encontrava uma escada de cimento, mas que também era um caminho de trilha de terra. Essa visão entre escada e trilha se misturava. Eu subia essa escada-trilha e lá em cima tinha um tambor. Era uma alfaia, e eu ficava surpreso de vê-la ali. Eu toquei alfaia poucas vezes na minha vida, e quase todas com a Eliana Lorieri e a Amanda Cuesta, amigas minhas que me convidaram a participar de um grupo que dançava e tocava coco, cacuriá, maracatu, entre outros ritmos. E também no *"Vai Quem Qué"*, bloco de carnaval que eu costumava tocar antes do fim do mundo, eu aprendi alguns toques. Que saudade de tudo isso! Dessas manifestações populares, Teodora. Queria conseguir explicar o quanto isso me fazia feliz. Espero que tudo passe para que eu volte a tocar minha caixa! Bem, nos sonhos eu não resistia à presença daquela alfaia e começava a fazer um toque de maracatu, e pessoas apareciam dançando. Eu estava no alto de uma montanha, as nuvens baixas. E você aparecia sorridente com roupas coloridas no meio das pessoas que estavam dançando. Acho que esta convivência contigo pelas cartas, e o exercício que faço para lhe imaginar, fez você invadir meus sonhos.

Quais são seus sonhos, Teodora?

Eu pedi para você não esquecer da Anna, que participou do Ateliê de Artes para Crianças – Nosso Ateliê Animado, certo?

E por quê?

Pois digo que é interessante como os processos se constroem na vida da gente.

Durante o Ateliê eu pude conhecer a mãe e o pai da Anna: Isabel Marques e Fábio Brazil. Dois artistas/educadores muito respeitados, Teodora.

Para você ter uma ideia, Isabel Marques é artista, pesquisadora, assessora de dança, diretora e coreógrafa. E Fábio Brazil, que é poeta, escritor, diretor e dramaturgo. Ambos fundaram o Instituto Caleidos[299], em 2007. E Isabel dirige o Caleidos Cia. de Dança desde 1996.

O Instituto Caleidos e o Caleidos Cia de Dança buscam integrar Arte e Educação, pois consideram que ensinar Arte não pode estar desvinculado de produzir, pensar e fruir Arte. Assim, juntos produzem "arte comprometida com a educação, educação comprometida com contextos sociais e arte/educação comprometidas com a transformação social"[300].

Teodora, creio que é possível perceber por esta descrição, alinhamentos com o que eu venho apresentando, nas cartas. E sim, entre outras coisas, encontramos Paulo Freire e Ana Mae Barbosa também nesta apresentação sobre o Caleidos e sobre Isabel Marques e Fábio Brazil.

E assim, sendo uma boa notícia em tempos pandêmicos fui convidado, por eles a participar como docente visitante do projeto **Capital Social** do Caleidos Cia.

Aqui temos um antes e um durante a nuvem pandêmica. A ideia começou a ser desenhada entre setembro e outubro de 2019, para compor uma proposta de formações. E eu participaria partilhando e propondo atividades relacionadas à minha experiência sobre Educomunicação e Fotografia. Proposta feita. O avião atravessou o Oceano Atlântico do Brasil a Portugal, Cheguei a Coimbra e no cinema recebi a mensagem que a nuvem pandêmica chegou. História que já contei para você.

Era março de 2020. Em qual mês estou agora? Não sei.

Entrei em isolamento e aos poucos a pandemia chegou também no Brasil. Como seriam as coisas agora? O mundo acabou. Vamos seguir com os planos? Quais ideias e contatos? Pela *internet* funciona? Como realizar os cursos pela tela? Como adaptar propostas criadas para serem experienciadas por diversos sentidos, para um formato tela/multitelas, em uma sala de videoconferência?

As propostas precisariam mesmo ser ajustadas? Deveríamos esperar? Será que a pandemia vai passar logo? E o tempo passou, e a nuvem pandêmica persistia. Não foi possível mais esperar, Teodora, era necessário colocar o projeto em ação. E digo isso por algumas questões: tan-

---

299 Mais informações sobre Isabel Marques e Fábio Brasil disponíveis pelo endereço https://www.institutocaleidos.com/instituto%20caleidos%20diretores.html. Acesso em 10 jun. 2021.

300 Mais informações sobre o projeto Capital Social e outras as atividades do Caleidos Cia, disponíveis em https://www.formacaocaleidos.com.br/index.html. Acesso em 10 jun. 2021.

to pela ordem burocrática, quanto pela urgência criativa da resistência, minha filha. É preciso resistir, e sempre faremos isso, seja como for. E falar de vida, em um momento de mortes, é resistir.

Para trazer o contexto, o **Capital Social** é um projeto da Caleidos Cia que foi contemplado pela 27ª edição do programa de Fomento à Dança para a Cidade de São Paulo[301], que prevê ações de manutenção e desenvolvimento de projetos de trabalho em dança contemporânea, fortalecendo a produção artística. E para atender a estes objetivos, o projeto **Capital Social** do Caleidos Cia, prevê espetáculos, apresentações, residências artísticas, intervenções urbanas, rodas de conversa, *workshops*, cursos de formação, publicação, performances e eventos de poesia.

Teodora, são incontáveis os projetos, espetáculos, cursos, congressos e tantas outras ações planejadas para acontecerem no ano de 2020, e que precisaram ser adiadas ou canceladas. Como se planejar para uma pandemia?

Ou melhor, podemos pensar em se planejar para evitar pandemias, promovendo a cuidadania? O que você acha, Teodora?

Os ajustes do projeto chegaram a mim, na proposta de realização de uma roda de conversa sobre direitos humanos, e quatro ações inseridas na proposta Sala de Visita, como artista-docente residente, junto a um grupo de cinco artistas: Marcelo Sena e Filipe Marcena, da Cia Etc, abordando o tema Videodança e Performance; Marcelo Soler com o tema Teatro Documentário; Wesley Lins com Teatro do Oprimido; e eu, como já tinha adiantado, com Fotografia e Educomunicação.

Estas quatro ações, Encontro, Percurso, Residência e Desembarque, foram divididas em dois blocos. Sendo o primeiro bloco, realizado ainda no durante o segundo semestre de 2020, composto por duas atividades, nomeadas de encontro e percurso. O Encontro como momento de o artista docente convidado partilhar suas reflexões e seus processos artísticos e o Percurso, um momento estendido, para experimentações e provocações feitas pelo artista docente a um grupo de pessoas inscritas. O segundo bloco, de duas ações por artista/docente convidado, é composto por uma Residência artística, que acontece por dois meses, para a realização de diálogos, produções, reflexões e par-

---

[301] Edital de Chamamento Nº 11/2019/SMC/CFOC/SFA – 27ª Edição - Programa Municipal de Fomento à Dança para a cidade de São Paulo. Disponível em https://www.prefeitura.sp.gov.br/cidade/upload/27fomentodanca_1569007453.pdf . Acesso em 02 mai. 2023.

tilha de saberes propostas pelos artistas/docentes convidados para um grupo de pessoas inscritas, do público em geral. A segunda ação deste segundo bloco, Desembarque, é uma apresentação artística produzida pelo artista/docente convidado nomeada de desembarque. Este segundo bloco deve acontecer todo durante o ano de 2021.

Então, propus a Roda de Conversa sobre Direitos Humanos, o Encontro e Percurso, a Residência e o Desembarque, todas por plataforma de videoconferência[302], pensando no meu *como* fazer arteducomunicativo, e procurando me colocar inteiro nos processos.

Hoje eu vou ficar por aqui, Teodora. Já é tarde.

Amanhã a Bebel viaja logo cedo para o Brasil. A Thaís Vidal, minha amiga-irmã do estágio doutoral, viajou há alguns dias. O movimento dos voos entre os continentes está vagaroso, mas ainda não sei quando voltarei ao Brasil. A nuvem pandêmica segue preocupando. E não há a previsão de vacinas sendo aplicadas, apenas rumores. E mesmo com a vacina, outras preocupações batem à porta sobre este novo mundo que vamos criar. As notícias trazem propostas para retomada da economia, mas nada sobre novos caminhos, diferentes dos que levaram o mundo a sofrer com a pandemia.

Teodora, começo a me convencer que o mundo não acabou. Apenas estamos vivendo mais um capítulo. Mas isso não invalida o desejo de construir um mundo melhor. Ou seja, as cartas terão alguma serventia, em algum momento.

Sigo me protegendo.

Com afeto,
Mauricio

---

[302] A plataforma utilizada foi a ZOOM.

CARTA 027

Querida Teodora

Uma vida também é feita de efemérides.

E o que é uma efeméride, além de uma palavra difícil e pouco usada?

Uso efeméride como uma comemoração ou homenagem que acontece em um determinado dia, lembrado por um fato histórico que aconteceu naquele dia, uma data religiosa, ou um acordo regional ou até mesmo global para que naquela data seja lembrado algo. Por exemplo, no dia 15 de outubro, no Brasil é comemorado o Dia do Professor, data que foi instituída oficialmente primeiramente no estado de Santa Catarina, por lei n 145 de 12 de outubro de 1948, proposta por Antonieta de Barros, jornalista, professora e primeira mulher negra assumir um mandato popular, como deputada estadual no ano de 1935 e que assumiu um segundo mandato como deputada em 1948.

E como este é apenas um exemplo, quero trazer algumas efemérides que marcaram os meus passos no projeto **Capital Social** do Caleidos Cia.

Para começar, minha primeira ação foi uma Roda de Conversa sobre Direitos Humanos que foi realizada no dia 24 de junho de 2020. A efeméride é o dia de morte do professor e geógrafo Milton Santos. E pensar em uma homenagem a Milton Santos é considerar a importância deste intelectual para refletir criticamente sobre os processos colonialistas e capitalistas que tornavam o mundo um lugar mais desigual. Ele aponta no livro **Por uma outra globalização: do pensamento único à consciência universal**[303], que a globalização provoca o aumento da pobreza, instalação de doenças, inacessibilidade à educação de qualidade entre outros males por conta de uma busca por lucros e pelo poder econômico e político. E que as técnicas e tecnologias, tem trabalhado em favor deste poder opressor. E Milton Santos defende uma outra globalização, que coloque o bem-estar coletivo na centralidade das ações globais.

---

303 SANTOS, Milton. **Por uma outra globalização: do pensamento único á consciência universal**. Rio de Janeiro: Ed. Record, 2000.

Assim, o tema da Roda de Conversa sobre Direitos Humanos foi "Quem tem direito aos direitos humanos? – *e devo dizer que para escrever esta carta eu precisei assistir à gravação que ficou disponível na internet[304], para relembrar alguns pontos. Surpreendi-me com minha imagem, pois eu não usava barba e bigode naquela época, mas os óculos são os mesmos, pois eu ainda não pude ir a um oftalmologista.*

Na roda de conversa, parti da perspectiva pessoal de arte/educador e educomunicador, para abordar a questão dos Direitos Humanos, apresentando uma perspectiva histórica sobre os documentos que abordam a garantia de direitos. Alguns exemplos são a Carta Magna (1215) e a Petição de Direito (1628) da Inglaterra; Declaração de Independência dos Estados Unidos (1776), a Constituição dos Estados Unidos da América (1787) e a Declaração dos Direitos (1791), nos Estados Unidos da América. A Declaração dos Direitos do Homem e do Cidadão (1789) na França; A Primeira Convenção de Genebra (1864): Suíça/Internacional; e criação das Nações Unidas (1945), a Declaração Universal dos Direitos Humanos (1948), a Convenção Internacional sobre a eliminação de todas as formas de discriminação racial (1966), a Convenção sobre a Eliminação de Todas as Formas de Discriminação Contra as Mulheres (1979) e a Convenção sobre os Direitos da Criança (1989).

E considerando que a Declaração Universal dos Direitos Humanos (1948) apresenta que os direitos humanos são universais, indivisíveis e interdependentes, passamos por uma reflexão sobre quem tem direitos humanos. Neste ano de 2020, minha filha, o que já era grave se agravou. Pessoas estão passando fome, refugiados arriscam a vida escapando de conflitos em sua terra natal e chegam a países que não os recebem, países são bombardeados e a natureza, na separação ser humano-natureza, é destruída como recurso para fazer dinheiro.

Exatamente porque temos visto os direitos humanos sendo violados constantemente, é imperativo esperançar. Esse verbo que diz da esperança na ação, que não espera parada[305]. Nessa Roda de Conversa, além de ofertar propostas para uma busca de garantia de direitos para todas as pessoas, eu indiquei a necessidade de incluir em nossas práti-

---

304 Roda de Conversa com Mauricio Virgulino Silva: **Quem tem direito aos Direitos Humanos**. Gravação disponível no canal do Projeto Capital Social do Caleidos Cia. pelo endereço https://youtu.be/QjZyTTQ4wtU. Acesso em 13 jun. 2021.

305 FREIRE, Paulo. 1983.

cas as propostas do pensar e agir decolonial, e também desenvolvendo entre nós a cuidadania.

Teodora, o caminho que escolhi foi o de refletir sobre as novas afluências que vinham formando este meu *eu-educador* para convidar as pessoas a olhar criticamente pela provocação de mudança de atitude.

Esse foi o primeiro passo.

Com afeto,
Mauricio

CARTA 028

Querida Teodora,

Passaram alguns dias. A pensão está ainda mais vazia. Ontem acompanhei a Ruth até a rodoviária de Coimbra. Alguns poucos ônibus estão saindo em direção à Lisboa. Os voos para o Brasil apenas estão decolando da capital portuguesa. Imagino que deve ser difícil voar sob uma nuvem pandêmica ainda densa.

Imagino – *e espero* – também que você deve ter gostado da minha participação na Roda de Conversa. As respostas foram bastante interessantes e ganhei alguns mais alguns amigos depois dessa conversa. Então começamos a planejar os encontros e percursos da proposta da Sala de Visita, que aconteceria alguns meses depois.

O combinado foi que cada artista/docente realizaria um primeiro contato com as pessoas interessadas em participar das atividades da Sala de Visita na noite da quinta-feira, no momento chamado encontro, apresentando parte dos processos artísticos e reflexões e que teria como objetivo ser também um encontro/convite para as pessoas participarem do percurso, que tem características de *workshop*. E na sexta-feira e sábado aconteceria o percurso, com uma proposta de quebrar as ações e tempos cronológicos. Seriam três dias de contato e trocas.

Assim, para celebrar o dia 10 de dezembro, volto com as curiosas efemérides. E a do dia foi a proclamação da Declaração Universal dos Direitos Humanos pela Assembleia Geral das Nações Unidas. Teodora, não foi planejado realizar o meu encontro nesta data, mas foi uma bela coincidência, pois minha ação anterior tinha sido justamente a conversa sobre Direitos Humanos.

Com trinta pessoas inscritas para o encontro e vinte e três pessoas inscritas para o percurso, iniciei a minha participação na Sala de Visita, com a proposta de no encontro abordar o tema: **Educomunicação e Arte: Confluências latinoamericanas para uma ecologia de saberes decoloniais na relação da Arte/Educação/Comunicação.** E realizar o percurso promovendo a experiência de construir ecossistemas educomunicativos com o tema: **Construindo ecossistemas educomunicativos na Arte/Educação como perspectiva decolonial de mobilização e transformação social, em uma ecologia de tempos e de saberes.**

MAURICIO VIRGULINO SILVA

A ideia foi partilhar os conceitos que estava trabalhando e convidar as pessoas a pensar sonhos possíveis de sonhar dentro da perspectiva da ecologia de saberes e pensamento decolonial.

E como já estava programada a continuidade da Sala de Visitas no formato da residência, em tempo estendido, teríamos a possibilidade de seguir com a experiência embasada na confluência da Abordagem Triangular do Ensino das Artes e Culturas Visuais com a Educomunicação, escolhendo coletivamente um sonho possível para ser colocado em prática pelo grupo de participantes.

Para o encontro, eu dividi minha apresentação[306] em três partes: 1 - As bases teóricas que surgiram a partir das experiências; 2 - As experiências que surgiram a partir das bases teóricas; 3 - As nossas experiências e teorias que poderão surgir a partir das nossas experiências e teorias.

E citando uma conversa que eu tive com Christina Rizzi, perguntei às pessoas conectadas à plataforma de videoconferência: Qual modelo de Sociedade e de Educação queremos? Lembra que eu disse a você que isso é uma escolha Teodora? Então, eu precisava dizer qual é a minha escolha para poder seguir apresentando a minha proposta.

Para a parte 1 - As bases teóricas que surgiram a partir das experiências, eu apresentei a Educomunicação e a Abordagem Triangular do Ensino das Artes e Culturas Visuais. Na parte 2 - As experiências que surgiram a partir das bases teóricas, eu comentei sobre o Ateliê de Artes para Crianças - Nosso Ateliê Animado, e sobre a experiência como participante da equipe do educativo da Exposição de Bancos Indígenas do Brasil, compondo equipe com a Amanda Cuesta, Ana Helena Rizzi Cintra, Eddie Ignácio e Mirtes Mesquita.

Nestas práticas, assim como na autorrevisão dos entendimentos sobre o Ateliê, a reflexão sobre Abordagem Triangular e Educomunicação apareciam confluentes de diferentes formas. Foi se construindo em um eixo mais sólido do Ler – Fazer – Contextualizar na busca da experiência estésica e que promovesse ecossistemas educomunicativos. E como dar o passo além? Não é um passo além, mas um passo em direção ao mundo que queremos construir. Ou seja, pensar as práticas "arteducomunicativas"[307] coerentes com suas bases, sendo decolonais, críticas, antirracistas, antimachistas, ecológicas, promovendo a cuidadania.

---

306 Caleidos Cia - Projeto Capital Social - Sala de Visita / Mauricio Virgulino. Gravação do encontro disponível no canal do Projeto Capital Social do Caleidos Cia. pelo endereço https://youtu.be/v--27Qb3q_c . Acesso em 11 jun. 2021.

307 SILVA, Mauricio; VIANA, Claudemir Edison. 2019, p.8.

Esta é a conexão que fiz para refletir sobre a parte 3 - As nossas experiências e teorias que poderão surgir a partir das nossas experiências e teorias. Pois ao falar de cuidadania e sobre conceitos como os epistemícios e ecologia de saberes, bem como a decolonialidade e a pedagogia decolonial, podemos pensar novas experiências que surgirão a partir de um giro decolonial, tanto em nosso cotidiano, como nos espaços nos quais atuamos. Se temos a chave do cubo branco, do espaço no qual podemos apresentar, expor ideias e compartilhar saberes, como usamos este espaço?

No percurso, também mostrei alguns trabalhos artísticos meus, que estão presentes nesta confluência, mas quero falar brevemente sobre eles em outra carta, está bem? Espero que goste, pois elas compõem minha caixinha de preciosidades. E você, Teodora, também tem uma? Sabe, essas caixinhas preenchidas de coisas que fizemos e tanto nos orgulhamos, que fazem os olhos brilharem quando contamos delas?

Encerrei o Encontro citando a cineasta Renata Martins[308], que no dia anterior ao encontro da minha Sala de Visita no projeto **Capital Social** da Caleidos Cia, havia publicado em seu perfil da plataforma *Twitter*, a mensagem:

> Quando falamos sobre abalar as estruturas, estamos falando das internas também; das certezas que nos estruturam, que nos balizam. Quando nos movimentamos, todas elas se movimentam junto conosco.[309]

Fiquei pensativo, será que ainda vai existir *Twitter* quando você ler essas cartas? O *tweet* de Renata Martins, creio que inspirado em Angela Davis, chama para a necessidade de também revermos nossas atitudes e sermos coerentes. E encerrei com um trecho do livro **Becos da Memória**[310] de Conceição Evaristo. Já conto a você mais sobre este livro, que inclusive estará em nossa biblioteca compartilhada, a que vou deixar para você.

Bem, após encerrar o encontro síncrono, iniciamos o processo do percurso com as pessoas que poderiam dedicar algum tempo de sua sexta-feira e sábado. A proposta foi de, durante a sexta-feira realizaríamos algumas experiências separadamente, para no sábado, em um encontro de uma hora e meia, todas as pessoas juntas na parte da manhã e outro de uma hora e meia ao final do dia, realizarmos diálogos, aproximações e pensarmos em nossos sonhos possíveis.

---

[308] Renata Martins, cineasta, idealizadora do projeto **Empoderadas** e roteirista colaboradora na #malhaçãovivaadiferença, diretora do premiado curta-metragem Sem Asas, de 2019.

[309] A publicação está disponível no endereço https://twitter.com/Recine12/status/1336847256369176576. Acesso em 11 jun. 2021.

[310] EVARISTO, Conceição. **Becos da Memória.** Rio de Janeiro: Pallas, 2017.

Teodora, para falar sobre sonhos possíveis, o que passa também pela ideia de utopia, preciso convidar trazer novamente Paulo Freire, pois ele diz "que não há mudança sem sonho, como também não há sonho sem esperança"[311].

Minha filha, sonhar é também é um ato revolucionário. Como também é revolucionário contar mais uma história, cuidar e agir pela cuidadania.

Sonhar é acreditar que, uma vez que nossa sociedade não tem equidade, ou seja, não garante justiça epistêmica, social, cultural, política e econômica, devemos conjuntamente mudá-la. E não que seja simples, pois novamente como Paulo Freire diz, "penso sobretudo em um sonho possível, mas nada fácil, da invenção democrática de nossa sociedade"[312]. Um sonho possível! Isso é esperançar, diretamente conectado à ideia de utopia, e ao inédito-viável.

E Ana Maria Freire[313], nos mostra que

> a epistemologia de Paulo nos convence e convida, sobretudo, a nós educadores e educadoras, a pensar e optar, a aderir e agir projetando ininterruptamente a concretização dos sonhos possíveis cuja natureza é tanto ética quanto política.

Teodora, se você ouvir dizer por aí que eu sou um velho sonhador, acredite: eu entenderia isso como um elogio. Pois para criar um mundo melhor, precisamos de sonhos possíveis. É o que são as minhas cartas até aqui.

Sobre o Percurso da Sala de Visita, o tema, retomando, foi buscar a construção de ecossistemas educomunicativos na Arte/Educação, bem como na perspectiva decolonial, mobilização e transformação social, em uma ecologia de tempos e de saberes. Mais uma vez você lê vários conceitos que eu abordei. São os pontos desta rede interligados.

E ao ler, no final do Encontro, o trecho do livro **Becos da Memória** de Conceição Evaristo, apresentei também ao grupo o conceito de escrevivência. E como a autora fala de sua mãe riscando um sol no chão, em "um ritual de uma escrita composta de múltiplos gestos, em que o corpo todo dela se movimenta e não só os dedos"[314], nós escrevivemos com nosso corpo todo a partir do chão que pisamos.

---

[311] FREIRE, Paulo, 1992, p. 91.
[312] FREIRE, Paulo. 2012, p. 57.
[313] FREIRE, Ana Maria, 2001, p. 15-16.
[314] EVARISTO, Conceição, 2020, p. 49.

Então, abri o Percurso na sexta-feira, enviando uma mensagem ao grupo[315] de participantes que dizia:

> Orientações - ou desorientações - do Percurso, partindo da ideia de Chão, e de como essa coisa/sensação/imagem surge para vocês. A proposta é que vocês pensem sobre o Chão que pisam e Como Pisam esse Chão. E com isso peço que elaborem uma linha/parágrafo me enviem por mensagem.
> [...]
> Além do parágrafo sobre Chão que pisamos e como pisamos esse chão [...] Eu gostaria que vocês compartilhassem aqui no grupo uma foto de um objeto que signifique o Esperançar para cada um e cada uma de vocês, durante este ano de 2020.

Foi um convite à reflexão, Teodora, sem querer sobrecarregar as pessoas. O tempo poderia ser lento. Cada pessoa a seu tempo. Lembra da Sociedade de Cansaço do Byung-Chul Han? Então, uma das propostas do projeto **Capital Social** é também refletir sobre isso. Assim, após as minhas des/orientações afirmei que não era uma disputa da melhor imagem ou do melhor texto, ou mesmo de quem faria primeiro. No sábado, percebendo que algumas pessoas estavam aflitas por não terem enviado a foto e o texto, enviei a seguinte mensagem:

> Estamos caminhando e construindo juntes. Cozinhando ideias. Às vezes, o fogo tem que ser baixo e o cozimento lento. Tenham o seu tempo. Tenham o seu espaço. A ideia de enviar até às 9h é para termos material para iniciar nossa conversa de daqui a pouco. Para partirmos das reflexões que já foram construídas. Sendo assim, não desesperem caso não tenham feito ainda... Desesperar é perder esperança. E queremos hoje Esperançar[316].

A reunião da parte de manhã no sábado começou com as pessoas apresentando o chão que elas pisam. Às vezes nos apresentamos em cursos dizendo o que fazemos, nosso currículo, nossos títulos. E esse não era o objetivo. Queríamos nos encontrar, e para construir o encontro, precisamos saber o que está sob nossos pés. E sob os pés, as raízes, das pessoas que caminham e sonham ao nosso lado. Teodora, eu adoraria ouvir você falando sobre suas raízes e o chão que você pisa!

Quem sou eu nisso tudo? Quem somos nós nisso tudo? Nós.

As apresentações trouxeram lama e poeira, brotar, enraizar, família, caminhos, estabilidade e instabilidade. As pegadas, os ancestrais, e a percepção de que o chão além de nos receber quando caímos, também pode ser a base para novos voos.

---

315 Grupo criado de troca mensagens criado utilizando o aplicativo *Whatsapp*.

316 SALA 4 CALEIDOS. Grupo de mensagens eletrônicas, pelo aplicativo *Whatsapp*. 2020.

Na próxima parte, eu propus para que as pessoas entrassem em contato com as fotografias enviadas, em uma exposição/instalação coletiva de objetos que traziam o significado de Esperançar para cada pessoa que estava ali. E neste sentido, o cuidado era algo muito importante. Como seria ler/sentir e significar um objeto/foto que é especial para outra pessoa do grupo, que é uma comunidade, e que está desenvolvendo um ecossistema educomunicativo, em um Ler – Fazer – Contextualizar?

As fotografias foram colocadas em uma pasta compartilhada[317] na nuvem internética, e todas as pessoas do grupo poderiam acessar este coletivo de obras. Teodora, lembra da atividade dos objetos que fiz na reunião preparatória para a próxima Escola de Inverno Ecologias Feministas de Saberes, que e aprendi com a Christina Rizzi? Sim, foi uma adaptação para o mundo *on-line* da videoconferência.

Para experienciar as fotos, abri minha caixa de materiais educativos de exposições, e selecionei o da 33ª Bienal – Convite à Atenção[318]. O material é composto por um conjunto de cartas, como um baralho – *não como o tipo cartas que eu estou escrevendo a você. Se bem, Teodora, um tarot tem muito a dizer. Será, então, que são mais semelhantes que diferentes?* – que convida as pessoas à experienciarem as obras de arte. São exercícios a partir de uma experiência estruturada em quatro momentos:

> um tempo destinado ao **encontro** com a obra no espaço em que ela se situava; um momento de **atenção** prolongada à obra escolhida; um momento de **registro** individual daquilo que se percebeu nessa relação; e por fim, o **compartilhamento** da experiência de cada um[319]

Como fizemos de um dia para o outro uma exposição coletiva – se assim posso dizer – com o nome Esperançar, eu abri o baralho e sorteamos a carta 1 – encontrar uma obra, a carta 2 – registrar a experiência, e a carta 3 – dedicar a atenção. A atividade tinha como interesse que o grupo fizesse um caminho guiado pelas mesmas propostas, mesmo que escolhessem obras diferentes. O exercício *encontrar a obra* sorteado dizia: "Até o encontro, há um caminho a ser percorrido. Nele, há espaço para aquilo que você não gosta?" *Dedicar atenção* trazia as informações: "Investigar a obra generosamente. Relembrar como era descobrir o mundo em sua infância. Com essa memória, explorar a obra. Retornar ao momento presente e per-

---

[317] Utilizamos o serviço Google Drive.

[318] O material educativo da 33ª Bienal de São Paulo pode ser acessado pelo endereço http://33.bienal.org.br/pt/convite-a-atencao. Acesso em 09 jun. 2021.

[319] WETFFORT, Helena Freire; KELIAN, Lilian L´Abbate, 2018, p. 40-41.

manecer observando a obra". E, por fim, o passo *Registrar a Experiência* (com a obra/foto/objeto) diz: "Afastar-se da obra. Recolher-se por alguns minutos. Prestar atenção em sua respiração. Se quiser, tapar os ouvidos. Concentrar-se apenas em sua respiração. Recordar as sensações vivenciadas durante a experiência que você teve com a obra. Guardá-las em sua memória". E entre cada sorteio foi dado um tempo para que as pessoas pudessem escolher uma obra, prestar atenção e registrar a experiência.

Com isso, depois de refletir sobre o chão que pisavam, fotografar um objeto que significasse o esperançar, e experienciar o esperançar das outras pessoas, fiz a questão:

> considerando que utopia pode ser interpretada como a concretização de sonhos possíveis, e considerando o contexto planetário que vivemos atualmente, que sonhos podemos ousar sonhar?

A ideia era a de que cada pessoa apresentasse uma resposta, fosse uma palavra, um texto, um movimento, uma música, um som, etc, a partir da linguagem que sentia à vontade, e esta troca aconteceria no encontro do final da tarde. Para nos inspirar, foi sugerido pelo grupo fazer uma lista de músicas no serviço on-line *Spotify*, chamada Esperançar. Vou anotar o endereço para você possa escutar também![320]

No período da tarde foram partilhadas as experiências e apresentadas as utopias/sonhos possíveis, que abordaram temas como combate a fome, no momento pandêmico, o enraizamento, a purificação, a espiritualidade, o florescimento onde há luz, a humildade nas práticas, as conexões entre pessoas e culturas, o andar junto, os desafios de se colocar frente aos problemas contemporâneos, o desejo de ter notícias de afeto e carinho, compondo uma mala revolucionário minimalista[321].

Teodora, espero que você, na busca de suas utopias e sonhos possíveis, tenha também uma mala revolucionária minimalista.

E com isso, fechamos o ano de 2020, Teodora: com o esperançar sonhos possíveis.

Com afeto,
Mauricio

---

[320] Lista de músicas **Esperançar**. Elaborada durante o Percurso, da Sala de Visita. Disponível em https://open.spotify.com/playlist/0pXABXzcGDekZSaCb0aZKK?si=-94cd05083f844ef1. Acesso em 10 jun. 2021.

[321] Ideia criada pela Domitila Gonzaga, participante do percurso.

CARTA 029

Querida Teodora,

No momento de transição de um ano para outro, como em um ritual, sinto que muitas pessoas costumam olhar para o que passou, refletir, ver o que poderia ter sido, aprender com o que foi, para ressignificar e repensar o futuro. E nesta virada, lembrei de Sankofa.

Aprendi sobre Sankofa em uma conversa com Abdias do Nascimento, importante artista, político e professor. Abdias do Nascimento explicou que Sankofa é um adrinkra, e estes são um "conjunto de símbolos que representam ideias expressas em provérbios. O adinkra, dos povos acã da África ocidental [...], é um entre vários sistemas de escrita africanos"[322]. E Sankofa traz como saber/significado "retornar ao passado para ressignificar o presente e construir o futuro"[323].

Teodora, eu senti que é um pouco esse o movimento que estou fazendo. Você concorda? Porque rever as influências e confluências, buscar o meu *eu-educador*, para propor ideias para *meu-seu* mundo possível, é retornar, ressignificar e construir.

E confesso, neste momento, curto, da brecha, de intervalo, que não é nem (ano) passado e nem futuro, ao rever, e autorrever, compreendi: a confluência aconteceu no Percurso!

Quando descrevemos o chão que pisamos, trocamos leituras, sentimos as experiências, dialogamos, pensamos em conjunto os sonhos possíveis de serem sonhados e criamos nossa mala minimalista revolucionária, estivemos imersos na confluência entre a Abordagem Triangular do Ensino das Artes e Culturas Visuais e a Educomunicação. Estesia e estética, Ler – Fazer – Contextualizar, ecossistemas educomunicativos, cuidadania, decolonialidade, estavam presentes. Como foi sensível! Sentipensante.

A efervescência desta epifania, alimentou o que viria na sequência. Compreendendo o nascimento da confluência, como algo gestado e parido, estabeleci que, no próximo passo, ou seja, na Residência, seria

---

[322] IPEAFRO. **Adinkra**. Disponível em: https://ipeafro.org.br/acoes/pesquisa/adinkra/. Acesso em 01 dez. 2021.

[323] ITAÚ CULTURAL. **Sankofa. Ocupação Abdias do Nascimento**. São Paulo, 2016. Disponível em: https://www.itaucultural.org.br/ocupacao/abdias-nascimento/sankofa/. Acesso em 01 dez. 2021.

o exercício desta confluência experimentada no Percurso, com uma percepção mais aguçada, e um tempo mais extenso.

Ainda neste momento suspenso, em que não é antes e nem depois, lembrei de Conceição Evaristo, e deixei o tempo correr novamente.

> Ayoluwa, a alegria de nosso povo, continua entre nós, ela não veio com a promessa da salvação, mas também não veio para morrer na cruz. Não digo que esse mundo desconcertado já se concertou. Mas Ayoluwa, alegria de nosso povo, e sua mãe, Bamidele, a esperança, continuam fermentando o pão nosso de cada dia. E quando a dor vem encostar-se a nós, enquanto um olho chora, o outro espia o tempo procurando a solução[324].

Teodora, estas são as duas formas[325] de Sankofa que Abdias do Nascimento me apresentou, como um passado que olha para trás, mas que também pode ser visto como um coração estilizado. O que esse adinkra faz você sentir?

Com afeto,
Mauricio

---

324 EVARISTO, Conceição, 2016, p. 114.

325 IPEAFRO. **Adinkra**. Disponível em: https://ipeafro.org.br/acoes/pesquisa/adinkra/. Acesso em 01 dez. 2021.

CARTA 030

Querida Teodora,

O ano novo renova desejos

Mas quem achava que a nuvem pandêmica seria passageira, e que os fogos de artifício ajudariam a dissipá-la, se enganou.

Entramos em um novo ano, como se não tivéssemos saído do anterior.

O ano novo renova desejos, mas quem achava que a nuvem pandêmica seria passageira, e que os fogos de artifício ajudariam a dissipá-la, se enganou.

Entramos em um novo ano, como se não tivéssemos saído do anterior.

Muitas pessoas confundem em que ano estamos. Eu, o tempo todo. O celebrar, tão importante, , do corpo jubiloso, não gravou a experiência de que o ano mudou. Eu, pelo menos, sinto que não mudou. A ilusão de que o início de ano traria um alento, durou menos que o nevoeiro em dia em que depois faz muito sol – *se o nevoeiro baixa, é sol que racha, dizem.* Parece que o cansaço de continuar a vida em isolamento, nos fez ficarmos mais impacientes. Pessoas passaram a ignorar as recomendações sanitárias – *bem, algumas pessoas nunca as seguiram e, ainda pior, as desdenham* – e quem ainda buscava respeitar a vida, a própria e a da comunidade, sentia que muitas mortes viriam. A nuvem pandêmica não é como a nuvem dos sonhos, Teodora.

Como falar de sonhos possíveis em tempos como esses?

Mais uma vez, não tenho outra opção, senão resistir. E caminhar.

Bem, a pensão está vazia. Vejo poucas pessoas, de vez em quando. Mas ainda preciso evitar de sair. É necessário e urgente cuidar.

Neste contexto, foi dado o momento de compor a outra experiência com a Caleidos Cia de Dança, minha residência. Para a residência, apresentei a proposta da **prática arteducomunicativa dos sonhos possíveis de serem sonhados**, considerando que o grupo que havia participado do Encontro e principalmente do Percurso havia experienciado um primeiro processo de vivenciar as relações da Educomunicação, Arte/Educação e o pensamento decolonial.

Como foram as propostas no Percurso, sentipensamos *sonhos possíveis de serem sonhados para 2021*, e estes sonhos seriam retomados, mesmo que o grupo não fosse formado das mesmas pessoas participantes do Percurso. Abrimos as inscrições para a Residência indicando também que, abertos ao diálogo, novos sonhos poderiam surgir, e que teríamos a fotografia, a Educomunicação e o pensamento decolonial como temas principais.

A proposta da residência foi de realizarmos uma vivência arteducomunicativa em oito encontros, buscando o estabelecimento de um processo de aprendizado coletivo confluente entre a Arte/Educação, pelo olhar da Abordagem Triangular do Ensino das Artes e Culturas Visuais e a Educomunicação, buscando o estabelecimento da práxis arteducomunicativa.

Uma práxis arteducomunicativa acontece na relação Ler – Fazer – Contextualizar, de forma dialética e dialógica, no âmbito individual e coletivo, na busca por estabelecer um ecossistema educomunicativo, para realizar uma (ou várias) ação ou intervenção social que compreenda assuntos e práticas da Arte, ou seja, experiência estética, estésica, e reflexão crítica, em um contexto, em uma comunidade ou no mundo.

Teodora, na carta que falei sobre Educomunicação de forma mais específica, eu devo ter comentado que entendo o ecossistema educomunicativo como o estabelecimento de relações de comunicação entre as pessoas de uma determinada comunidade, por uso ou não de recursos tecnológicos, considerando que essas relações de comunicação devem acontecer de forma dialógica, horizontalizada, aberta, participativa, criativa e inclusiva.

Por isso reservei os primeiros momentos da Residência para estabelecer as bases deste ecossistema educomunicativo entre a comunidade/grupo de pessoas, que participaria da residência.

Após o passo inicial de estabelecimento de relações horizontais, mas com diferentes papéis, na qual a escuta ativa garante a fala de todas as pessoas, respeitando e aproveitando as diferentes experiências, e garantindo que essas diferentes experiências se complementem sem hierarquizar, seria escolhido um *sonho possível conjunto para ser trabalhado*.

Este sonho escolhido seria explorado, por meio de fazeres, com o objetivo de termos ao final da residência uma ação coletiva de intervenção social em favor desse sonho possível. Esta seria a devolutiva/compartilhamento do grupo,

O *como fazer* arteducomunicativo seria o elemento/método direcionador do processo, e as pessoas participantes ao mesmo tempo que aprenderiam sobre Educomunicação e Abordagem Triangular, as vivenciariam na prática.

O planejamento dos encontros foi feito da forma que trago abaixo:

ENCONTRO 1 - 08 DE MARÇO DE 2021 - 15h às 18h

- Apresentação;
  - Relação das minhas outras atividades no Caleidos com esta Residência;
- Sonhos Possíveis;
- Combinados: Somos todes residentes;
  * O objetivo dos combinados é iniciar o processo de postura de horizontalidade;
  - Para encontro 2, uma reflexão sobre o *chão que piso* e *objeto que trago* para a Residência

ENCONTRO 2 - 15 DE MARÇO DE 2021 - 15h às 18h

- Chão que Piso:
    Compartilhamento do *chão que piso*
    Escrever a partir da vivência
- Acesso aos objetos (fotos publicadas no Padlet);
- Conversa sobre Educomunicação: O que é?
    Entender Educomunicação, vivenciando a Educomunicação.
    Educom: Amor e Luta
    Redes – A vida acontece na Rede
        Nossos Ecossistema Educomunicativo
        Desenho da nossa Rede

ENCONTRO 3 - 22 DE MARÇO DE 2021 - 15h às 18h

- Fotografia e Pensamento Decolonial
- Teoria: Pensamento Decolonial
    Um olhar para as práticas a partir do pensamento de decolonial
    No meu cotidiano, o que posso fazer de forma decolonial?
- Outras narrativas
    escrevivência
    narrativa fotográfica

ENCONTRO 4 - 29 DE MARÇO DE 2021 - 15h às 18h
- Uma revolução tem que ser feita a partir de um encontro comunitário
- Escolha do sonho possível escolhido

ENCONTRO 5 - 05 DE ABRIL DE 2021 - 15h às 18h
- Produção a partir do sonho possível escolhido

ENCONTRO 6 - 12 DE ABRIL DE 2021 - 15h às 18h
- Produção a partir do sonho possível escolhido

ENCONTRO 7 - 19 DE ABRIL DE 2021 - 15h às 18h
- Finalização da ação sobre o sonho possível

ENCONTRO 8 - 26 DE ABRIL DE 2021 - 15h às 18h
- Ação sobre o sonho possível

Teodora, espero que tenha gostado da proposta. Não foi um planejamento enrijecido, no sentido de que não poderia ser alterado, porque, se assim o fosse, não seria uma prática dialógica e colaborativa, concorda? Eu, como artista/docente convidado precisava ter um caminho desenhado e coerente com minhas afluências e confluência.

Contamos com dezesseis pessoas[326] que fizeram a inscrição e participaram ativamente[327] da Residência, com acompanhamento e presença

---

[326] As pessoas participantes autorizaram o uso dos nomes, comentários, reflexões, imagens e produções realizadas durante a residência.

[327] Vinte e nove pessoas realizaram a inscrição interessadas na Residência, sendo que destas, seis pessoas haviam participado do Percurso em dezembro de 2020.

Uma das dificuldades indicadas pelas pessoas que participaram do Percurso em estar na Residência, foi o tempo alongado de oito encontros no período da tarde, às segundas-feiras, porque a agenda de outra atividades dificultava a participação. Das vinte e nove pessoas inscritas, dezesseis pessoas participaram de todo o processo. E as motivações apresentadas por quem não pode acompanhar o processo foram o início de aulas de pós-graduação em mesmo horário coincidente ao curso, dificuldades com atividades de trabalho para poder realizar também a Residência. Não tendo outras informações sobre as desistências, leio a queda no número de pessoas participantes como um fato provocado pelo período de excessivas atividades *on-line* que estamos vivendo nesta pandemia.

O grupo de pessoas que participou o período todo foi formado por: Bruna Pereira Mondeck, Camila Cristina Lazzarini, Daniela Ricarte, Everton da Silva, Fernanda de Cássia Ribeiro, Roberto de Freitas, Ingrid Marcele Silva, Julimari Pamplona, Leila Cristina Real Leite Bezerra, Maria Izabel de Carvalho e Muniz Mendes, Maria Izade Isabel Marques e Fábio Brazil. Essas atividades aconteceram durante oito encontros, ao longo de dois meses completos, às segundas-feiras, entre 15 e 18 horas.

Quero deixar registrado nesta carta também que, além dos encontros realizados na residência com as pessoas inscritas, também participei de encontros com a equipe de artistas/docentes do Caleidos Cia, composta por Bruna Mondeck, Nicolli Tortorelli, Ricardo Mesquita, e também por Isabel Marques e Fábio Brazil, para aprofundamento dos temas e práticas da residência.

Sabendo que muitas pessoas não tinham comparecido ao Encontro e ao Percurso, atividades anteriores, precisei apresentar às pessoas as minhas participações no projeto **Capital Social** para conseguir colocar todas as pessoas, tanto quem já havia participado de algumas das minhas ações, quanto quem nunca havia participado, em pontos parecidos. Recuperei então os meus passos no Caleidos Cia durante o ano de 2020.

Para retomar os sonhos possíveis, pedi para que as pessoas que estavam chegando compartilhassem seus sonhos possíveis a partir da efeméride do *dia – achava que eu havia esquecido? –* o Dia Internacional das Mulheres. Sonhos de viver em segurança, busca de direitos, equidade, autocuidado estão entre os que surgiram neste momento. Fernanda Ribeiro trouxe o sonho/desejo de escuta do corpo; Maria Izabel Muniz, a educação dos sentidos; Everton da Silva, a igualdade social.

Minha filha, fizemos algo tão simples e bonito para dar início aos encontros: os acordos de conversação. O respeito ao tempo de fala das pessoas, e tentar, dentro do grupo, usar o artigo feminino como genérico, ou o gênero neutro, em nossas conversas. Percebe como esses acordos grupais têm a ver com o estarmos juntos, guiados pela motivação de construir um mundo melhor? Bom, assim assumo e sigo agora adotando o plural genérico no feminino na escrita desta carta.

---

bel Ferreira Cruvinel, Nicolli Maronese Tortorelli, Ricardo Gabriel Souza Mesquita, Shaiane Beatriz dos Santos, Túlio Miguel Melo e Vivian dos Santos Alves Matosinho. E acompanhamento de Isabel Marques e Fábio Brazil.

As pessoas participaram de seis estados do Brasil, sendo Goiás, Piauí, Paraná, Rio Grande do Sul, Santa Catarina e São Paulo. Entre as ocupações das pessoas que participaram fora declaradas: acupunturista, artista-educadora, arte/educadora, artista da dança, artista gráfico, educadora de dança, estudante, fotógrafa, professora de arte, professora de dança, professora de educação infantil, professora aposentada. As idades das pessoas participantes estão entre 20 e 57 anos. Quanto a etnia/raça as pessoas declararam: branca, latino, latino-americana, negra, parda, preta.

Seriam oito encontros de três horas, ou seja, vinte e quatro horas de relação, em uma residência. O convite que fiz às pessoas foi o de residir comigo. Eu era artista/docente residente convidado. Era meu o papel propor reflexões, provocações e experiências. E isso só faz sentido para mim se eu me posicionar na quebra da relação hierárquica de possuidor do poder e conhecimento durante a atividade para buscar uma relação horizontalizada. A Residência da Sala de Visita seria um espaço como uma casa onde todas nós residiríamos juntas. Morar com outras pessoas exige respeito e cuidado. Exige ter objetivos próximos e conhecer limites. É uma relação de um estar junto em dificuldades, tristezas, alegrias. E muitas destas trocas viriam nestas vinte e quatro horas

Como referência para esse residir apresentei a artista Lucimar Bello e sua **Exposição/Imersão A Inteligência das flores – a casa**[328], realizada na Galeria Capibaribe, da Universidade Federal do Pernambuco em 2015, na qual a artista fez uma *performance* e convidava pessoas a imergirem com ela no espaço, definindo como usar os espaços delimitados no chão, dividindo a casa desenhada em cômodos.

Lucimar Bello havia escolhido o espaço aberto para as pessoas coabitarem, e eu, com essa inspiração apresentei as bases/estrutura da residência, definidas por mim e pelo Caleidos Cia, como datas e horários dos encontros, o tema principal e a necessidade de termos uma produção coletiva do grupo. Essa produção coletiva seria a construção resultante a partir das experiências da residência. Para além disso, poderíamos vivenciar o nosso espaço/tempo a partir do que entendemos como residir e montar uma casa, fazendo acordos, parcerias, e pensando os modelos de relações.

Teodora, para criar ecossistemas educomunicativos, precisamos estabelecer as relações dialógicas com a nossa comunidade, e como meu *eu-arteducomunicador* passa pela perspectiva da cuidadania e do ser/agir decolonial, a proposta da residência foi a de desenvolver esse projeto coletivo a partir dos modelos de relações de cuidado e parceria que estabelecemos.

---

[328] Exposição/Imersão - **A Inteligência das flores, a casa**, Galeria Capibaribe. UFPE, Recife 2015. Disponível em http://lucimarbello.com.br/site/exposicao-imersao-a-inteligencia-das-flores/nggallery/slideshow. Acesso em 10 jun. 2021.

329

Assim, para promover o encontro dos sentimentos e saberes parti novamente da ideia de pedir que cada residente refletisse sobre o chão que pisa, para poder escrever as histórias individuais e a história coletiva daquele grupo, tal qual aconteceu no Percurso.

Era uma forma de retomar o que havia acontecido anteriormente no Percurso, mas de uma maneira diversa, pois a reflexão sobre o chão que pisa viria em formato de foto de objetos que as pessoas gostariam de trazer para coabitar a casa conosco.

Para o compartilhamento dessas *fotorreflexões*, de objetos que iriam estar na residência conosco, o grupo sugeriu elaborar um mural na plataforma *Padlet*[330]. Como uma plataforma colaborativa, as residentes publicavam suas contribuições, em forma de imagens, textos, músicas. E nas vezes que alguém do grupo tinha dificuldade de enviar material para o mural, as colegas apoiavam e ajudavam. Assim, o aprendizado das ferramentas digitais, como o aplicativo de videoconferência *Zoom*, o mural *Padlet*, o *Instagram* ou mesmo o aplicativo de mensagens *Whatsapp*, vai acontecendo conforme o grupo se transforma em comunidade de aprendizagem.

---

329 Parte do grupo que participou dos encontros da Residência. Durante os encontros foram realizados prints, para o relatório do projeto, registrando os rostos das pessoas participantes.

330 As publicações feitas no mural colaborativo **A prática art/edu/comunicativa dos sonhos possíveis de serem sonhados**, da plataforma Padlet, criado para a Residência, podem ser acessadas pelo endereço https://padlet.com/mauriciovirgulino/c5nb2hv6b04mkdgc. Acesso em 08 jun. 2021.

Quando um grupo, como o formado nesta Residência, estabelece uma relação de cuidado com cada pessoa e com o coletivo, o mediador, e neste caso eu, como artista/docente convidado, fica ainda mais posicionado de forma horizontal na relação de poderes, promovendo o diálogo, e mobilizando ecossistema educomunicativo. Como eu já devo ter dito, são papéis e responsabilidades diferentes, Teodora, mas não há um poder opressor do *"eu mando e vocês obedecem"*.

Eu fiz uma colagem de parte deste mural na carta, para você ter ideia das publicações feitas no mural.

331

332

331 Imagem produzida a partir do mural Padlet **A prática art/edu/comunicativa dos sonhos possíveis de serem sonhados**, construído na Residência, 2021.

332 Imagem produzida a partir do mural Padlet **A prática art/edu/comunicativa dos sonhos possíveis de serem sonhados**, construído na Residência, 2021.

MAURICIO VIRGULINO SILVA

333

O mural se transformou em um mapa de nossas reflexões e produções, porque, além de serem publicados os objetos que remetessem ao chão que pisa, e que cada pessoa traria à residência, também recebeu outros materiais que foram criados a partir de propostas minhas, na minha mediação do processo arteducomunicativo, ou do grupo. No mural surgiram músicas, poesias, desenhos, fotografias, vídeos e todo o tipo de material que a plataforma aceitasse.

Entre as produções iniciais, do chão que pisa Marcele Silva[334] produziu um vídeo com sobreposições de imagens de seus pés caminhando e suas mãos dançando. Mas surgiram fotos de raízes, terra, vasos, violão, máscara, caderno, poesias, objetos que remetem à espiritualidade, família, e ao ato de costurar. Leila Real trouxe um tijolo, e Bruna Mondeck a foto do seu pé tatuado com raízes, pisando o chão. Estas imagens-palavras foram as que nos guiaram durante todo o processo da residência.

Como nosso tema era falar de Educomunicação, pensamento decolonial e fotografia, optei por dividir cada encontro em momentos de apresentação de perspectivas teóricas que estavam referenciando nossa convivência, e que era a minha oferta ao convidar as pessoas para se inscreverem na Residência, e em momentos de ações que caminhas-

---

[333] Imagem produzida a partir do mural Padlet **A prática art/edu/comunicativa dos sonhos possíveis de serem sonhados**, construído na Residência, 2021.

[334] Vídeo de Marcele Silva está disponível no mural padlet, com acesso direto pelo endereço: https://padlet-uploads.storage.googleapis.com/1077139569/0e3654f9b-676828d4864eb6234c3d795/qual_ch_o_Full_HD_1080p.mp4. Acesso em 11 jun. 2021.

sem na construção do ecossistema educomunicativo na confluência do Ler – Fazer – Contextualizar da Abordagem Triangular.

Teodora, eu vou te contar dessa experiência, fazendo um apanhado geral da passagem dos encontros, e não detalhar encontro a encontro, está bem? Porque muitas vezes o processo faz um vai-e-volta, ou seja, os temas entram um dia, e depois voltam a aparecer, o que é muito saudável, pois vamos trazendo camadas e aprofundando no refletir/agir que vão se intercalando e se sobrepondo. Mas creio que a apresentação do meu *como fazer*, do qual fiz uso na Residência também, você já deve estar familiarizada, pois eu trouxe no Percurso, e em cartas que escrevi para você sobre os conceitos. Como um espelho d'água, a Residência reflete essas afluências que levam à confluência.

Foram abordados os conceitos da Educomunicação, feita a reflexão sobre os enraizamentos e construção de redes – *lembra da minha conversa com o Cebaldo Inawanapi, na Escola de Inverno de Ecologias Feminista de Saberes?* – fazendo relação com as fotografias dos objetos trazidos pelas pessoas que coabitaram a Residência comigo.

Para materializar o ecossistema educomunicativo, pedi que as pessoas lessem, contextualizassem, fizessem – *em desenho, colagem, ou outra técnica que ficasse mais à vontade* –, e então publicassem imagens das redes que estavam sendo formadas a partir dos sonhos, palavras e objetos trazidos por outras residentes parceiras. Aqui, Teodora, eu trouxe os ecossistemas produzidos por Vivian Alves, Roberto Freitas e Maria Izabel Cruvinel. É interessante como as relações podem ter diversas formas de serem apresentadas.[335]

---

[335] Esquema produzido por Roberto Freitas sobre seu ecossistema comunicativo, publicado no mural Padlet **A prática art/edu/comunicativa dos sonhos possíveis de serem sonhados,** construído na Residência, 2021.

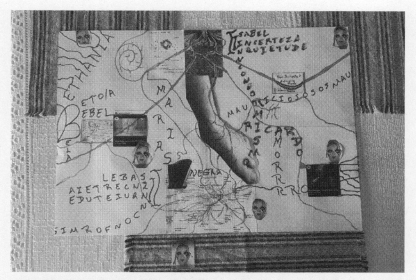

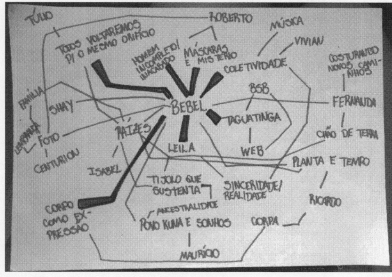

Falamos também sobre epistemologias de sul e decolonialidade. Apresentei Grada Kilomba e a obra *Table of Gods* – *que já comentei contigo* –, e para pensar a produção artístico-visual, como a fotografia,

---

336 Esquema produzido por Maria Izabel Ferreira Cruvinel sobre seu ecossistema comunicativo, publicado no mural Padlet **A prática art/edu/comunicativa dos sonhos possíveis de serem sonhados**, construído na Residência, 2021

em uma perspectiva decolonial, compartilhei o texto **A descolonização do olhar: reivindicação política de nosso tempo**[337], de Rosane Borges.

Creio que um dos pontos mais interessantes desse processo foi estimular o grupo a procurar artistas inspiradoras, e que de alguma forma estão produzindo a partir de um olhar decolonial. Para começar eu apresentei alguns trabalhos de Duda Santana[338], Arissana Pataxó[339], Denilson Baniwa[340], Rosana Paulino[341] e Angelica Dass[342], também o projeto Artistas Latinas[343], uma plataforma de difusão de produções e eventos relacionados a artistas mulheres latino-americanas. Teodora, se pudermos nos encontrar algum dia e você souber de artistas decolonais, ficarei feliz em poder conhecê-las contigo.

Bem, nos tornamos uma comunidade de aprendizagem, desenvolvendo nosso ecossistema educomunicativo, trabalhando conceitos e reflexões. E, como era o combinado, a partir das sementes plantadas em nosso chão e do entrelaçamento de raízes, alimentos trazidos para serem compartilhados, e desejos coincidentes, precisávamos germinar e florescer com uma produção coletiva.

O ponto de início deste florescimento foi o levantamento destas palavras/conceitos essenciais para colocar em nossa produção, que apareceram em uma roda de conversa com o grupo ampliado:

---

337 BORGES, Rosane. Descolonização do olhar, reivindicação política do nosso tempo. In: AZEVEDO, Dodô. **Quadro Negro.** 2020. Disponível em: https://quadronegro.blogfolha.uol.com.br/2020/09/12/precisamos-nosdescolonizar . Acesso em 12 jun. 2021.

338 Algumas obras de Duda Santana estão disponíveis pela plataforma Instagram, pelo endereço https://www.instagram.com/duda.ssantana. Acesso em 02 mai. 2023.

339 Algumas produções de Arissana Pataxó estão disponíveis no blog da artista, pelo endereço http://arissanapataxo.blogspot.com/. Acesso em 02 mai. 2023.

340 Algumas produções de Denilson Baniwa podem ser acessadas pelo endereço http://denilsonbaniwa.com.br/. Acesso em 02 mai. 2023.

341 O perfil e portifólio da Artista Rosana Paulino estão disponíveis no website da artista, pelo endereço https://www.rosanapaulino.com.br/. Acesso em 02 mai. 2023.

342 Dando destaque ao projeto Humanae, disponível no website da artista Angelica Dass pelo endereço https://angelicadass.com/pt/foto/humanae/ . Acess em 02 mai. 2023.

343 Mais informações sobre o projeto Artistas Latinas estão disponíveis no website oficial https://www.artistaslatinas.com.br/. Acesso em 02 mai. 2023.

Árvore	Florescimento
Vida	Coletividade
Kundalini	Raízes
Barro	Formigueiro
Trabalhar juntas	Terra
Plantar	Conexão da Rede
Construir	Pé
Intenções	Roda
Esperança	Tatuagem
Costura	Tijolo
Danças Afro	Chão
Mapas	Ideia

As palavras inspiraram a ação seguinte, feita a partir do método *World Café*[344], adaptado à Residência e ao formato *on-line* da videoconferência, na qual realizamos trocas de ideias de propostas para nossa produção coletiva. Assim, pensamos formato e conteúdo em um modelo dinâmico. Fizemos desta maneira: foram formados grupos de três a quatro pessoas, tendo o tempo de cinco minutos para cada pessoa apresentar para as outras a proposta de sonho possível para sonhar juntas e como tornar esse sonho realidade. Terminado o tempo, trocávamos os grupos e fizemos isso por cinco vezes.

Precisamos adaptar a proposta, Teodora, porque as experiências que eu tive anteriormente com *World Café* foram todas presenciais. Mas o objetivo desse compartilhamento de ideias foi mantido.

O objetivo ao final desta primeira parte, era que cada pessoa tivesse compartilhado seu sonho possível para um maior número de pessoas, de maneira dinâmica. A cada rodada eram revistas e melhoradas a forma de falar sobre o sonho, aproveitando ideias de outras colegas. Depois do intervalo – *um momento de descanso para esticar as pernas* – foi feita mais uma rodada, dividindo as pessoas em dois grupos grandes. E cada grupo teve o desafio de escolher um sonho possível para tornarmos materializável. Terminado o tempo, os dois grupos comparti-

---

[344] Algumas orientações sobre o método *World Café* estão disponíveis pelo documento **Um guia simplificado para auxiliar os diálogos durante um World Café**, pelo endereço http://www.theworldcafe.com/wp-content/uploads/2015/07/World_Cafe_Para_Viagem.pdf. Acesso em 10 jun. 2021.

lharam suas ideias, e que de alguma maneira, não surpreendentemente eram próximas. Não foi surpreendente pois já estávamos há horas e dias dentro do nosso ecossistema educomunicativo, dialogando. Os sonhos já estavam sendo sonhados juntos.

A ideia elaborada conjuntamente foi a de construir uma plataforma, posteriormente optamos por utilizar a plataforma *Instagram*, para a qual seriam produzidos conteúdos que abordassem questões decoloniais, sobre saúde, cuidado, referências culturais decolonais, experimentações de dança e divulgação de projetos sociais, como ações de combate a fome, por exemplo. Inclusive uma das ideias foi desenvolver um projeto de combate à fome, mas percebemos que seria mais válido, no tempo disponível, apoiar outros projetos que já aconteciam e estavam estruturados. Obviamente os temas do nosso cotidiano pandêmico dos meses de março e abril de 2021 nos sensibilizavam. Nestes dois meses, tivemos no Brasil, até o momento, o maior número de mortes de pessoas por Covid19, a doença desta pandemia. Como resistir, Teodora? Seguimos com nossa proposta, estabelecemos responsabilidades, indicando as pessoas que cuidariam da estrutura como a plataforma, identidades visuais, sonoras, audiovisuais, e quem cuidaria dos conteúdos.

Nossa produção deveria também ampliar o ecossistema comunicativo e o Ler – Fazer – Contextualizar que estávamos experienciando, assim florescendo a Residência para semear.

A proposta final foi de realizar uma instalação artístico/educomunicativa, ou arteducomunicativa, no *Instagram*. Pois bem, ela foi batizada de *instagramação* artística, durou uma semana, de 20 a 26 de abril de 2021, com produções/obras do coletivo. E, também, trouxe a proposta de ativação das obras tanto por nós residentes/artistas/educomunicadoras, quanto pelo convite ao público.

A ativação foi provocada pelas publicações no *feed* do perfil @silenciar_movimentar do *Instagram*, que ficam registradas no perfil, e pelas publicações nos *stories*, que ficam disponíveis por 24 horas, como também pelas publicações em destaque de *stories* salvos. Ou seja, Teodora, estudamos as possibilidades e características do *Instagram* para criar o material que foi compartilhado e assim utilizar as potencialidades oferecidas pela plataforma.

Foram definidas três linhas de publicações, Teodora:

> [indicAR]: indicar conteúdos, campanhas e artistas decoloniais

[provocAR]: pequenas propostas de reflexão e experiência, ligadas a temas como consciência corporal, cuidado, dança, silêncio, poesia.

[olhAR]: fotos produzidas pelas residentes, tendo como base uma reflexão sobre fotografia/olhar decolonial, a partir do tema "provocações de fazeres e não fazeres nos nossos cotidianos"

Estas três linhas de publicações atenderam a dois movimentos, pendulares, o silenciAR e o movimentAR. Teodora, temos a dança dos elementos! A confluência da água, o enraizamento e o chão da terra, a transformação – social, atitude – do fogo, e o ar que tanto faltou às pessoas vítimas de Covid19, aparecendo nas ações da instalação produção coletiva da Residência.

O silenciAR busca um olhar para si mesmo, uma reflexão de percepção do próprio corpo, do autocuidado, do respeito. E o movimentAR é a ação no mundo. Não é desse movimento que somos feitas?

E a instalação começou a nascer com a proposta de imagem feita pela Camila Lazzarini:

345

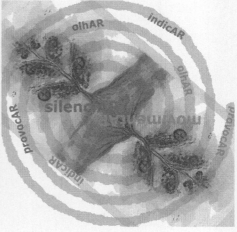

346

345 Imagem produzida por Camila Lazzarini para o desenvolvimento da identidade visual da proposta de instalação silenciARmovimentAR.

346 Imagem produzida por Mauricio Virgulino Silva para o desenvolvimento da identidade visual da proposta de instalação silenciARmovimentAR, a partir da imagem de Camila Lazzarini, e das palavras que direcionaram a produção da instalação **silenciARmovimentAR**.

Com a imagem da Camila Lazzarini, que chamava a atenção para as raízes, chão, e florescências, ideias que vinham inspirando o grupo, eu desenvolvi outra imagem, com as linhas de publicação e o pêndulo tema silenciar e movimentar, trazidos nas decisões do grupo.

Decidimos conjuntamente pelo planejamento de publicações que consistia em publicações nas horas ímpares, das 9h às 21h da noite, dependendo da disponibilidade dos conteúdos. Foi criado um grupo de trabalho para coordenar as publicações, composto por mim, Bruna Mondeck, Nicolli Tortorelli, Shaiane Santos, Daniela Ricarte, Marcele Silva e Roberto Freitas. Enquanto isso, dois grupos, um trabalhando sob o tema *silenciAR* e outro sob o tema *movimentAR*, continuavam a finalizar as obras que fariam parte da instalação.

E no final do dia 19 de abril, abrimos **silenciARmoviment AR**[347] no perfil @silenciar_movimentar do Instagram, com um vídeo de apresentação e o texto:

> ARAR
> & plantAR
> silenciAR & movimentAR
> Esta é uma instalação educomunicativa & artística coletiva, que acontece entre os dias 20 e 26 de abril de 2021, com inspiração no pensamento decolonial.
> Há uma ação pendular entre o convite ao silêncio e o convite ao movimento em três momentos que se confundem: indicAR, provocAR e olhAR. Em um período pandêmico onde somos chamades a perceber a si mesmas e às outras pessoas, nos observAR, respirAR, e agir em busca de uma consciência de corpa individual e corpa coletiva, buscando um EsperançAR (Esperança-Ação) de resistir e amar e mudar as coisas, porque isso é o que nos interessa mais.
> O convite é que você esteja conosco nesta semana, inspirando e expirando, meditando e conectando, em participação ativa para construir e ampliar uma rede transformadora.
> Vamos preparar a terra, semear, esperançar e florescer.
> Bem-vindes!

Teodora, você deve ter visto na caixa de cartas, várias obras da instalação arteducomunicativa **silenciARmovimentAR**, entre outras que coloquei junto às cartas. Talvez você tenha ficado instigada a ativar as obras também. Se não o fez, convido você a experienciá-las.

---

[347] As obras da instalação arteducomunicativa coletiva, produção da Residência podem ser vistas pelo endereço https://www.instagram.com/silenciar_movimentar. Acesso em 11 jun. 2021.

No encerramento da instalação, no dia de comemoração dos 25 anos de defesa de doutorado de Isabel Marques – *mais uma efeméride!* –, encerramos a Residência, trocando afetos sobre a experiência, com vontade de continuar.

No processo de encerramento também fizemos uma avaliação reflexiva[348] sobre o processo da Residência, e sobre a instalação **silenciARmovimentAR**, Roberto Freitas, nos trouxe a fala de uma amiga, com a qual ele havia compartilhado o silenciARmovimentAR. Essa amiga disse: "É isso, Roberto!", simplesmente. Teodora, essas duas palavras dizem muito! Porque experienciar o momento, o silêncio e o movimento é a reverberação que precisamos buscar em tempos de desesperança. A Bruna Mondeck compartilhou as reflexões de um amigo que dizia não saber responder algumas das provocações colocadas na instalação, como as questões "você tem escutado a sua alma?" ou "qual chão você anda pisando?", e por isso ele ficou parado minutos em cada questão. Bruna Mondeck respondeu a ele: "é exatamente isso! Não era sobre ter a resposta, era sobre pensar sobre". Ou Teodora, lembrando de Alice, do País das Maravilhas, fazer perguntas para termos respostas temporárias.

É sobre se colocar em conexão, em contato, em relação. Em uma comunidade de aprendizagem que traz temas desde jardinagem a vaporização uterina, ou que indica artistas e músicas, e que nos provoca a dançar com o vento. Uma costura de nós.

Também foi relatada a importância do processo de produção coletiva, com o desafio da produção artística, que trouxesse as provocações, na conexão das imagens, sons e textos, e a descoberta de novos temas, inter-relacionados aos escolhidos pelo grupo, como a ritualização, receitas, cuidados com o corpo, temas surgidos nas avaliações de Nicolli Tortorelli e Ricardo Mesquita.

Ricardo Mesquita trouxe também que, ao olhar as publicações no *Instagram* @silenciar_movimentar, além do afeto, reconhecia a linha de produção de saberes enredada, com a imagem elaborada por uma pessoa, e voz de outra, e o texto de outra. Havia uma costura, uma *cola que nos une*, explicitada pelo processo de residir dialogicamente. Não é apenas uma simples publicação na rede social. E também a provocação de perceber nossa relação com o tempo. De como nos disponibilizamos para experienciar.

---

[348] O encontro foi gravado, com o objetivo de registro e para relatório do Projeto Capital Social.

Fernanda Ribeiro expôs que havia imaginado, em um primeiro momento, que a instalação seria um convite às outras pessoas, não participantes da Residência, à experiência de silenciARmovimentAR, mas ela, como parte do coletivo proponente, se sentiu convocada a participar ativamente como público, se permitindo o tempo da fruição. Fernanda Ribeiro destacou também a produção hipercoletiva com a multiplicidade de mensagens no grupo de *Whatsapp* criado para a Residência, e o comportamento colaborativo, sem relações egoístas, em uma busca, a todo momento, pelo compor. Everton Silva destacou a relação cuidadosa e suave do grupo. Marcele Silva compartilhou que foram muitos os atravessamentos durante seu contato com as obras, com vontade de se demorar, e que a possibilidade de visitar novamente o perfil, em outros contextos, trarão atravessamentos diferentes. Leila Real ressaltou que na bagagem fica a experiência e a mudança de perspectiva, do ver o novo, que reverbera, e das perguntas que geram novas perguntas.

O trabalho árduo de produção e de agitação, para preparar as publicações foi registrado pela Isabel Marques, que destacou a trama e a dedicação de todo o grupo, na confluência de tudo que foi feito.

De certa forma o convite ao silenciARmovimentAR, colocado em uma rede social como o Instagram é também uma forma de hackear a rede. Porque uma rede social como esta, Teodora, nos incita a ver muitas publicações em poucos minutos. Precisar parar por vários minutos em uma única publicação é nos trazer uma sensação de presença, do estar, do experienciar com qualidade, que não é comum em um aplicativo/espaço como este, principalmente nos últimos tempos, como trouxe Fábio Brazil, sendo algo disruptivo.

Shaiane Beatriz dos Santos, Vivian Alves e Maria Izabel Cruvinel destacaram que, embora a rede social nos instigue a uma velocidade desestabilizadora, o convite trazido pelo silenciARmovimentAR, foi um momento de reflexão, experiência que trouxe um momento respirar, de prazer estético e de percepção de si mesmas.

Nas reflexões de encerramento, Julimari Pamplona afirmou que, quando vemos a instalação, vemos o grupo! E Maria Izabel Muniz refletiu que, "a cada um, o seu tempo".

O encerramento da Residência me fez lembrar de uma frase que está no livro **A viagem do elefante**[349], de José Saramago, que sobre a

---

[349] SARAMAGO, José. **A viagem do elefante**. 11. ed. Lisboa: Porto Editora, 2014.

conversa do rei de Portugal com um funcionário, diz: "Que é um ato poético, perguntou o rei. Não se sabe meu senhor, só damos por ele quando aconteceu".[350]

Confluímos.

Com afeto,
Mauricio

351

---

[350] SARAMAGO, José, 2014, p.15.

[351] Publicação da instalação coletiva **silenciARmovimentAR**: fotografia de Fernanda Ribeiro. Acesso para a obra completa pelo endereço https://www.instagram.com/p/COJAN4Hny5a/. Acesso em 02 mai. 2023.

CARTA 031

Querida Teodora

Como o tempo passa!

E sinto que as cartas estão acabando. Estou prestes a retornar após este tempo todo longe de Abya Ayala. Mas não sei exatamente para onde ou para o quê vou retornar. Ou ainda quem vai retornar. Estou em constante autorrevisão, mas creio que essas cartas ajudaram a me entender melhor, e encontrar a confluência.

Mas antes de ir, preciso comentar, em uma carta rápida sobre o meu Desembarque da Sala de Visita do projeto **Capital Social**. Como eu havia dito, os artistas/docentes convidados a residir teriam que apresentar uma produção artística. E eu quis produzir algo que remetesse ao isolamento, à nuvem pandêmica, e às experiências vivenciadas na Sala de Visita.

Embora este processo possa ser um pouco mais solitário, produzir uma obra minha, eu busco estabelecer a confluência da Abordagem Triangular e Educomunicação, o diálogo e as múltiplas vozes também nas minhas produções artísticas. Assim foi na instalação fotográfica **Me Fere**[352], realizada em 2018[353] no Foto_Invasão 2018 do Red Bull Station, como também foi na obra de ambrótipo **Albury Omulu!**[354], participante da exposição **Ano do Cão**, realizada em 2018, promovida pelo Imagineiro e por um coletivo de pessoas interessadas em estudar a ambrotipia, uma técnica fotográfica que usa colódio úmido e placas de vidro como suporte, do mesmo ano.

Buscando exercitar esse *eu-artista*, produzi para o Desembarque a *performance* **Cronos na Caixa**, apresentando as fotografias da minha

---

[352] A instalação fotográfica **Me Fere**, foi participante do Foto_Invasão 2018 no espaço Red Bull Station em São Paulo. Mais informações disponíveis em https://www.redbull.com/br-pt/foto_invasao_2018 . Acesso em 10 jun. 2021.

[353] O vídeo produzido por Ignacio Aronovich / Lost Art com algumas imagens da instalação pode ser assistido pelo endereço https://vimeo.com/271788535#t=44s. Acesso em 12 jun. 2021.

[354] Mais informações sobre a exposição Ano do Cão, disponíveis pelo site https://www.imagineiro.com.br/ano-do-cao-exposicao-fotografica-coletiva-placa-umida-de-colodio/. Acesso em 10 jun. 2021.

resistência a Cronos, divindade grega que rege os destinos e a tudo pode devorar. Isso porque nesse tempo pandêmico, a fúria de Cronos se elevou e ele está à espreita. Parece que a única maneira de sobreviver é viver encaixotado. Com isso, o contato com o mundo externo deixa de existir. E eu fazia a pergunta: existe um mundo fora da caixa?

Cronos na Caixa foi realizada em 29 de abril de 2021. Mas, Teodora, falar destes processos artísticos não é o foco desta minha sequência de cartas. Apenas trouxe um pouco disso para dizer que temos ainda muito a conversar. E como a proposta da Sala de Visita do **Capital Social** do Caleidos Cia era também essa apresentação, eu não queria que você pensasse que eu esqueci de te escrever sobre.

Teodora, espero ter a chance apresentar Cronos na Caixa para você, um dia.

Com afeto,
Mauricio

Definitivamente não somos iguais, e é maravilhoso saber que cada um de nós que está aqui é diferente do outro, como constelações. O fato de podermos compartilhar esse espaço, de estarmos juntos viajando não significa que somos iguais; significa exatamente que somos capazes de atrair uns aos outros pelas nossas diferenças, que deveriam guiar nosso roteiro de vida. Ter diversidade, não isso de uma humanidade com o mesmo protocolo. Porque isso até agora foi só uma maneira de homogeneizar e tirar nossa alegria de estar vivos.

Ideias para adiar o fim do mundo[355]

Ailton Krenak

356

---

355 KRENAK, Ailton, 2019, p. 33.

356 Publicação da instalação coletiva silenciARmovimentAR: fotografia de Fernanda Ribeiro. Acesso para a obra completa pelo endereço https://www.instagram.com/p/COJAN4Hny5a/. Acesso em 02 mai. 2023.

CARTA 032

Querida Teodora,

Sinto que estou em tom de despedida.

Pensando bem, Tom pode estar relacionado à cor e música, ao jeito de abordar as coisas, à formas de conhecer, à bonita maneira particular de uma vida significativa.

Não é porque estamos caminhando juntos que sempre seguimos o mesmo tom. Muitas vezes é a composição de tons diferentes que torna o processo de viver mais rico. E se ao afinarmos nossa diversidade, confluímos.

Eu busquei, comentando sobre as minhas vivências, minhas referências, minhas vontades, e meus jeitos de ver/fazer, apresentar a você o meu *eu-arteducomunicador*, ou seja, meu *como fazer* a confluência entre a Abordagem Triangular do Ensino das Artes e Culturas Visuais e a Educomunicação. Este *como fazer* é minha proposta, que também se relaciona a propostas de pessoas que estão caminhando ao meu lado, a partir das minhas experiências, para construir um mundo melhor, realizando sonhos possíveis.

Não, Teodora, o mundo não acabou, o fim do mundo não chegou. Embora a cada dia de inequidade, de injustiças, de opressão, o mundo acabe um pouquinho

Resta a nós lutar para evitar que esse mundo pare de acabar, para florescer e semear. Resta a nós esperançar este mundo, um mundo melhor.

Espero que estas cartas ajudem você a criar o seu mundo melhor, com seus sonhos possíveis.

E que nós possamos dialogar em breve, quando a nuvem pandêmica for definitivamente embora.

Com afeto,
Mauricio

Teodora
A música Samba da Utopia[357], de Jonathan Silva, cantada por Ceumar, é a trilha sonora deste momento.
Se puder, pare um pouco com a leitura das cartas, coloque a música e a escute de olhos fechados, com uma fresta de sol no rosto.

---

[357] SILVA, Jonathan. **Samba da Utopia**. Intérprete: Ceumar Coelho. São Paulo: Juá Estúdio, 2018. Disponível pelo canal oficial do compositor na plataforma Youtube em https://youtu.be/KDXX7m3iBzc . Acesso em 10 jun, 2021.

#05.
O MANIFESTO DA CONFLUÊNCIA

CARTA 033

Querida Teodora

Eu me despedi na carta anterior, mas sou ruim com despedidas. Eu volto e fico dizendo até logo. Acenando até você desaparecer da minha vista. E sou aquela pessoa que espera até o avião decolar, ou ônibus sair, naquele último aceno.

Eu estou na espera no aeroporto de Lisboa, muitas pessoas estão por aqui e o saguão próximo ao meu portão de embarque está agitado. Todas as pessoas usando máscaras de proteção, mas não tenho certeza do quanto os protocolos sanitários estão sendo seguidos.

Estou voltando com a mesma mala que eu trouxe, uma grande e cinza, emprestada pela sua tia Maria Fernanda. Uma das rodinhas traseiras está com a borracha bem desgastada. Vou precisar trocá-la antes de devolver a mala.

Por conta dos presentes que ganhei, acabei deixando na pensão duas garrafas de vinho que eu queria trazer para o Brasil, um Papa Figos e um Assobio. E eu precisei vestir as duas blusas de neve que levei para a Serra da Estrela e que me acompanharam nas noites pandêmicas geladas para não ter que gastar com o despacho de mais uma mala. Até chegar ao portão de embarque, suei muito. Mas agora estou bem.

O voo vai atrasar um pouco. E por isso resolvi escrever essa carta extra. Durante o caminho de Coimbra a Lisboa, vim pensando no que estamos vivendo e em todas estas experiências que eu compartilhei com você. E com certeza muitas coisas ficaram de fora. Mas não há problemas, se você achar que eu esqueci de algo importante, podemos conversar e talvez incluir juntos.

De todo modo, eu tive o desejo de que a última carta não fosse apenas uma despedida, então pensei em escrever um manifesto. O meu manifesto da confluência da Abordagem Triangular do Ensino das Artes e Culturas Visuais e da Educomunicação.

O MANIFESTO DA CONFLUÊNCIA DE UM ARTEDUCOMUNICADOR PARA A CONSTRUÇÃO DE SONHOS POSSÍVEIS

Para apresentar o manifesto preciso fazer a pergunta: Que mundo queremos? Comumente esta pergunta é respondida individualmente, mas o *nós* implícito a ela conclama uma coletividade. E há um perigo quando consideramos apenas a soma das falas individuais como coletividade, pois o que uma pessoa quer, não necessariamente condiz com o que as outras pessoas querem. O que nós queremos deve ser fruto de uma reflexão que se torne comum, mas não necessariamente concordante, a todas as pessoas envolvidas. De toda forma, para criar encontros, temos que nos conhecer e refletir sobre o que faz sentido para nossa percepção individual e coletiva.

A tarefa de responder ao questionamento sobre qual mundo queremos nos faz buscar o que nos move como coletivo. Falar sobre mundo-coletivo é falar sobre mundo-sociedade. Assim, que sociedade queremos para este mundo? Quais relações sociais entre pessoas? Quais acordos e cuidados? Que contratos econômicos e qual a perspectiva de desenvolvimento queremos? Não que este manifesto pretenda responder a todos esses âmbitos, nem que a confluência da Abordagem Triangular do Ensino das Artes e Culturas Visuais e da Educomunicação como contribuição para este mundo-sociedade que queremos será a chave de transformação do todo. Mas, ciente de que ao movimentar uma dimensão da sociedade, provocamos e influenciamos os modos de pensar as outras dimensões, porque interligados e não separados em disciplinas estanques, o manifesto parte da minha experiência as transáreas de conhecimento da Arte/Educação e da Comunicação/Educação.

MAURICIO VIRGULINO SILVA

A busca pelo que entendemos como mundo melhor pode ter diferentes visões, por exemplo, o entendimento do que é a luta pelos Direitos Humanos. Marcada temporalmente pela publicação da Declaração Universal dos Direitos Humanos (DUDH) em 1948, esta representa um avanço social e político em muitos aspectos, pois coloca as bases para o que são os direitos das pessoas. De todo modo, a DUDH não pode deixar de ser alvo de uma leitura crítica sobre as ausências, tanto de representatividade em sua elaboração, quanto em definições em seu conteúdo. E este é um ponto crítico porque a DUDH é pretensamente universal, ou seja, quer compreender todas as pessoas humanas, mas se colocar como universal é também estabelecer um modelo social, que apresenta quem cabe e quem não cabe no padrão do que é considerado pessoa detentora de direitos.

De toda forma, a garantia de que todas as pessoas tenham acesso aos Direitos Humanos, em uma visão mais inclusiva, e que respeite a diversidade de formas de organização social e cultural é base para alcançarmos um mundo que queremos, com direitos que representem o contexto e lutas atuais.

Nesse sentido, se todos somos iguais, e temos os mesmos direitos, como países defensores dos Direitos Humanos apresentam tantas diferenças sociais, no que tange ao acesso à Educação, à Saúde e à Segurança? Por que existem países signatários da DUDH tão pobres e outros tão ricos, em diferentes âmbitos, após 72 anos da publicação da mesma? Há uma hierarquia e uma hegemonia na perspectiva do que são os direitos humanos? Ou seja, há uma hegemonia em pensar o que é um mundo melhor?

Na minha reflexão, e sei que nela não estou sozinho, há sim uma perspectiva hegemônica, que pauta a sociedade que temos hoje, com diversos desequilíbrios ainda mais expostos por conta da situação da pandemia de Covid-19[358], pela qual pessoas historicamente mais vulneráveis pelos séculos de opressão, são as mais expostas à falta de assistência. Assim, um caminho para um mundo melhor passa, a meu ver, pelo caminho visando a contra-hegemonia, em busca de uma sociedade na qual hierarquia tenha a ver com a organização de responsabilidades e funções e não seja sinônimo e garantia de privilégios, como tem sido entendida.

A quebra da hierarquia não é uma quebra das atividades ou funções sociais diferentes. Não é possível que todas as pessoas tenham atividades idênticas em função, qualidade e execução, mas sim é necessário ter um equilíbrio entre a especialização e a generalização de saberes e práticas com

---

358 KRENAK, Ailton, 2020.

o aprofundamento e as conexões entre diversos conhecimentos. Estes movimentos podem coexistir em todas as pessoas, pois em um aspecto somos especialistas e, em outro, somos generalistas, e ainda em outros, somos dependentes – sem ser uma dependência opressiva e sim uma dependência produzida na prática colaborativa e dialógica de construção coletiva.

Assim, a ação contra-hegemônica é uma atividade de práxis decolonial, ou seja, uma reflexão-ação que suprime a lógica de desumanização que atinge as pessoas oriundas de processos coloniais, com efeitos materiais, epistêmicos e simbólicos. Neste sentido, Nelson Maldonado-Torres[359] sintetiza que uma práxis decolonial, na promoção de uma nova ordem mundial "[...] é a luta pela criação de um mundo onde muitos mundos possam existir, e onde, portanto, diferentes concepções de tempo, espaço e subjetividade possam coexistir e também se relacionar produtivamente". É válido mencionar que estes mundos que Maldonado-Torres cita já existem, como os modos de viver de etnias indígenas da América Latina, ou as práticas de populações africanas, ou ainda os saberes de moradores das periferias, mas que sofrem de falta de reconhecimento e políticas de consideração.

Por isso o mundo que queremos deve possibilitar que seja obtida e mantida a justiça social e cognitiva, com relações igualitárias, respeito às subjetividades e à diversidade de narrativas. Neste sentido, as práticas para criar este mundo devem — tendo como referência as reflexões de Ailton Krenak, Ana Mae Barbosa, bell hooks, Chimamanda Adichie, Conceição Evaristo, Catherine Walsh, Emicida, Grada Kilomba, Leonardo Boff, Nelson Maldonado-Torres, Franz Fanon, Ismar de Oliveira Soares, Teresa Cunha e Paulo Freire, entre outros autores —, ser antirracistas, antimachistas e antipatriarcais, ecologicamente engajados, anti-hegemônicos, antiepistemicidas, e que promovam modelos de desenvolvimento político e econômico não destrutivos das subjetividades, das culturas e do meio-ambiente, e não opressores dos indivíduos, das comunidades e da vida natural.

E especificamente na relação da Arte – Comunicação – Educação, minhas áreas de atuação, proponho a confluência entre duas abordagens paradigmáticas: a Educomunicação[360], colocando o foco no conceito dos ecossistemas comunicativos e a Abordagem Triangular do Ensino das Artes e Culturas Visuais[361]. Olhar para os ecossistemas co-

---

[359] MALDONADO-TORRES, Nelson, 2020, p. 36.

[360] SOARES, Ismar de Oliveira, 2011.

[361] BARBOSA, Ana Mae, 2010.

municativos é sistematizar a busca por estabelecer relações mais dialógicas, participativas e horizontalizadas.

Sendo que ambos, por terem como elementos o aprendizado de e com linguagens práticas expressivo-reflexivas, podem também atuar de forma crítica à "colonialidade do ver, do sentir e do experienciar"[362], em uma pedagogia decolonial contemporânea[363]. São propostas, portanto, que buscam questionar as práticas e pedagogias colonizadoras, euro/estadunidense centradas, apresentando alternativas para desenvolvermos modelos educacionais contextualizados e referenciados na tradição cultural local, nas necessidades, lutas e desejos atuais das comunidades.

Neste caminho, a confluência também se faz no sentido de que tanto a Educomunicação quanto a Abordagem Triangular são teorias decoloniais, latino-americanas, participantes de um sul epistêmico não hegemônico, e também teorias sistemizadas[364], garantindo sua própria organização e conceitos, mas aberta a relações diversas, dinâmicas, complexas, críticas, contextualizadas, com raízes comuns decoloniais, e que buscam dentro de si mesmas a ecologia de saberes. Assim, não há separação das formas de perceber e agir no mundo, quebrando as barreiras artificialmente criadas entre razão – emoção – espiritualidade, e, assim, promovendo os *sentipensares*[365] e *corazonares*[366], pois, como diz Paulo Freire[367], somos "uma inteireza e não uma dicotomia".

Desta forma o ativismo decolonial[368], amalgamado a uma perspectiva de uma pedagogia engajada[369], é aspecto indispensável na construção de identidade de arte/educadores críticos, que, ao desenvolverem ecossistemas comunicativos, tornam sua *práxis* (tanto na formação como professores como na prática arteducativa), pautada pela quebra da relação de poder sobre o saber. Pensar e agir desta forma permite que as relações sejam construídas coletivamente redundando em formas

---

[362] MALDONADO-TORRES, Nelson, 2020, p. 44.
[363] WALSH, Catherine, 2013.
[364] MORIN, Edgar, 2008.
[365] FALS BORDA, Orlando, 2009.
[366] GUERRERO ARIAS, Patricio, 2010.
[367] FREIRE, Paulo, 2012, p. 18.
[368] MALDONADO-TORRES, Nelson, 2020.
[369] hooks, bell, 2017.

comunitárias de pensar, educar e viver a cultura em uma sociedade que vive a coexistência, não bélica, de diversas narrativas.

A coexistência de narrativas demanda um processo de liberdade no contar as próprias histórias, sendo possível estabelecer um paralelo e conjunção com a proposta de educação como prática da liberdade[370] considerada efetiva ao permitir e valorizar a coexistência de subjetividades. Esta diversidade de narrativas e de subjetividades está prevista nos procedimentos realizados à luz dos paradigmas da Educomunicação e da Abordagem Triangular do Ensino das Artes e Culturas Visuais, em seus fundamentos e ações.

Essa *práxis* é corroborada pela reflexão que Maldonado-Torres apresenta em suas 10 teses sobre colonialidade e decolonialidade, indicando que a decolonialidade é um processo enraizado em uma ação de afastamento de práticas coloniais, para confronto com as relações sociais de opressão. Este afastamento indica que o giro decolonial, ou seja, uma virada da ação colonial para decolonial, ocorre quando o condenado (usando este termo na perspectiva de Fanon), "emerge como questionador, pensador, teórico e escritor/comunicador"[371], como também quando ocorre um giro estético, do qual "o condenado surge como criador"[372], e também um "giro decolonial ativista, por meio do qual o condenado emerge como agente de mudança social".[373]

Desta forma, a pessoa oprimida, ou condenada, quando se torna autora de sua vida, de seus processos e escolhas, tendo acesso aos meios de produção artística e comunicativa, permite a expressão e experiência também coletivas, estabelecendo assim, ecossistemas comunicativos mais significativos e efetivos. Como comunicadora e criadora, assume o processo de sua autoconstrução como sujeito, bem como o apoio à construção de outras subjetividades.

O giro decolonial, indicado por Maldonado-Torres, deve ocorrer inclusive na formação de educadores, engajada no processo de uma educação dialógica, que considera a experiência e conhecimento dos educandos e de sua comunidade como saberes válidos, é responsável pela ampliação de repertório comprometida com uma ecologia de saberes[374].

---

[370] hooks, bell, 2017.

[371] MALDONADO-TORRES, Nelson, 2020, p. 46.

[372] MALDONADO-TORRES, Nelson, 2020, p. 48.

[373] MALDONADO-TORRES, Nelson, 2020, p. 49.

[374] SANTOS, Boaventura de Sousa, 2010.

Podemos somar a estas ideias o conceito e a prática de escrevivência de Conceição Evaristo[375], e pelo qual produz contos, poemas e romances, como um modo de escrever a partir da experiência vivida, que não parte apenas de um falar sobre a individualidade, mas de um viver individual que espelha a coletividade. Como acadêmicos engajados, a escrevivência pode atuar na produção de textos de conclusão de cursos ou artigos acadêmicos como um "operador teórico [...] de empoderamento frente ao texto convencional, criando, assim, uma rota alternativa, que concede fluidez à autoria discente [...] gerando uma autonomia e originalidade nesses trabalhos"[376].

Como educadores que trabalham na formação de outros educadores, este operador teórico, escrevivência, além de ser um método ofertado como forma de olhar para seu próprio memorial de professor, também é um item no acervo de práticas educativas libertadoras, pois se vale de colocar as experiências do autor como elemento principal do texto, materializando em documento histórias que são, em geral, invisibilizadas[377], como as das pessoas periféricas, fora dos padrões sociais, econômicos e culturais.

Em um mundo no qual há muito tempo conhecimentos sofrem epistemicídios, histórias são apagadas e falas são silenciadas, uma confluência entre a Abordagem Triangular do Ensino das Artes e Culturas Visuais e a Educomunicação, só se faz comprometida com uma ação libertadora se faz essencial para construção de novas formas de agir e ser no mundo, e aqui entendemos que a Arte, a Educação e a Comunicação como aliadas, em um ler, fazer e contextualizar engajados na produção de relações dialógicas e mais dialógicos ecossistemas comunicativos. Obviamente sem se isolar de outras formas de estar no mundo, como dos âmbitos econômico e político, entre outras áreas, mas que ao promovermos a valorização de uma diversidade de narrativas, estamos promovendo a valorização e a construção de referências identitárias, e, portanto maior equidade. Hoje não é este modelo que temos, mas é o modelo que eu desejo e busco colocar em prática no o mundo.

Assim, a confluência entre a Abordagem Triangular do Ensino das Artes e Culturas Visuais e a Educomunicação que desejo, é a que não esteja alienada do mundo que queremos, do mesmo modo que não pensamos em uma Educação contemporânea alienada do contexto em

---

[375] EVARISTO, Conceição, 2017.

[376] FELISBERTO, Fernanda, 2020, p. 172.

[377] BORGES, Rosane, 2020.

que vivemos, ou seja, sem ser crítica e provocadora. E dado o contexto atual, uma Educação que promova o diálogo, a construção de conhecimento de forma colaborativa, a equidade, e a justiça social e cognitiva, que nos ajudará a fazer um mundo melhor, epistemologicamente, expressivamente e socialmente mais justo.

Espero que, de alguma forma, eu tenha conseguido escrever de forma inteligível sobre as minhas ideias para um mundo melhor, que desejo para mim e para você. Também espero que, como fez o professor Herbert Read, aquele da gravata borboleta, eu tenha apresentado ideias para esperançar, mesmo que eu viva em um mundo no qual a brutalidade humana tem sido crescente.

Teodora, este é meu manifesto, aberto ao diálogo.

Confluência é,
com as experiências e influências
que fazem sentido para nós,
fluir e esperançar
na direção da construção sonhos possíveis.

Espero que tenha gostado das minhas cartas.

Com afeto,
até breve,
Mauricio.

[...]

Estão à espera que a espera acabe.
Esperar não é tarefa fácil.
Exige atenção
para que logo que a espera se vá embora
a esperança possa entrar
e fazer a cama
de frangipanis dourados e sumarentos
para repousar os corações e as tripas.
Porque há-de ser o coração mais nobre
do que as tripas
por que sem um e sem elas
não podemos viver?
Perguntava-se a Wezu
que saltitava de concha em concha
aonde tinha que esperar
que a espera acabasse.

Nem sempre as festas são felizes,
as luzes nem sempre acendem,
nem os votos são cumpridos,
e mesmo assim teimamos em repeti-las,
anos após os anos da vida
esperando que desta vez
enganemos a espera
e as festas, tal como os frangipanis,
possam entrar
e enganar os destinos
de quem só espera.

Teresa Cunha[378]

---

[378] Teresa Cunha escreve histórias sobre Wezu. Algumas ela compartilha com as pessoas amigas por whatsapp. Esta recebi nos últimos dias do ano de 2020, nos quais buscávamos renovar a esperança. Espero que possamos seguir, eu, Teodora, e você que leu este texto, esperançando e confluindo.

CARTAS a Teodora

OUTRAS CARTAS A TEODORA

ELIANY SALVATIERRA MACHADO

Carta para Teodora.

Escrevo em um país distópico, junho de 2022.

Teodora, atualmente sou professora do Departamento de Cinema e Vídeo da Universidade Federal Fluminense, nos cursos de bacharelado e licenciatura. A licenciatura foi criada em 2011, mas a primeira turma é de 2012, estamos comemorando dez anos da entrada da primeira turma.

A comemoração dos dez anos da licenciatura nos fez refletir sobre a própria licenciatura, o que resultou em uma publicação comemorativa. No livro, eu e os outros dois organizadores, tentamos ouvir os/as discentes que contribuíram com o curso. Olhando para o período e para os textos, é possível perceber a necessidade de avançar com as pesquisas e com as práticas que utilizam o audiovisual em processos educativos.

Na licenciatura em cinema e audiovisual formamos o que eu nomeio de Educador/a audiovisual. O curso é uma graduação do Departamento de Cinema e Vídeo da UFF e não está ligado a uma graduação em Artes, ou seja, não é uma habilitação. É um curso novo que não tem uma disciplina no currículo escolar.

A licenciatura foi criada com o objetivo de formar pessoas que soubessem trabalhar com cinema e audiovisual em espaços educacionais, como ONG – Organizações Não Governamentais, Instituições privadas, como Fundações ou projetos sociais - ligados a empresas. O Forcine – Fórum das Escolas de Cinema do Brasil, avaliou que existia uma demanda por esse/essa profissional.

Aproveitando o projeto REUNE, de expansão das Universidades Públicas no período do Governo do Partido dos Trabalhadores, a UFF inovou na criação do curso de Licenciatura. A graduação em Cinema, na UFF, conta com 54 anos, em 2012 e, a principal diferença entre a licenciatura e o bacharelado, é que a primeira se fundamenta no processo, essa palavra que acaba sendo meio misteriosa: "p-r-o-c-e-s-s-o".

O que é o processo no ensino do cinema ou do audiovisual? Para falar do processo, vou falar primeiro sobre o produto. O produto da formação em Cinema e Audiovisual é o filme, ou sua extensão: o audiovisual. No campo da pesquisa e do ensino, existe uma distinção entre Cinema e Audiovisual. Cinema, para o grupo hegemônico, são: filmes; curtas, longas e documentários. O audiovisual é tudo aquilo que não é considerado filme, ou seja; imagem em movimento e som, que não exige projeção, sala escura e espectadores e que pode ser disponibilizado através da TV aberta, das plataformas digitais, através do computador ou dos dispositivos móveis. Particularmente não concorda com a distinção, mas entendo.

Cinema são filmes, com um tempo pré-estabelecido e que são produzidos para serem assistidos em salas de cinema, ainda que depois possam ser exibidos na TV ou disponibilizados na plataforma que hoje chamamos de You Tube. Mas, tudo muda muito rápido. Já existem filmes que são produzidos especificamente para serem vistos em celulares. Esse é o produto: filme ou audiovisual.

O processo é tudo o que acontece "entre", no intervalo, no espaço do desejo de produzir um filme ou um audiovisual. No entre, é que o processo acontece. O que para mim, é a mágica do educador/a. É no entre que podemos encontrar a expressão, o experimento, a tentativa e erro, a frustração, a realização e a comunicação.

É no entre, no processo que podemos criar, poetizar, produzir, organizar e, se assim quisermos, refletir, dialogar. Nesse sentido, o entre é muito parecido com todos os entres dos processos educacionais. Mas, que foram normatizados para o exercício da reflexão, do desenvolvimento intelectual e racional. Infelizmente, ainda que o campo do ensino de artes tenha produzido várias pesquisas sobre a importância do ensino de arte, ainda não conseguimos acessar e compreender esse conhecimento produzido.

Penso que a base, o princípio é a Educação, o papel de Educador/a. Nessa perspectiva, teríamos o/a profissional educador/a e os conteúdos ou os conhecimentos produzidos ao longo da história. A formação, para mim, deveria ser de Educador/a, assim como fazemos com os médicos. Não formamos pediatras, ortopedistas, cardiologistas etc. Porém, essa ideia de formação não é nova e, de certa forma, já foi tentada.

Quando surgem as licenciaturas, a base era formar o profissional para atuar na Educação Básica e depois, quase da metade para o final da formação, entravam as áreas específicas. Geralmente quem dava a formação da Educação era a Faculdade de Educação e cabe, a cada área a outra formação, por exemplo: história, geografia, matemática etc.

Perceba Teodora, já não estamos falando da formação do/a educador/a audiovisual, mas da formação do/a educador/a. Estamos falando da Educação. Ampliando o foco, acho que devemos pensar o papel da Educação e a formação do/a educador/a. Infelizmente, a nossa sociedade não vê como distinto/a a formação de Educador/a.

É no entre da educação que habita o processo. Nesse sentido, espero que você reconheça e encontre bons educadores/as e, se optar por ser uma, que seja apaixonada pelo que faz.

Por uma educação pública, laica, para todos/as/es e comprometida com a humanidade!

ELIANY SALVATIERRA MACHADO

FERNANDO AZEVEDO

Trinta cartas de Maurício para Teodora contra o esvaziamento dos Desejos

> Porque não vejo razão, para alguém fazer uma pesquisa de verdade, que não seja o amor a pensar, a libido de conhecer. E, se é de amor ou desejo que se trata, deve gerar tudo o que o amor intenso suscita, de tremedeira até suor nas mãos. O equivalente disso na área de pesquisa é muito simples: o susto, o pavor diante da novidade. Mas um pavor que desperte a vontade de inovar, em vez de levar o estudante a procurar terra firme, terreno conhecido. (Renato Janine Ribeiro,1999)

Teodora, querida. Assustado diante da novidade, que é a tese de seu pai, resolvi escrever esta carta. Você não me conhece, sou seu tio, ou talvez fique melhor dizer: sou seu tio-avô. Na verdade, nosso parentesco é por afinidade, isso porque sou de algumas gerações mais velhas que a de seu pai e fui apresentado a você, por meio das cartas que ele lhe escreveu. Contando as aventuras vividas na pesquisa intitulada, em sua homenagem, 'Cartas a Teodora: confluências entre a Abordagem Triangular do Ensino das Artes e Culturas Visuais e a Educomunicação para uma arteducação decolonial'.

Desde as primeiras leituras, fui percebendo que a maneira de Maurício construir a narrativa de seu texto é partir de um ponto de vista filosófico, por lidar com conceitos em confluência – arteducação e educomunicação. Logo lembrei de Deleuze e Guattari, busquei o comentador brasileiro, Silvio Gallo, desses filósofos para lembrar que:

> Todo conceito tem uma história. Cada conceito remete a outros conceitos do mesmo filósofo e a conceitos de outros filósofos, que são tomados, assimilados, retrabalhados, recriados. Não podemos, entretanto, pensar que a história do conceito é linear; ao contrário, é uma história de cruzamentos, idas e vindas, uma história em ziguezague, enviesada. Um conceito se alimenta das mais variadas fontes, sejam filosóficas sejam de outras formas de abordagem do mundo, como a ciência e a arte (GALLO, 2008, p.40).

Portanto, o trabalho de seu pai compromete-se com um novo campo de conhecimento, arteducomunicação. Além disso, ele qualifica a arteducomunicação como decolonial. O que me levou a buscar um fragmento do pensamento de Frantz Fanon. Para Fanon rever os processos de colonização implica o enfrentamento da seguinte questão: "A inferiorização é o correlato nativo da superiorização europeia. Precisamos ter coragem de dizer: é o racismo que cria o inferiorizado" (2008, p. 90).

A escolha deste ponto de vista, adotado por Maurício, pareceu-me uma tática muito sensível e inteligente do pesquisador... Daí foi um salto para o pensamento de Renato Janine Ribeiro (um filósofo brasileiro da USP que gosto de estudar), mais precisamente para o ensaio: 'Não há pior inimigo do conhecimento do que a terra firme' (1999).

Quanto à confluência entre os dois campos híbridos – arteducação e educomunicação – percebo que Maurício enfrentou as grandes questões vitais do pensar e existir humano: Quem somos? De onde viemos? Para onde vamos? Qual o sentido da vida? Tais questionamentos alimentam a busca de lidar com o gesto de pesquisar. E, muito provavelmente por isso, seu pai, estabeleceu uma comunicação com o futuro. Teodora, você é simbolicamente o porvir... É a representação das novas gerações...

Para Janine, são essas questões que nos alimentam, pois a filosofia não é amiga do poder, ao contrário, ela coloca em questão os discursos de poder... Maurício, suas cartas dirigidas a Teodora, colocam em questão a própria Abordagem Triangular(AT) como metodologia, e nos leva a compreendê-la como uma fecunda teoria. A AT é uma teoria de interpretação do universo das Artes e culturas visuais. Em meu modo de pensar a AT, esta interpretação é um dos pontos mais significativos de sua pesquisa, se não o mais importante da própria.

Tal atitude, deixa transparecer o comprometimento do pesquisador com o campo de pesquisa em que atua. Ele enxerga longe como todo pesquisador comprometido com seu universo de atuação.

Vou tentar dizer isso em forma de metáfora: o ensaio de Janine ajudou-me a ir abrindo as trilhas para que eu pudesse me aproximar do pensamento de Maurício e Chris. Pesquisar longe da terra firme exige coragem e afeto, exige não temer as encruzilhadas e até o erro. Na verdade, o gesto de pesquisar exige lidar com o erro sem medo. Teodora, imagine a Filosofia, a Arte e a Ciência longe dos erros... impossível! Além disso, as distâncias são mais longe para quem se põem a questionar. Pergunte para o seu pai sobre a Alegoria da Caverna de Platão... Pergunte!.. Essa alegoria pode também ser pensada como metáfora do que é o gesto de pesquisar...

> O que é a caverna? O mundo em que vivemos. Que são as sombras das estatuetas? As coisas materiais e sensoriais que percebemos. Quem é o prisioneiro que se liberta e sai da caverna? O filósofo. O que é a luz exterior do sol? A luz da verdade. O que é o mundo exterior? O mundo das idéias verdadeiras ou da verdadeira realidade. Qual o instrumento que liberta o filósofo e com o qual ele deseja libertar os outros prisioneiros? A dialética. O

que é a visão do mundo real iluminado? A Filosofia. Por que os prisioneiros zombam, espancam e matam o filósofo (Platão está se referindo à condenação de Sócrates à morte pela assembléia ateniense)? Porque imaginam que o mundo sensível é o mundo real e o único verdadeiro. (CHAUI, 2000, p. 47)

Assim, fui compreendendo no exercício de ler, reler e refletir que posso dizer que a pesquisa de seu pai, Teodora, é marcada pelo gesto de pesquisar como experiência de criação e recriação. A narrativa das cartas dirigidas a você, são um presente para você, sem dúvida... Mas, são também um presente para o campo da Arteducação, da Educomunicação, e da própria confluência entre a Abordagem Triangular do Ensino das Artes e Culturas Visuais e a Educomunicação, ou seja, para uma arteducomunicação decolonial.

Teodora, este texto precisam ser muito bem estudado, pois as escritas que nos levam a sair da caverna nunca deixam de esconder preciosidades... pois é uma beleza de produção – muito longe da terra firme...

Post Scriptum 1: Confesso, Teodora, um acontecimento me liga ao seu pai com relação ao gesto de pesquisar: também pesquiso, por outros ângulos de visão – é claro – a tal Abordagem Triangular. Pesquisa que me levou a um achado muito especial: o gesto de pesquisar como experiência criadora. Gesto esse, que exige o entrecruzamento da teoria do conhecimento (epistemologia) com a teoria do ser (ontologia), e esse ponto de vista, por sua vez, levou-me a um pensamento filosófico chamado de fenomenologia.

Post Scriptum 2: As imagens na tese são belas, e assim como os textos escritos possuem muitas possibilidades de leitura... Obrigado pelo presente! Post Scriptum 3: Seu pai confiava em Chris, sua orientadora. Chis confiava em seu orientando, Mauricio, que por sua vez confiou em mim e nas outras pessoas que compuseram a banca... E todos nós vivemos a aventura de adentrar na narrativa da pesquisa. Mais uma vez, Obrigado!

REFERÊNCIAS

CHAUI, Marilena. Convite à Filosofia. São Paulo: Ática, 2000.

FANON, Frantz. Pele negra, máscaras brancas / Frantz Fanon; tradução de Renato da Silveira. — Salvador: EDUFBA, 2008.

GALLO, Sílvio. Deleuze e a educação. Belo Horizonte: Autêntica, 2008.

RIBEIRO, Renato Janine. Não há pior inimigo do conhecimento que a terra firme. Tempo Social, Rev. Sociol. USP: São Paulo, 11(1), 189-195,1999.

TERESA CUNHA

Carta para Virgulino, pai de Teodora
cuidar é um acto revolucionário porque o afecto é revolucionário

Querido Maurício Virgulino,

Escrevo-te esta carta certa que te encontrarei bem, radiante e perto da chegada a esse lugar pelo qual tanto trabalhaste. Estou imensamente feliz por ti. Adorei ler a tua tese, de senti-la, de a gostosamente ir digerindo, página a página deixando-me levar por ela.

Esta carta, como verás, é muito imperfeita. Ela não é mais do que as minhas notas para conversarmos quando chegar aquela hora a que se chama provas públicas e das quais vais sair lindo e ainda mais radiante. Entende que o fio narrativo desta carta afinal é a tua tese e só tu a vais compreender porque na verdade és o verdadeiro autor desta carta também.

Olha as coisas que tu me fizeste e fazes pensar:

O aumento da densidade analítica e teórica ao longo das cartas que vai junto com maior densidade emocional

A análise e a micro-política do quotidiano onde a vida na sua complexidade acontece e se desenrola

As ideias de cuidado, conexão, interconexão, de interdependência, de corazonar, de amor para lá e aquém do romântico

O comum – tudo o que nois tem é nois

O anti-utilitarismo em Krenak

A compaixão em Boff

Desmercantilizar a vida em Davi Kopenawa o pajé Yanomani

Na verdade, Virgulino, ler a tua tese, que afinal é uma caixinha mágica cheia de cartas para a tua Teodora, trouxe-me primeiro esta coisa que chamamos diálogo que é uma conexão de mentes que com-versam sobre os assuntos que gostam. Gostei por isso de com-versar contigo sobre estes temas através das tuas palavras, dos fios de missangas que teceste, os fios de missangas que são as tuas palavras enfiadas nos sentidos que lhes querias dar. Foi uma com-versa e tanto, sobre *nois* sempre com *nois* e os nós do fio das missangas de palavras bem apertadinhos junto do coração.

Deste lado do mar e da terra donde te escrevo, daqui vejo o Oceano Índico e o cheiro das especiarias da Índia invadem todos os dias as cozinhas por onde passo a cozinhar o peixe seco com coco e cravinho ou as bagias de feijão nhemba com alho, sinto que temos várias coisas para falar. Escolho fazer assim, mas podes mudar o curso desta carta quando quiseres, basta fazeres um sinal, mas escolho dizer (quer dizer, escrever) o que me fizeste pensar com as tuas missanguinhas e logo, logo boto no branco da página as tuas mesmas palavras missangadas, enfiadas em fios teus. Pode ser assim?

Primeira enfiadura: os inéditos, as utopias, a imaginação, a criação, o imprescritível

Estarmos abertos e abertas a caminhos não planejados é quebrar o fluxo impensado do fazer tarefeiro, e se permitir a estesia. E daí fluir nesses caminhos possíveis e não imaginados. Mas que nos tornam maiores do que ousaríamos pensar ser. (p. 62)

Segunda enfiadura: A ideia da interseccionalidade aplicada à multiplicidade da identidade

É uma mostra do múltiplo que sou, e ao mesmo tempo sou o coletivo, e para ser coletivo preciso dialogar. (p. 66)

As tuas enfiaduras mostram o tempo, que não é do relógio, mas das nuvens ou das águas da ribeira ou não, o tempo que diz aqui e desdiz ali, resistindo à abstracção iluminista dos conceitos como estruturas vazias nas quais se pretende entalar a realidade até ela dizer o que os inventores dos conceitos querem.

As ideias novas são perigosas pois podem arruinar o sistema desmontando e mostrando a sua irrelevância. Por isso a arte é perigosa pela instabilidade, incerteza, impureza que desoculta e ambiguidade que cria para estabelecer novos espaços e tempos.

Não esqueceste de pensar a questão colonial como ocupação mental, domínio mental e o regresso aos macroconceitos de Morin a partir da ideia da complexidade parece mostrar como é difícil livrar-se desse mundo velho. Mas de repente a revolta surge e a tridimensionalidade das órbitas para representar a complexidade e os macroconceitos é que é realmente interessante.

A certa altura as cartas mudam de tom e deixam de parecer epístolas para uma filha que precisaste de fazer nascer para serem, de facto, conversas contigo mesmo e com a presença mental de colegas, livros, professoras. Na páginas 82 isso é mesmo muito claro. Quando esse Maurício que também és, além do Virgulino que escolheste ser, interpela essa filha nascida do desejo de a fazer nascer e quem escreve, e sente-se um desconforto pois parece que não é mais ela que está ali, ela se foi de alguma maneira.

E dissertas sobre epistemologia e a defines – essa coisa tão arraigadamente inventada pela filosofia grega antiga e revisitada vezes sem fim por académicas/os por pensadoras/es e até por quem se imagina lutar contra a sua hegemonia categórica.

E precisas de uma outra enfiadura, de missangas de outras cores e mudas de tom e de nós. Passas a fazer outra rede de novos fios entrelaçados num padrão mais imprevisível e sais-te com a ideia da pedagogia ou as pedagogias críticas: compreender para agir e transformar a partir das experiências de sofrimento, opressão e resistência. Alguma coisa como:

Para compreender é preciso conectar-se
Para agir é preciso cuidar e esperançar
Para transformar é preciso imaginar, criar e anunciar

Anunciar o quê, se tens as missangas numa mão, as enfiaduras na outra e na boca um sorriso de quem descobriu um sentido para tantas coisas. Sorris e o teu sorriso diz, sem palavras ouvidas, entenda-se, mas diz claramente: *EDUCAÇÃO – ARTE – COMUNICAÇÃO*

Vais falando disso, vais tratando deles, delimitando sentidos e definindo os significados e assim costuras o teu argumento que é essa nova e irreverente enfiadura de missangas de outra cor, mais brilhantes:

Educomunicação
Ecossistemas comunicativos
Abordagem triangular
As experiências significativas

que me lembram as narrativas significativas para fundamentar o interesse e o valor das estórias que tenho a mania de escrever quando os textos académicos não conseguem dizer o tanto de maravilhoso e de sofrimento que existe na realidade!

Na carta 14 começa a terceira enfiadura ou uma discussão sobre metodologia? Ainda não estou certa disso. Rareiam cada vez mais as fotos, pelo menos nestes últimos tempos e páginas.

E daí percebi Teodora, que eu estava buscando fora de mim e das minhas práticas algo que as reflestisse, para validá-las. Sendo que na verdade o que precisava ser descrito era o meu método de trabalho (p. 108)

Isto configura uma reflexão metodológica fundamental. E falas das lives. As lives como imitação tão imperfeita da vida é como se a live – vida em inglês – pudesse ser subsumida nos cristais líquidos das telas e como isso deforma o sentido do comum, da confluência da conexão e da interdependência, essa sim vital.

São encontros que não são encontros físicos, e tudo isso afeta o que temos de fundamental para vida humana: a compaixão e o cuidado. (p. 114)

E de repente, não tanto de repente, começas a pensar na insurgência. Nesse momento, Virgulino não me contive e meti as minhas missangas à tua frente para ver se as usavas nesta enfiadura. Na verdade, estas missangas não são minhas, apenas as fui buscar á gaveta da minha cómoda onde guardo as coisas que não quero perder. Guardo ali missangas de todas as cores e feitios, de todas as naturezas, pesos e formatos. E a mais valiosa tem escrito na sua face mais brilhante que teorizar como insurgência; escrever como rebelião é coisa que as minhas irmãs africanas há muito fazem. Senti um impulso irresistível de te oferecer este fio de missangas negras que a Noémia (Noémia de Sousa, moçambicana) deixou na mão de cada uma de nós para as não deixar esquecer:

Se me quiseres conhecer,
estuda com olhos de bem ver
esse pedaço de pau preto
que um desconhecido irmão maconde
de mãos inspiradas
talhou e trabalhou
em terras distantes lá do Norte.
Ah, essa sou eu:
órbitas vazias no desespero de possuir a vida.
boca rasgada em feridas de angústia,
mãos enormes espalmadas,
erguendo-se em jeito de quem implora e ameaça,
corpo tatuado de feridas visíveis e invisíveis
pelos chicotes da escravatura…
Torturada e magnífica.
Altiva e mística.
África da cabeça aos pés
— Ah, essa sou eu!

Se quiseres compreender-me
vem debruçar-te sobre minha alma de África,
nos gemidos dos negros no cais
nos batuques frenéticos dos muchopes
na rebeldia dos machanganas
na estranha melancolia se evolando…
duma canção nativa, noite dentro…

E nada mais me perguntes,
se é que me queres conhecer...
Que eu não sou mais que um búzio de carne
onde a revolta de África congelou
seu grito inchado de esperança.

Quarta enfiadura. Nesta carta, a ti Virgulino Maurício, não tenho muito sentido de uma narrativa que tem um começo, se desenvolve para se concluir numa lógica de boa escola de escrita. Desculpa se te confundo. É que me estás a instigar a pensar, a pensar, a pensar, a pensar; a pensar como pensar é bom. Retorci-me na cadeira para escrever o que vem a seguir. Levantei-me e fui à cozinha ver se o pão já tinha levedado e se o caril estava no ponto. Passei pela varanda para ver se a lua já tinha aparecido e se o cheiro do mar já tinha voltado agora que não havia mais carros na rua espalhando poeiras e óleos queimados. Fiz uma meia hora de yoga e voltei à cadeira onde me sentei toda torta para pensar sentindo o corpo todo. E aí voltei à carta com assuntos que tu me fazes pensar com o corpo e os sentidos todos:

- O mito da objectividade e da neutralidade – afinal não é todo o conhecimento uma narrativa de nós mesmxs, no mundo, mediado pelo nosso corpo? Há alguma coisa mais subjectiva do que isto? Há alguma coisa menos neutral do que esta?
- Centro e periferia, rio e margem continuam a ser dicotomias. O pensamento artesanal não percebe nem a vida nem a experiência a partir de dicotomias. Ao contrário, vai buscar as identidades chxi'xi do povo Aimara
- Quando buscamos a nossa própria libertação, a cada passo, a cada respiração temos que nos perguntar de que ferramentas nos munimos e se forem as ferramentas do amo, pensar e decidir como as vamos desfazer assim que nos tenham servido num curto e táctico propósito. E isso é o mais difícil de tudo porque ficamos com a sensação de nos despojarmos demais; e na nossa nudez nos paralisamos por não saber andar altivamente com a pele toda à mostra, no máximo pintada com o colorau do urucum

MAURICIO VIRGULINO SILVA

- Por isso gosto da palavra excêntrica por significar fora do centro, mas ao mesmo tempo não é margem nem periferia; é outra senda ainda por trilhar

- Epistemologias do Sul; colonialidade; colonialismo; decolonial; pós-colonial. Afinal são coisas diferentes ou disputas entre egos que querem todos ter razão? Ainda não sei bem, mas acho que há egos, sim, no meio disso tudo, egos inchados, tristes e obsessivos, mas tristes.

- Reflectir sobre o individual e o colectivo; o património e o matrimónio porque afinal há que trazer todas as palavras de volta ao nosso convívio.

- O que vês? A árvore ou a floresta? A árvore e a floresta e os pássaros e muitos bichos e as brisas e os humores da terra e o capim deitado ou erguido em doces dignidades e as vozes e os olhos reluzentes de noite que desafiam a lua e sol

- Rareando as fotos-poemas, entram os poemas escritos que são fotos também, apenas de outra maneira e, neste caso, todas a preto e branco buscando neles a evidência das cores que os nossos olhos reconhecem, mas às vezes não perscrutam.

Para escolher a pessoa que vai governar Kuna Ayala, o território Kuna, o povo selecciona quem conhece a história oral da comunidade Kuna e esta pessoa deve saber contar as histórias e cantar. Deve ser a pessoa mais solidária da aldeia e é a única pessoa que não pode ter privilégios. Por isso costumam dizer que os chefes são poetas. Mas que quem governa é o povo. (p. 164)

Na quinta enfiadura surgem desenhos, aquilo a que tu chamas anotações visuais, mas que são mais do que anotações. E vais à arqueologia dos tempos e trazes as perguntas mais completas que há como aquela que aprendemos juntxs:

- *O que sonhaste hoje?*

Interessante pensar como para certos povos e cosmovisões o sonho é outra coisa. Entre os Timorenses do sudeste asiático que falam a língua Tétum pensar e sonhar são a mesma palavra: hatene. Por isso quando se dorme pensonha-se. Ao contrário de nós, ocidentais, hatene (pensar-sonhar) não é uma projecção para um futuro abstracto. Não se sonha em ter uma casa no sentido de se ambicionar um dia ter uma casa. Não faz sentido. Pensonhar está radicalmente conectado com o concreto do presente e do que se pode fazer com ele.

E nestas coisas as masculinidades jogam, um não sei quê de aflições. Ai, as coisas das masculinidades, as perplexidades e as perguntas que ficam sempre engasgadas no gogó porque as angústias de um homem não ser quem pensa que é, é maior do que a vontade de se desnudar na sua fragilidade fundamental.

Olha o que bell hooks diz: "a masculinidade patriarcal incentiva homens a serem patologicamente narcisistas, infantis e psicologicamente dependentes dos privilégios (ainda que relativos) que recebem simplesmente porque nasceram homens". (p. 165)

Mas melhor, para mim pelo menos, do que a bell é a Patricia (Patricia McFadden), essa feminista-intelectual-camponesa-africana que instiga em cada momento à radicalidade. O feminismo radical de Patricia é tanto o ir à raiz, descer aos infernos se preciso for para entender porque nos violam, matam e esquartejam, como ser-se o mais radical possível cada dia já que as chamas que mais queimam precisam de água radicalmente líquida. Masculinidades torpes só com a água límpida e radical de um feminismo conectado intimamente com a felicidade de nós todxs.

Sexta enfiadura: a educação como cuidado
Onde está meu eu-educador, talvez fosse necessário eu apresentar reflexões sobre Educação. Bem, as coisas estão enredadas, não estão? Minha concepção de Educação não está descolada de uma concepção de mundo, ou seja, de sociedade. E isso tem a ver diretamente com o mundo que eu quero, e que eu gostaria que você vivenciasse. (p. 170)

Leonardo Boff também diz que a construção da realidade humana é dividida em dois modos de ser no mundo: trabalho e cuidado. Pelo trabalho, interagimos e intervimos no mundo, e, por isso, desenvolvemos técnicas e *tecnologias, e construímos coisas, que são necessidades para o modo de ser humano. E o cuidado, nos religa à natureza, por isso não vemos separação ser humano – natureza, e não a vemos como objeto. Assim, estabelecemos uma relação sujeito-sujeito com ela, pois sabemos que, ao cuidar, que a natureza é viva e que fazemos parte desta vida.* (p. 184)

Desculpa Virgulino, mas tenho que te dizer que o Boff só separa trabalho e cuidado porque é homem e não percebe o trabalho que o cuidado é. Cada vez mais penso que a revolução só vai acontecer quando os machos, machos homens e mulheres e todo o demais espectro que se quiser cuidarem repetidamente, incansavelmente, sem queixas e nem descanso de todas as vidas. Aí as coisas mudam e mudam para sempre. Estou certa. Não há nada mais difícil nem mais produtivo do que cuidar e nem o Boff entendeu isso porque ele não cuida, é cuidado por batalhões de gente que lhe faz pensar que a sua vida acontece e lhe aparece limpa e arrumada dentro do seu armário e em cima da mesa.

Por isso, faz muito sentido para mim pensar que cuidar e os cuidados são em grande medida aquilo que nas sociedades macuas se diz Wunnuwana que significa 'crescer com' e para quem a vida é, em primeiro lugar, uma relação tridimensional (porque não tenho melhor palavra para a dizer): com a natureza, com as pessoas e com o sagrado. Só se é, só se cresce participando na vida da comunidade que envolve sempre as criaturas de todos os tempos: as que estão, as que estiveram e continuam a estar, as que ainda não estão, mas já estão. A plenitude dos seres só se atinge no cuidado que essa relação permanente exige e promove. E isso é um trabalho incansável, inquebrantável, incessante. Quem não cuida não sabe e se cuida prefere distinguir para garantir as férias, os descansos.

Sétima enfiadura aproximando o final deste colar de cartas a Teodora. O Maurício sai das margens do Mondego – meu dengo – e reaparece 5 anos antes no Ateliê de Artes para Crianças – Nosso Ateliê Animado, na Universidade de São Paulo. Interessante o salto, no espaço e no tempo como se a pandemia fosse apenas um sonho pesado e ao mesmo tempo leve que deixa lugar ao trânsito que sendo passado também é presente e é um lugar de futuro também. (p. 208)

Será esta a tese da tua tese?

Parece-me que sim: "arte comprometida com a educação, educação comprometida com contextos sociais e arte/educação comprometidas com a transformação social"

Nestas últimas cartas as reflexões são sobre as práticas tantos as passadas e que agora até fazem mais sentido quanto as de agora carregadas de sentidos também novos.

Nos tornamos uma comunidade de aprendizagem, desenvolvendo nosso ecossistema educomunicativo, trabalhando conceitos e reflexões. E, como era o combinado, a partir das sementes plantadas em nosso chão e do entrelaçamento de raízes, alimentos trazidos para serem compartilhados, e desejos coincidentes, precisávamos germinar e florescer com uma produção coletiva. (p. 250)

Eu mesma lendo tudo com entusiasmo, senti um grande desafio que é a necessidade de repensar a forma de nos relacionarmos, a falta de ar que tudo isto acarreta se não levamos a sério estas cartas feitas de enfiaduras de missangas cada uma mais complexa e linda do que a outra. A *es/cola que nos une*, lembras-te desta linda metáfora da nosso es/cola feminista?, parece não ser mais a mesma ou pelo menos a sua configuração atómica teve que ser alterada. Então estamos a aprender? A aprender para desaprender para de novo aprender? Ou simplesmente estamos a desaprender?

Terminar com um manifesto para mim foi brilhante: um mundo adonde quepan muchos mundos es del zapatismo que Escobar tão bem tematizou no seu Pluriverso e que eu penso que o Maldonado Torres (outro ego, e que ego!) faz de conta que não leu.

Deixo que agora voltes à tua fala com o tom da tua voz, mas não antes de te deixar um forte abraço

Teresa

ISMAR DE OLIVEIRA SOARES

Bilhete do Prof. Ismar a Teodora

Querida Teodora,

Você deve estranhar que alguém que nunca a tenha visto pessoalmente venha chamá-la, assim de repente, de "querida"! Mas é assim que a sinto, depois de saber, por seu pai Maurício, que você leva jeito para ser uma educomunicadora de mão cheia!

Pois é, quando fiquei sabendo que você se interessa por alguns assuntos que têm tomado meu tempo, nos últimos anos, fiquei com muita vontade de trocar algumas palavras com você. Quero falar um pouquinho sobre esse mundo lindo, mas em processo de destruição, que minha geração está deixando para você.

Na verdade, sinto que não preciso entrar em detalhes. Você mesma já deve ter visto notícias de que andam derrubando e queimando nossas florestas e matando os antigos donos destas terras, os povos indígenas. E, também, deve ter percebido como o clima está mudando, com muita seca, de um lado, e chuvas desastrosas, de outro, destruindo casas e rodovias, e principalmente prejudicando a produção de alimentos. A fome é muito grande e milhões de pais e mães não têm um pedaço de pão ou um copo de leite para dar a seus filhos, quando o sol começa a raiar.

E por que estou falando sobre isso para uma menina que sonha com a felicidade e quer morar num lugar bonito e seguro? É porque acredito que a solução dos grandes problemas da Terra passa, hoje, pela ação das novíssimas gerações. Isso mesmo, pelas mãos das crianças e dos jovens, como você!

No ano passado, fiquei sabendo que um grupo de crianças de Portugal se reuniu para conversar com seus pais sobre a destruição das florestas nos seu país. Em seguida, o grupo enviou aos chefões da chamada "Comunidade Europeia" uma carta de protesto, acusando os adultos que governam os países daquele continente por não se mobilizarem o suficiente para a preservação da natureza e da vida das pessoas que moram por lá.

Faz alguns dias, recebi uma carta de um colega da cidade brasileira de Santarém, às margens do Rio Tapajós, no Estado do Pará, dizendo que crianças desta região da Amazônia começam a se mobilizar para chamar a atenção dos adultos para a necessidade de preservar a floresta e seus habitantes e de parar de poluir os rios, envenenando os peixes. Fiquei, então, imaginando que as crianças de Portugal e a crianças de Santarém estão com as mesmas preocupações.

Não são apenas os pequenos que estão se movimentando. Tem muito jovem se unindo em torno da defesa do meio ambiente. O nome de um desses grupos é Viração. Quer dizer: eles querem virar, rever a ordem das coisas, para o bem de todos. Este movimento atravessou o oceano e ajudou a criar uma ação internacional chamada: *Let's take care of the Planet*, que em português significa "Vamos tomar conta do Planeta", reunindo jovens de mais de 40 países, na América Latina e Europa, na defesa da Terra. No Brasil, temos os Jovens Embaixadores do Meio Ambiente, defendendo as costas brasileiras da depredação provocada pela destruição dos manguezais e do bioma marítimo litorâneo.

E como estão fazendo isso? Cada grupo tem o seu caminho. As crianças e os jovens conversam entre si, reúnem-se e discutem o que fazer. Muitos contam com a ajuda de seus pais e professores, ou mesmo de gente entendida nesse assunto. O que eles fazem é usar alguma forma de comunicação para dizer o que pensam e pedir que parem de destruir o mundo. A Internet tem ajudado muito nessas mobilizações!

Se isso for feito com maior intensidade, os governantes saberão que estão sendo vigiados pelas novas gerações. É importante lembrar que as crianças e jovens preocupadas com o planeta contam com muitos aliados. São os educomunicadores!

Querida Teodora,

Eu sei que você é uma menina muito inquieta e colaborativa. Sei também que é muito curiosa e que tem muitos amigos. Já soube que chegou a fazer uma música tocada ao violão, em que você afirma: *Já não temos muito tempo a perder*!

Eu fiquei sabendo que seu pai, o Maurício, é um deles. Ele entende muito do assunto e pode ajudar você, caso se interesse em somar-se aos jovens do mundo na defesa do planeta, pela Educomunicação. Ficarei na torcida, por você e pelo Planeta Terra!

Que sabe um dia a gente se encontre para falar desse e de outros assuntos! Aí, ficarei sabendo de suas andanças e de suas iniciativas. Então, você me contará tudo, com detalhes, para que eu possa espalhar mundo a fora: Conheci uma menina chamada Teodora, que é uma Educomunicadora de mão cheia! Por causa dela e das amigas e amigos dela, o mundo ficou mais verde e a vida no planeta ficou melhor!

Prof. Ismar

MAURICIO VIRGULINO SILVA

ANA MAE BARBOSA

Querida Teodora,

As cartas enviadas a você são um compromisso entrelaçado de forma e conteúdo com o futuro da arte/educação.

Ana Mae Barbosa

DOMITILA GONZAGA

Cara Teodora,

É uma honra e felicidade poder escrever uma carta a você. Interessante pensar que não sei quando (nem se) você entrará em contato com ela, mas fico com vontade de te contar que tem sido tempos muito difíceis. Adoraria poder dizer o contrário. Te contaria de encontros de paz, respeito e equidade. Te falaria de corpos e corpas que caminham livremente pelos espaços sem interdições. Te contaria da nossa relação próxima com a natureza. Mas não é assim.

Vivo agora em um momento, sendo uma mulher cisgênera, típico de toda nossa história: desrespeito, violência, interdições e submissões. Mas luto, com as minhas e os meus, para que os tempos – seu tempo? – sejam outros num futuro qualquer. Desejo veementemente que seja um futuro próximo.

As cartas de seu pai são cartas de desconstrução e construção de um futuro melhor, para um mundo que deseja entregar a você. É uma carta ridícula de amor, porque afinal todas são. Seu pai é um homem doce e atento, como poucos. O que é um ato de resistência em um mundo que não permite a doçura e a autopercepção de homens, pelo contrário. Ainda hoje, Teodora, os homens devem ser rudes e pouco sensíveis, em um processo de autorização à violência que mata mulheres todos os dias.

Fico pensando como será para você ter uma figura como ele ao seu lado, te ensinando o valor de ser firme nas suas escolhas e decisões, mas sempre com clareza e sabedoria para cuidar de si própria e das pessoas. Isso é o que eu entendo como *cuidadania*, esse neologismo bonito, digno de Guimarães Rosa, caso fosse hispanohablante. Mas agradeço por ter nascido mineiro.

Essas cartas te contam sobre nossa história, sobre pessoas que vivem em um território que foi invadido, saqueado, estuprado, violentado. Triste. Revoltante. Quem dera pudesse contar outra história: um território construído em saberes próprios, na relação generosa e carinhosa com a comunidade, com os alimentos, com a ancestralidade. Pois devo dizer que somos isso também.

O amor é isso, um elo entre o azul e o amarelo e tudo o que se faz nesse meio, com as pessoas e com a natureza. O amor é essa ação po-

MAURICIO VIRGULINO SILVA

tente de transformação, sem negar nossa história de dor e sangue, mas entendendo que é essa própria história de resistência que leva à transformação. Somos mais que nossas cicatrizes, disse Emicida.

Nessas cartas, Teodora, seu pai lembra sobre ingredientes importantes: o riso, a brincadeira, a arte, o movimento, o amor, a vida que pulsa, a força das relações, a sabedoria ancestral, a potência das crianças, o diálogo... É um verdadeiro lembrete para nosso retorno a nós. A carta é destinada a você, e serve como respiro para todas as pessoas que se sentirem sensibilizadas.

Digo isso, porque às vezes, o mundo atropela a vida com outras palavras (produtividade, sucesso, violência, competitividade...), então o esforço para voltar à superfície e respirar deve ser grande. E para isso, não devemos nos esquecer que não estamos sós. A vida é isso tudo na relação com nossas pessoas. Aquelas que nos impulsionam, que nos dão força, que nos lembram do que é realmente importante.

Que bom ter seu pai como esse confidente e parceiro dessas palavras bonitas. Assim posso seguir também comprometida a construir um mundo feito de palavras bonitas e outras que iremos inventar. É um mundo que muitas antes de nós já começaram a fazer, Teodora. É um mundo que quero também fazer por você e outras. Quero me assegurar que assim seguimos nesse movimento de nos erguermos e nos fortalecermos. É uma árvore bonita.

Neologismo

Beijo pouco, falo menos ainda.
Mas invento palavras
Que traduzem a ternura mais funda
E mais cotidiana.
Inventei, por exemplo, o verbo teadorar.
Intransitivo: Teadoro, Teodora.

<u>Manuel Bandeira</u> BANDEIRA, M.,

Carta a João[379]

por Mauricio Virgulino

Pouco mais de 3 meses,

Ele sabia! Olhou para o horizonte, um imaginário, dentro da cozinha, e ponderou baixo, noventa dias! Quase só para ele mesmo, balançando a cabeça pra frente e trás, vagarosamente, na mesma velocidade de uma lágrima formada que umedeceu os seus olhos.

Também era como se eu precisasse esperar meus olhos acostumarem para ver a imagem que estava ali borrada, tremida como a voz de mais de noventa. Senti que ele sabia que era uma despedida maior, e vai ser. Ao voltar, vamos dizer que, não terá o abraço e a garganta soltando um som a base de a, u, r, como um bicho bravo que logo sorri.

Como um nordestino vivedor e contador de histórias, que eram repetidas ao sofá de sua casa e que eu nunca me cansava de escutar, a travessia para Sergipe, com fardo de algodão, e léguas caminhadas. A viagem para São Paulo. O trem para Fernandópolis com sua plantação de melancias, eles não davam comida para a gente então eu pegava minha peixeira e ó, fazia um corte, enfiava a mão, comia melancia, tampava, e virava, e o capataz nem sabia. Teve também o bonde errado que para Água Rasa, que na verdade ia para Vila Maria Alta. E de lá dava para ver a cidade do outro lado!

A pensão da Moóca, que fez lembrar a minha experiência na Pensão Flor de Coimbra. Ser ajudante aprender a carregar e dirigir o caminhão. Eu olhava e pensava, é assim então. Posso tocar o sino? E Alta Floresta toda sabia do caminhão de gás. A casa de Alta Floresta era toda de madeira, e pra colocar a caixa d'água, rapaz! E teve tantas idas e vindas, E nem sempre foram boas. Aliás a gente costuma contar sempre as coisas boas, não é?

Mas teve também a vez que me disse que no hospital que viu um anjo, de cabelo assim como o seu, O anjo ria rapaz!, e dizia Seu João!!!, e ria, chega que gargalhava,

---

[379] A João José da Silva. Meu avô paterno, que faleceu enquanto eu estava em Coimbra, Portugal.

Por hora continuarei usando suas ferramentas para fazer uns banquinhos, e acho que todos já fazíamos e continuaremos a fazer, Porque mesmo que meio tortos, aprendemos a fazer, e a ser.

Deixe o chapéu alinhado e descanse esses dois nomes e esse sobrenome bem brasileiro.

E bem que agora, poderia ser verdade aquele "Não! É o irmão dele"...

E já que não posso sair e atravessar o oceano para me despedir, e ver o mundo lá fora.

Decidi voltar meu olhar para dentro.

Nos encontramos em breve.

MAURICIO VIRGULINO SILVA

REFERÊNCIAS

ADICHIE, Chimamanda. O perigo de uma história única. Tradução: Julia Romeu. São Paulo: Companhia das Letras, 2019.

AGRIDOCE. Dançando. Agridoce. Rio de Janeiro: Deckdisc, 2011.

ALCALDE, Emerson. O vendedor de travesseiros. São Paulo: Edições Maloqueiristas, 2015.

ALICE CES. Teresa Cunha - Escola de Inverno Ecologias Feministas de Saberes. 2019a. vídeo. Disponível em https://youtu.be/ChCTn0iGrSg, Acesso em 02 mai. 2023.

ALICE CES. Escola de Inverno Ecologias Feministas de Saberes II - Teresa Cunha. 2019b, vídeo. Disponível em https://youtu.be/fU-rXWCVcrs. Acesso em 02 mai. 2023.

ANGELOU, Maya. Carta a minha filha. 2. ed. Tradução: Celina Portocarrero. Rio de Janeiro: Agir, 2019.

AZEVEDO, Fernando Antônio Gonçalves de. A Abordagem Triangular no ensino da Artes como Teoria e a pesquisa como experiência criadora. Jaboatão dos Guararapes: SESC, 2016.

BARBOSA, Ana Mae. Porque e como: Arte na Educação. In. ENCONTRO NACIONAL DA ANPAP – ARTE EM PESQUISA, 13, 2004, Brasília. Anais.... Brasília: ANPAP, Editora do PPGA/UnB, 2004, p.48-52.

BARBOSA. Ana Mae. A imagem no ensino da arte: Anos 1980 e novos tempos. 8. ed. São Paulo: Perspectiva, 2010.

BARBOSA, Ana Mae et all. A abordagem triangular no ensino das artes e culturas visuais. São Paulo: Cortez Editora, 2010b.

BARBOSA, Ana Mae. O século XXI sem Mariazinha. In. BARBOSA, Ana Mae; AMARAL, Vitória (Orgs.) Mulheres não devem ficar em silêncio: arte, design, educação. São Paulo: Cortez, 2019, p.171-175.

BARBOSA, Suellen de Souza. A ponte de madeira. In. CONGRESSO DA FEDERAÇÃO DE ARTE/EDUCADORES DO BRASIL - CONFAEB, 25, 2015, Fortaleza. Anais... Fortaleza: IFCE, 2015, p.1480-1494. DVD-ROM

BARROS, Lua. Eu não nasci mãe: o que eu precisei desaprender para aprender a ser mãe. São Paulo, SP: Editora Nacional, 2020.

BOFF, Leonardo. Saber Cuidar: Ética do humano - compaixão pela terra. Rio de Janeiro: Editora Vozes, 2012.

BORGES, Jorge Luis. O livro dos seres imaginários. Tradução: Heloisa Jahn. São Paulo: Companhia das Letras, 2007.

BORGES, Rosane. Escrevivência em Conceição Evaristo: armazenamento e circulação de saberes silenciados. In: DUARTE, Constancia Lima; NUNES, Isabella Rosado (Orgs.) Escrevivência: a escrita de nós. Rio de Janeiro: Mina Comunicação e Arte. 2020, p.182-204.

BRUM, Eliane. O vírus somos nós (ou uma parte de nós): O futuro está em disputa: pode ser Gênesis ou Apocalipse (ou apenas mais da mesma brutalidade). El País, 2020. Disponível em: <https://brasil.elpais.com/opiniao/2020-03-25/o-virus-somos-nos-ou-uma-parte-de-nos.html>. Acesso em: 02 mai. 2023

BUBER, Martin. Eu e tu. 10 ed. Tradução Newton Aquiles Von Zuben. São Paulo: Centauro, 2006.

CALLE13. Latinoamérica. Interpretada por Calle 13, Susana Baca, Maria Rita e Totó la Momposina. Entren los que quieran. San Juan e Miami: Sony Music Latin, 2010.

CENTRO DE ESTUDOS SOCIAIS – Universidade de Coimbra. Escola de Inverno Ecologias Feministas de Saberes II - Saberes e Práticas para a C[u]idadania. 2020. https://ces.uc.pt/pt/formacao-extensao/cursos-de-formacao/2020/escola-de-inverno-ecologias-feministas-de-saberes, Acesso em 02 mai. 2023.

CALVINO, Italo. As cidades invisíveis. 2. ed. Tradução: Diogo Mainardi. São Paulo: Companhia das Letras, 2009.

CUNHA, Teresa. A arte de xiticar num mundo de circunstâncias não ideais: feminismo e descolonização das teorias econômicas contemporâneas. In. CUNHA. Teresa (Org.) Ensaios pela democracia, justiça, dignidade e bem-viver. Porto: Edições Afrontamento, 2011, p.73-94.

CUNHA, Teresa. Prefácio. In. Grando, Beleni; Pereira, Lisanil; Cunha, Teresa; Ferreira, Waldineia (Orgs). Mulheres, Território e Identidades: despatriarcalizando e descolonizando conceitos (Vol I). Curitiba, Brasil: Editora CRV, 2018.

DEWEY, John. Arte como Experiência. Tradução: Vera Ribeiro. São Paulo: Martins Fontes, 2010.

DOMÊNICO, Deivid; MIRANDA, Tomaz; MAMA; BOLA, Marcio; OLIVEIRA, Ronie; FIRMINO, Danilo; CUÍCA. Manu da. MÁXIMO, Luiz Carlos. Histórias para Ninar Gente Grande. Mangueira. Samba-enredo 2019. Intérprete: Maria Bethânia. Mangueira – A Menina dos meus olhos. Rio de Janeiro: Biscoito Fino, 2019.

DUSSEL, Enrique. Filosofia da Libertação: Crítica à ideologia da exclusão. Tradução: Georges I. Maissiat. São Paulo: Paulus, 1995.

EFLAND, Arthur. A history of Art Education: intellectual and social currents in teaching the visual arts. New York: Teachers College Press, 1990.

EMICIDA. Princípia. AmarElo. São Paulo: Laboratório Fantasma, Sony Music, 2019a.

EMICIDA. Cananéia, Iguape e Ilha Comprida. AmarElo. São Paulo: Laboratório Fantasma, Sony Music, 2019b.

EMICIDA. AmarElo Prisma. Podcast, 2020a, Disponível em https://www.youtube.com/playlist?list=PL_N6VL1gm0aJ3z35IScHEkjLLh_24xk3A. Acesso em 02 mai. 2023.

EMICIDA. AmarElo: É tudo pra ontem. Videodocumentário. Laboratório Fantasma, Netflix, 2020b. Disponível em https://www.netflix.com/title/81306298 . Acesso em 02 mai. 2023.

EVARISTO, Conceição. Olhos d´água. Rio de Janeiro: Pallas: Fundação Biblioteca Nacional, 2016.

EVARISTO, Conceição. Becos da Memória. 3. ed. Rio de Janeiro: Pallas, 2017.

EVARISTO, Conceição. A Escrevivência e seus subtextos. In: Contancia Lima Duarte & Isabella Rosado Nunes (Orgs.) DUARTE, Constancia Lima; NUNES, Isabella Rosado (Orgs.) Escrevivência: a escrita de nós. Rio de Janeiro: Mina Comunicação e Arte. 2020, p.27-46.

EVARISTO, Conceição. Da grafia-desenho de minha mãe, um dos lugares de nascimento de minha escrita. In. DUARTE, Constancia Lima; NUNES, Isabella Rosado (Orgs.) Escrevivência: a escrita de nós. Rio de Janeiro: Mina Comunicação e Arte, 2020, p.48-54.

EHRLICH, Pippa; REED, James My Octopus Teacher. Vídeodocumentário, 2020.

FALS BORDA, Orlando. Una sociología sentipensante para América Latina. Bogotá: Siglo del Hombre Editores y CLACSO, 2009.

FALCHETI, Jacque. Estrela do Sul. Crua. 2022

FELDMAN, Edmund Burke. Becoming Human Through Art: A Esthetic Experience in School. New Jersey: Prentice Hall, 1970.

FELISBERTO, Fernanda. Escrevivência como rota de escrita acadêmica, In: DUARTE, Constancia Lima; NUNES, Isabella Rosado (Orgs.) Escrevivência: a escrita de nós. Rio de Janeiro: Mina Comunicação e Arte, 2020, p.164-180.

FERRAZ, Maria Heloísa C. de T.; FUSARI, Maria F. de Resende e. Metodologia do ensino de arte: fundamentos e proposições. São Paulo: Cortez, 2009.

FLUSSER, Vilém. Pós-História: vinte instantâneos e um modo de usar. São Paulo: Annablumme, 2011.

FREIRE, Ana Maria (Org.). Pedagogia dos sonhos possíveis. São Paulo: Unesp, 2001.

FREIRE, Paulo. Ação Cultural para a Liberdade e outros escritos. 8. ed. Rio de Janeiro: Paz e Terra, 1982.

FREIRE, Paulo. Pedagogia do Oprimido. 14a ed. Rio de Janeiro: Paz e Terra, 1983.

FREIRE, Paulo. Pedagogia da Esperança: Um reencontro com a pedagogia do oprimido. Rio de Janeiro: Paz e Terra, 1992.

FREIRE, Paulo. À Sombra Desta Mangueira. Rio de Janeiro: Civilização Brasileira, 2012.

FREIRE, Paulo. Extensão ou comunicação? 18. ed. Tradução: Rosiska Darcy de Oliveira. Rio de Janeiro: São Paulo: Paz e Terra, 2017.

FREINET, Célestin. As técnicas Freinet da escola moderna. Lisboa: Estampa, 1975.

FUSARI, Maria Felisminda de Rezende e. Educador e o desenho animado que a criança vê na televisão. São Paulo: Edições Loyola, 1985.

FUSARI, Maria Felisminda de Rezende e. Memorial – Faculdade de Educação da Universidade de São Paulo. São Paulo. 1998.

GAARDER, Jostein. O mundo de Sofia. Tradução: João Azenha Jr. São Paulo: Companhia das Letras, 2010.

GALEANO, Eduardo. Os filhos dos dias. São Paulo: Editora L&PM, 2012.

GALEANO, Eduardo. O livro dos abraços. Tradução: Eric Nepomuceno. Porto Alegre: L&PM, 2019.

GOLDBERG, Luciane Germano. TODO CONHECIMENTO É AUTOCONHECIMENTO: uma conversa-diálogo-manifesto por uma ciência humana autobiográfica. In. SILVA, Maria Betânia e; VIDAL, Fabiana Souto Lima. Processos de investigação em/sobre/com Artes Visuais. Curitiba: CRV, 2021, p. 24-34.

GONZAGA, Domitila. Desilusão. In. SOUSA, Lucília Maria Abrahão e; ISHIMOTO, Adonai Takesi; DARÓZ, Elaine Pereira; GARCIA, Dantielli Assumpção (Orgs). Resistirmos, a que será que se destina? São Carlos: Pedro & João Editores, 2018, p. 413.

GUERRERO ARIAS, Patricio. Corazonar el sentido de las epistemologias dominantes desde las sabidurías insurgentes, para construir sentidos otros de la existencia. CALLE14: Revista de Investigación en El Campo del Arte, v. 4 n.5, 2010, p. 80-95.

HAN, Byung-Chul. Sociedade do Cansaço. 2. ed. Tradução: Enio Paulo Giachini. Petrópolis, RJ: Vozes, 2017.

hooks, bell. Ensinando a transgredir: a educação como prática da liberdade. 2. ed. Tradução: Marcelo Brandão Cipolla. São Paulo: Editora WMF Martins Fontes, 2017.

hooks, bell. O feminismo é para todo mundo: políticas arrebatadoras. 13. ed. Tradução: Bhuvi Libânio. Rio de Janeiro: Rosa dos Tempos, 2020.

IPEAFRO. Adinkra. Disponível em: https://ipeafro.org.br/acoes/pesquisa/adinkra/. Acesso em 02 mai. 2023.

ITAÚ CULTURAL. Sankofa. Ocupação Abdias do Nascimento. São Paulo, 2016. Disponível em: https://www.itaucultural.org.br/ocupacao/abdias-nascimento/sankofa/. Acesso em 02 mai. 2023.

ITAU CULTURAL. Nêgo Bispo: vida, memória e aprendizado quilombola. Disponível em: https://youtu.be/gLo9ZNdgJxw. Acesso em 02 mai. 2023.

JAPIASSU, Hilton. Introdução ao Pensamento Epistemológico. 7. ed. Rio de Janeiro: Francisco Alves, 1992.

JAPIASSU, Hilton. Aula Magna do Departamento de Filosofia do ano de 2010. Rio de Janeiro, Revista Ítaca, n.15, 2010. Disponível em https://revistas.ufrj.br/index.php/Itaca/article/view/292/269. Acesso em 02 mai. 2023.

JUNCO, Carolina; PÉREZ OROZCO, Amaia y RÍO, Sira Del. Hacía un derecho universal de cuidadanía (sí, de cuidadanía). Libre Pensamiento, n. 51, 2006, p. 44-49. Disponível em https://www.librepensamiento.org/wp-content/uploads/2006/05/LP-051.pdf. Acesso em 02 mai.2023.

KAPLÚN, Mario. Una Pedagogía de la Comunicación. Madrid: Ediciones de La Torre, 1998.

KAUR, Rupi. O que o sol faz com as flores. Tradução: Ana Guadalupe. São Paulo: Planeta do Brasil, 2018.

KILOMBA, Grada. Memórias da Plantação: episódios de racismo cotidiano. Tradução: Jess Oliveira. Rio de Janeiro; Cobogó, 2019.

KRENAK, Ailton. Ideias para adiar o fim do mundo. São Paulo: Companhia das Letras, 2019.

KRENAK, Ailton. O amanhã não está à venda. São Paulo: Companhia das Letras, 2020.

La Casa Grande Del Pumarejo. Website. 2020. Disponível em. https://pumarejo.org/el-barrio-ciudadano/ vídeo https://youtu.be/ytPwknuRE1Y. Acesso em 02 mai. 2023

LARROSA, Jorge. Experiência e Paixão. In. LARROSA, Jorge. Linguagem e Educação depois de Babel. Tradução de Cyntia Farina. Belo Horizonte: Autêntica, 2004.

LEGRAND, Louis. Célestin Freinet. Tradução de José Gabriel Perissé. Recife: Fundação Joaquim Nabuco, Editora Massangana, 2010.

LEMINSKI, Paulo. Toda poesia. São Paulo: Companhia das Letras, 2013.

LIMA, Raquel. Monstro de três cabeças. In. SANTOS, Boaventura de Sousa. Na oficina do sociólogo artesão. São Paulo: Cortez, 2018, p. 360-362.

LOPES. Maria Immacolata Vassalo de. Pesquisa em Comunicação. 10. ed. São Paulo: Edições Loyola, 2010.

MACHADO, Eliany Salvatierra. Pelos Caminhos de Alice: vivências na Educomunicação e a dialogicidade no projeto Educom.TV. 2008. Tese (Doutorado em Ciências da Comunicação) – Escola de Comunicações e Artes, Universidade de São Paulo, São Paulo, 2008.

MÃE, Valter Hugo. O paraíso são os outros. Porto: Porto Editora, 2018

MALDONADO-TORRES, Nelson. Analítica da colonialidade e da decolonialidade: algumas dimensões básicas. In: Joaze Bernadino-Costa, Nelson Maldonado-Torres, & Ramón Grosfoguel (Orgs). Decolonialidade e pensamento afrodiaspórico. 2. ed. Belo Horizonte: Autêntica, 2020, p. 27-53.

MARASCIULO, Marília. Moedas sociais: saiba como funciona a economia alternativa no Brasil. Revista Galileu. 08 ago. 2019. Disponível em https://revistagalileu.globo.com/Sociedade/noticia/2019/08/moedas-sociais-saiba-como-funciona-economia-alternativa-no-brasil.html. Acesso em 02 mai. 2023.

MARTINS, Renata. Quando falamos sobre abalar as estruturas, estamos falando das internas também; das certezas que nos estruturam, que nos balizam. Quando nos movimentamos, todas elas se movimentam junto conosco. Twitter, 9 dez. 2020. Disponível em: https://twitter.com/Recine12/status/1336847256369176576. Acesso em 02 mai. 2023.

MASON, Rachel. Reviewed Work. Critical Studies in Art and Design Education by D.Thistlewood. Studies in Art Education, v. 33, n.3, 1992, p. 190-192.

MATURANA, Humberto; Varela, Francisco. A árvore do conhecimento: as bases biológicas do entendimento humano. Tradução: Jonas Pereira dos Santos. Campinas-SP: Editorial Psy II, 1995.

Moneda Social Puma. Barrio Cuidadano. Vídeo. 2017. Disponível em https://youtu.be/ytPwknuRE1Y. Acesso em 15 jun. 2021.

MORAES, Ana Cristina de; CASTRO, Francisco Mirtiel Frankson Moura. Por uma estetização da escrita acadêmica: poemas, cartas e diários envoltos em intenções pedagógicas. Revista Brasileira de Educação - ANPEd - Associação Nacional de Pós-Graduação e Pesquisa em Educação, v.23, e230091, 2018. Disponível em https://doi.org/10.1590/S1413-24782018230091 Acesso em 02 mai. 2023

MORIN, Edgar. Introdução ao pensamento complexo. Tradução: Eliane Lisboa. Porto Alegre: Ed. Sulina, 2005

MORIN, Edgar. Ciência com Consciência. 8. ed. Tradução: Maria D. Alexandre e Maria Alice Sampaio Dória. Rio de Janeiro: Bertrand Brasil, 2008.

MORIN, Edgar. A cabeça bem feita: repensar a reforma, reformar o pensamento. 20. ed. Tradução: Eloá Jacobina. Rio de Janeiro: Bertrand Brasil, 2012.

NAJMANOVICH, Denise. Cuidadania - Ecología de los saberes y cuidados. Conferência. Disponível em https://youtu.be/u9YSSmGTmEQ, Acesso em 06 jun. 2021.

NASCIMENTO, Milton; BRANT, Fernand. Encontros e Despedidas. Intérprete: Maria Rita. Maria Rita. Rio de Janeiro: Warner Music Brasil, 2003.

NATÁLIA, Livia. Intelectuais escreviventes: enegrecendo os estudos literários. In.DUARTE, Constancia Lima; NUNES, Isabella Rosado (Orgs.) Escrevivência: a escrita de nós. Rio de Janeiro: Mina Comunicação e Arte, 2020, p. 206-224.

PENTEADO, Heloísa Dupas. Comunicação/Educação/Arte: a contribuição de Mariazinha Fusari. In. SOARES. Ismar de Oliveira (Org.). Caminhos da Educomunicação. São Paulo: Editora Salesiana, 2001, p. 13-20.

PEPETELA. Parábola do cágado velho. 2 ed. Lisboa: Dom Quixote, 1997.

PEPETELA. O quase fim do mundo. São Paulo: Editora Kapulana, 2019.

Politize. Economia solidária: a moeda social e o caso de Palmas. 19 dez. 2018. Disponível em https://www.politize.com.br/economia-solidaria-moeda-social-caso-de-palmas. Acesso em 02 mai. 2023

PRIBERAM. Confluência. Dicionário on-line. Disponível em https://dicionario.priberam.org/conflu%C3%AAncia . Acesso em 02 mai. 2023

Projeto Colabora. Website, 2020. Disponível pelo endereço https://projetocolabora.com.br/ods1/muito-alem-do-real/ . Acesso em 02 mai. 2023

raquellima. Ingenuidade Inocência Ignorância. Portugal: Animal Sentimental: Boca, 2019.

READ, Herbert. A Educação pela Arte. Tradução: Valter Lellis Siqueira. São Paulo: Martins Fontes, 2001.

RIZZI, Maria Christina de Souza Lima. Olho Vivo: arte-educação na exposição labirinto da moda: uma aventura infantil. 1999. 187 f. + anexos. Tese (Doutorado em Arte: Arte-Educação) – Escola de Comunicações e Artes, Universidade de São Paulo, São Paulo, 2000.

RIZZI, Maria Christina de Souza Lima; SILVA, Mauricio da. Abordagem Triangular do Ensino das Artes e Culturas Visuais: uma teoria complexa em permanente construção para uma constante resposta ao contemporâneo. Revista GEARTE, v.4, n.2, p. 220-230, mai/ago, 2017. Disponível em https://doi.org/10.22456/2357-9854.71934. Acesso em 02 mai. 2023.

SALA DE VISITA – PERCURSO. Grupo de mensagens eletrônicas. Whatsapp. Grupo de mensagens criado para o Percurso, ministrado por Mauricio Virgulino Silva, na Sala de Visita, projeto Capital Social, do Caleidos Cia. 2020.

SALA DE VISITA – RESIDÊNCIA. Mural colaborativo "A prática art/edu/comunicativa dos sonhos possíveis de serem sonhados". Padlet. Criado para Residência, ministrada por Mauricio Virgulino Silva, na Sala de Visita, projeto Capital Social, do Caleidos Cia. 2021. Disponível em https://padlet.com/mauriciovirgulino/c5nb2hv6b04mkdgc. Acesso em 02 mai. 2023

SALA DE VISITA – RESIDÊNCIA. silenciARmovimentAR. Instagram. Instalação arteducomunicativa coletiva, produzida na Residência, ministrada por Mauricio Virgulino Silva, na Sala de Visita, projeto Capital Social, do Caleidos Cia. 2021. Disponível em https://www.instagram.com/silenciar_movimentar. Acesso em 02 mai. 2023.

SALVATIERRA, Eliany. Educomunicação e experiência estética. In: LIMA, Rafaela (Org.) Mídias comunitárias, juventude e cidadania. Belo Horizonte: Autêntica/Associação Imagem Comunitária, 2006, p. 237-253.

SANTOS, Boaventura de Sousa; Meneses, Maria Paula (Orgs). Epistemologias do Sul. São Paulo: Cortez, 2010.

SANTOS, Boaventura de Sousa. Na oficina do sociólogo artesão: aulas 2011 – 2016. São Paulo: Cortez, 2018a.

SANTOS, Boaventura de Sousa. O fim do império cognitivo. Coimbra: Edições Almedina, 2018b.

SANTOS, Milton. Por uma outra globalização: do pensamento único á consciência universal. Rio de Janeiro: Ed. Record, 2000.

SANTOS, Antonio Bispo dos. Colonização, Quilombos: modos e significados. Brasília: INCTI/UnB, 2015.

SARAMAGO, José. A viagem do elefante. 11. ed. Lisboa: Porto Editora, 2014.

SILVA, Jonathan. Samba da Utopia. Intérprete: Ceumar Coelho. São Paulo: Juá Estúdio, 2018.

SILVA, Mauricio da. A contribuição da abordagem triangular do ensino das artes e culturas visuais para o desenvolvimento da epistemologia da educomunicação. 2016. 110 f. Dissertação (Mestrado em Artes Visuais) – Escola de Comunicações e Artes, Universidade de São Paulo, São Paulo, 2016.

SILVA, Mauricio Virgulino da. Educom é amor e luta, mas que amor e que luta? Revista Unifreire, v.6, n. 6, dez, 2018, p.105-117. Disponível em: https://www.paulofreire.org/download/pdf/Revista_Unifreire_28_12_2018.pdf. Acesso em 02 mai. 2023.

SILVA, Mauricio Virgulino; VIANA, Claudemir Edson. Expressão comunicativa por meio da Arte: construindo e refletindo sobre uma área de intervenção da Educomunicação. Comunicação & Educação, v.24, n.1, jan. / jun. 2019, p. 07-19. Disponível em https://doi.org/10.11606/issn.2316-9125.v24i1p7-19 . Acesso em 02 mai. 2023.

SOARES. Ismar de Oliveira. Caminhos da gestão comunicativa como prática da Educomunicação. In. BACCEGA, Maria Aparecida; COSTA, Maria Cristina Castilho. (Orgs). Gestão da Comunicação: epistemologia e pesquisa teórica. São Paulo, Paulinas, 2009, p. 161-188

SOARES. Ismar de Oliveira. Educomunicação: o conceito, o profissional, a aplicação: contribuições para a reforma do ensino médio. São Paulo: Paulinas, 2011.

SOARES. Ismar de Oliveira. Educomunicação: As múltiplas tradições de um campo emergente de intervenção social na Europa, Estados Unidos e América Latina. In. LIMA, J.C.G.R.; MELO, J. M. (Orgs.). Panorama da comunicação e das telecomunicações no Brasil: 2012/2013. Brasília: Ipea, 2013, pp. 170-202

SPIVAK, Gayatri Chakravorty. Pode o subalterno falar? Tradução: Sandra Regina Goulart Almeida, Marcos Pereira Feitosa, André Pereira Feitosa. Belo Horizonte: Editora UFMG, 2010.

VELOSO, Caetano. It´s a long way. Transa. Londres, Inglaterra: Phillips. 1972. Disponível em: https://youtu.be/FGrkfY5voxg. Acesso em 02 mai. 2023.

VELOSO, Caetano. Cajuína. Cinema Transcedental. Rio de Janeiro: Polygram, 1979. Disponível em https://youtu.be/nmd7Nw9KqaE. Acesso em 02 mai. 2023.

WALSH, Catherine (Org.) Pedagogías decoloniales: Práticas insurgentes de resistir, (re) existir) y (re) vivir. Tomo I. Quito, Ecuador: Ediciones Abya-Yala, 2013.

WENCESLAU, Flavia. Canção da Esperança. Quase primavera. 2007. Disponível em https://youtu.be/WgqzaggjLJM . Acesso em 02 mai. 202305 jun. 2021.

WETFFORT, Helena Freire; KELIAN, Lilian L´Abbate. O exercício da atenção. In. 33 Bienal de São Paulo: afinidades poéticas : convite à atenção. São Paulo: Fundação Bienal de São Paulo, 2018, p. 33-55.

MAURICIO VIRGULINO SILVA

editoraletramento
editoraletramento.com.br
editoraletramento
company/grupoeditorialletramento
grupoletramento
contato@editoraletramento.com.br
editoraletramento

editoracasadodireito.com.br
casadodireitoed
casadodireito
casadodireito@editoraletramento.com.br